戦後政治と温泉

箱根、伊豆に出現した濃密な政治空間

原 武史
HARA TAKESHI

中央公論新社

戦後政治と温泉◎目　次

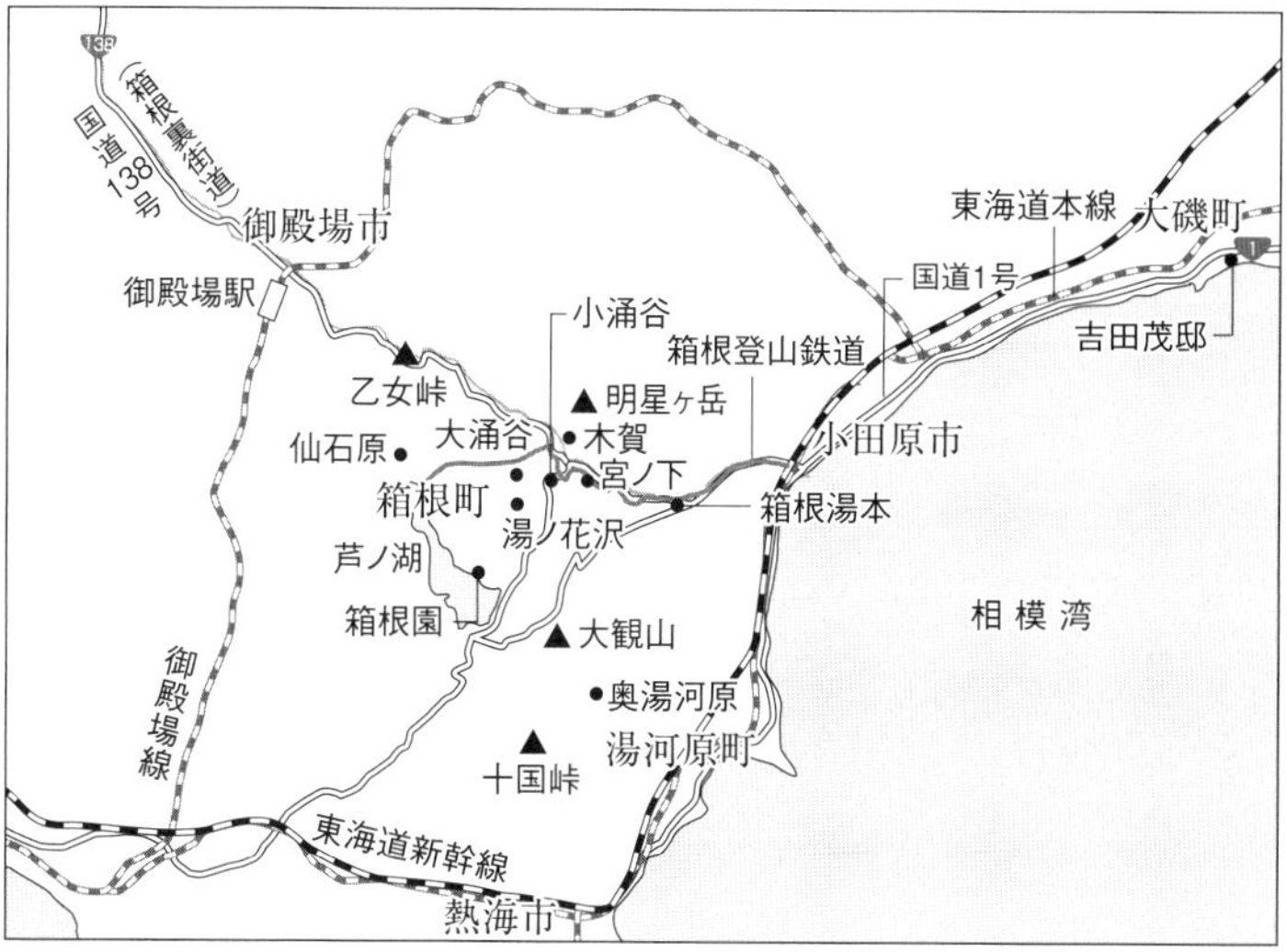

図1　本書に登場する温泉地１　箱根

図2　本書に登場する温泉地２　伊豆

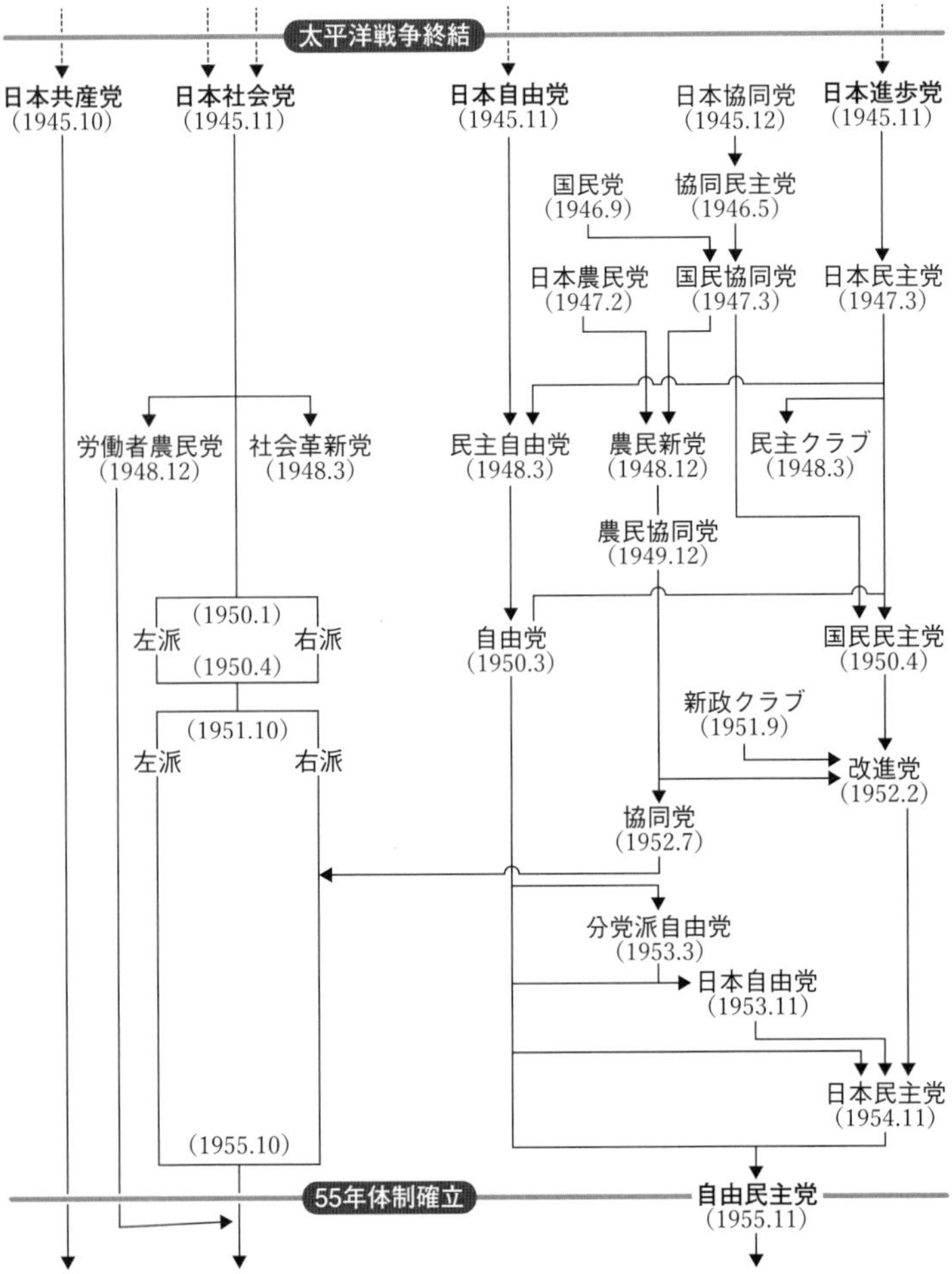

太平洋戦争終結
日本共産党
(1945.10)
日本社会党
(1945.11)
日本自由党
(1945.11)
日本協同党
(1945.12)
日本進歩党
(1945.11)
国民党
(1946.9)
協同民主党
(1946.5)
日本農民党
(1947.2)
国民協同党
(1947.3)
日本民主党
(1947.3)
労働者農民党
(1948.12)
社会革新党
(1948.3)
民主自由党
(1948.3)
農民新党
(1948.12)
民主クラブ
(1948.3)
農民協同党
(1949.12)
(1950.1)
左派
右派
(1950.4)
自由党
(1950.3)
国民民主党
(1950.4)
新政クラブ
(1951.9)
(1951.10)
左派
右派
改進党
(1952.2)
協同党
(1952.7)
分党派自由党
(1953.3)
日本自由党
(1953.11)
日本民主党
(1954.11)
(1955.10)
55年体制確立
自由民主党
(1955.11)

図3 戦後の政党変遷図

戦後政治と温泉

箱根、伊豆に出現した濃密な政治空間

序章

なぜ温泉と政治が結び付くのか

(1) 一九五五年八月、重光葵の三日間

一九五五(昭和三十)年八月十九日の午前十時、東京・永田町の官邸で、日本民主党総裁の鳩山一郎《はとやまいちろう》を首相とする内閣(第二次鳩山内閣)の閣議が開かれた。四日後の訪米を控えていた外務大臣兼同党副総裁の重光葵《しげみつまもる》は、訪米の目的について説明し、了承を得た。その目的を一言でいえば、五二年四月の独立回復とともに発効した日米安全保障条約の改定を訴え、日本に駐留する米軍の撤退を迫ることだった。

しかし鳩山首相は、その場にいなかった。閣議のあと、午前十一時半から午後一時まで参議院外務委員会が開かれた。委員会が終わると、重光は内閣官房副長官の松本瀧蔵《まつもとたきぞう》とともに自動車に乗り、長野県の軽井沢に向かった。鳩山は、軽井沢の中心地である標高一〇〇〇メートル弱の旧軽井沢地区にある別邸に滞在していたのだ。

鳩山の別邸には、文京区音羽《おとわ》の本邸同様、官邸との直通電話やポリスボックスが設置されていた。近くには姻戚関係にあったブリヂストンの創業者、石橋正二郎《いしばししょうじろう》の別邸や、四五年十二月に服毒自殺した近衛文麿《このえふみまろ》の別邸、そして山下亀三郎《やましたかめさぶろう》の別荘を譲り受けた重光自身の別邸もあった。重光も戦時中に避暑のためここに滞在することがあったが、鳩山とは異なり、戦後になると使わなくなった。

午後四時半から、鳩山と重光の会談が別邸で始まった。本来ならば官邸でするべき会談を、軽井沢でしたことになる。

重光は日記に、「渡米及日ソ交渉、賠償問題等に付て懇談協議す」と記している（『続 重光葵手記』、中央公論社、一九八八年）。訪米のほか、鳩山内閣の懸案事項だったソ連との国交回復や、戦後に独立したフィリピンとの賠償協定についても話し合われたことがわかる。翌朝の新聞は「会談では日米関係に対する従来からの政府の方針に基《もと》づき日米双方の努力によりさらに理解を深めるべきだとの点について意見の一致をみた」（『読売新聞』五五年八月二十日）と報じた。

会談が終わると、重光は夕食のもてなしを受けた。別邸には記者たちがひしめき合っていた（『鳩山一郎・薫日記』下巻、中央公論新社、二〇〇五年）。軽井沢を自動車で出たときにはすっかり日が暮れ、午後七時半になっていた。

自動車は東京を通り過ぎ、重光の本邸がある神奈川県の鎌倉に向かった。帰宅したときには日付が変わっていた。

翌二十日の朝、重光は慌ただしく鎌倉を発ち、上野を午前九時に出る東北本線回り青森ゆきの急行「青葉」に乗った。前日の閣議で話した訪米の目的を、栃木県の那須御用邸に滞在している昭和天皇に奏上するためだった。

翌日も那須に向かうとわかっていたら、定宿にしていた丸の内ホテルに泊まってもよかっただろう。それなのにわざわざ鎌倉まで帰宅したのは、天皇に会うための服を用意する必要があったからに違いない。自動車でなく鉄道を使ったのも、ダイヤグラムに従って走る鉄道のほうが時間を正確に読めるからではなかったか。

重光は正午前に着いた黒磯《くろいそ》で、急行から降りた。駅前には、宮内庁差し回しの車が待っていた。駅に近く、比較的狭い地区に政治家や実業家の別邸が集まっていた軽井沢とは異なり、那須にはそうした地区がなかった。その代わりに、黒磯駅からかなり離れた那須高原の中腹に、御用邸が一二二万平方メートルもの敷地面積を占めていた（現在は約半分に縮小）。本邸の標高は、軽井沢よりも低い六九五メートルだった。

御用邸の本邸に着くと、控室に通された。重光はまず浴室に入った。御用邸の敷地には種類の異なる三つの源泉があり、本邸と附属邸の浴室に引かれていた。身体を清めて着替え、控室で出された昼食を済ませると、午後一時過ぎに本邸の謁見所に参入し、昭和天皇に拝謁した。重光が天皇に会ったのは、四五年九月に日本側首席全権として降伏文書に調印して以来、およそ十年ぶりのことだった。

日記には、「陛下より日米協力反共の必要、駐屯軍の撤退は不可なり、又、自分の知人に何れも懇篤な伝言を命ぜらる」（前掲『続　重光葵手記』）とある。天皇は、日米が協力して共産主義に対抗する必要があり、日本に駐留する米軍の撤退は好ましくないと発言したわけだ。「自分の知人」は、主に四五年九月から五一年四月まで十一回にわたって天皇と会談した連合国軍最高司令官、ダグラス・マッカーサーを指していた。

天皇の考えは重光とは違っていた。そもそも日本国憲法のもとでは、天皇は政治的発言を禁じられていたはずだった。だが天皇は重光に対し、あたかも大日本帝国憲法で定められた統治権の総攬者のように振る舞ったのだ。

重光は那須御用邸を発ち、黒磯を午後三時半過ぎに出る準急に乗り、六時半過ぎに上野に着いた。いったん丸の内ホテルに入ってから自動車に乗ったが、鎌倉の本邸には戻らず、神奈川県の奥湯河原《おくゆがわら》にあった自身の別邸（現・重光葵記念館）に向かった。奥湯河原は旅館の集まる湯河原温泉からさらに藤木川《ふじき》をさかのぼったところにある箱根山麓の温泉場で、重光の別邸にも温泉が引かれていた。

翌二十一日の午前八時半、重光は奥湯河原から再び自動車に乗り、つづら折りの坂道が続く神奈川県道湯河原箱根仙石原《せんごくはら》線（県道75号）を上り、箱根外輪山に当たる大観山《たいかんざん》を越えて芦ノ湖畔の箱根町へと下った。

自動車は箱根町で一級国道1号（現・一般国道1号。東海道）に入り、元箱根や芦之湯を経由し、三河屋（現・箱根小涌園三河屋旅館）や小涌園《こわき》（現・箱根ホテル小涌園）といった温泉旅館が国道沿いに点在する小涌谷《こわくだに》を目指した。旧三井財閥家の一つ、新町三井家の小涌谷別邸（三井別邸。現・フジタ第6～第8箱根山マンションおよび旅館「箱根小涌谷温泉　水の音《と》」）に、前首相の吉田《よしだ》茂《しげる》が滞在していたからだった。

吉田氏、相変らず元気、万事強気、小林《こりん》女史も健在。
私より、吉田氏は国家の元老としての心構へが必要にして、党派を超越して国家を救ふの責任ありとて反共勢力の結集を説き、時局救済を考案すべきを進言す。
吉田氏も外交の事にて御役に立てば何なりと申越され度《た》し等と好意を示す。防衛、経済、賠償等に付き充分懇談す。十二時半帰宅。
（前掲『続 重光葵手記』）

「小林女史」とは元新橋の芸者、坂本喜代《さかもときよ》のことで、芸名の「こりん」で通っていた。鳩山の正妻の薫《かおる》とは異なり、吉田の正妻・雪子《ゆきこ》が死去した後に妻となっていた。吉田とは年齢が二十六歳も離れていた。娘の和子は、「こりんが父を好きだったのは知っていましたし、父のほうも頭の回転が速くてよく気がつくこりんを気に入っていました」と回想する（麻生和子『父 吉田茂』、新潮文庫、二〇一二年）。

重光は敗戦後、極東国際軍事裁判（東京裁判）のA級戦犯に指名され、禁固七年の判決を受けて巣鴨プリズンに収監されたが、五〇年十一月に出所し、五二年六月に野党・改進党の総裁に就任した。五四年十一月、吉田を総裁とする自由党を脱党した鳩山一郎ら反吉田派に改進党や日本自由党が合流し、鳩山を総裁とする日本民主党が結成されると同党の副総裁となり、翌月成立した鳩山内閣の外相となった。

一方、一九四八年十月から六年あまりにおよぶ長期政権を築いてきた吉田は、五四年十二月、内閣総辞職により首相を辞任し、自由党は野党となった。いわゆる保守合同により日本民主党と自由党が合同して自由民主党が結成されるのは、重光が箱根で吉田に会ってから三ヵ月が経った五五年十一月のことだった。

そもそも再軍備論者の重光と軽武装論者の吉田では、政治的立場が異なっていた。しかし重光は、吉田を「国家の元老」として持ち上げ、「党派を超越して国家を救ふの責任あり」と話した。党派の違いを超えて共産主義に対抗すべきだと力説したのだ。吉田もまた、外相や首相を歴任し、五一年に訪米して講和条約を結んだ当事者として、「外交の事にて御役に立てば何なりと申越され度し」と応じている。

吉田との会談を終えて奥湯河原に戻ったときには、もう昼を過ぎていた。連日の疲れからか、重光の日記にはただ「〔午後〕静養す」としか記されていない。

(2) 軽井沢・那須・箱根に成立した濃密な政治空間

一九五五(昭和三十)年八月十九日から二十一日にかけての三日間、重光外相は東京を空け、軽井沢、那須、箱根と別々の場所に向かい、現首相、天皇、前首相に訪米の目的を報告し、広く意見を交換した。東京の首相官邸や皇居、あるいは神奈川県の大磯にあった吉田茂の本邸(現在は旧吉田茂邸として公開)で行われるべき会談が、東京から一〇〇キロ前後離れた避暑地や温泉地で連日行われたのだ。

それらの会談は、訪米という大きな公務の前にしておくべき、もう一つの公務だった。三二年の第一次上海事変の際、爆弾で片脚を失った重光にとっては、ハードな三日間だったに違いない。重光は、自分より大きな権力や権威をもつ（と考える）三人が滞在していた場所に、連日通ったことになる。

三人そろって東京にいないときにわざわざ訪れることもあるまいと思われるだろうか。だが彼らが帰京するのを待つわけにもいかなかった。鳩山は五五年八月二日から九月二十七日にかけて、天皇は同年八月一日から八月二十七日にかけて、そして吉田は正確な期間はわからないものの新聞や『吉田茂書翰』（中央公論社、一九九四年）や『吉田茂書翰　追補』（中央公論新社、二〇一一年）所収の書翰から察するに少なくとも同年七月下旬から九月上旬にかけて、それぞれ軽井沢、那須、箱根に長期滞在したからだ。

その間に、政治家や官僚らが東京と軽井沢、那須、箱根の間を往来した。

重光のほかにも、八月十四日には外務官僚の朝海浩一郎《あさかいこういちろう》が小涌谷を、八月十八日と二十三日には栃木県知事の小川喜一《おがわきいち》と元国務大臣兼情報局総裁の下村宏《しもむらひろし》が那須を訪れている（『朝海浩一郎日記』、千倉書房、二〇一九年および『昭和天皇実録』第十二、東京書籍、二〇一七年）。また七月三十一日には小涌谷に近い湯の花ホテル（現・箱根湯の花プリンスホテル）で堤康次郎《つつみやすじろう》・前衆院議長と池田勇人《いけだはやと》・自由党総務が立ち会って吉田と緒方竹虎《おがたたけとら》・自由党総裁が約四時間会談し

（『日本経済新聞』一九五五年八月一日）、九月十日には重光に随行して訪米した日本民主党幹事長の岸信介《きしのぶすけ》が軽井沢を訪れ、翌日に鳩山と会談している（前掲『鳩山一郎・薫日記』下巻）。

現在の感覚では、到底あり得ない話である。二〇二二年八月を例にとれば、岸田文雄首相は十七日から十九日まで伊豆長岡《いずながおか》（静岡県伊豆の国市）の温泉旅館・三養荘《さんよう》に滞在しただけだったが、それでも野党から批判を浴びた。現天皇は那須、葉山、須崎のどの御用邸にも滞在しなかった。いまとなっては、一九五五年夏の軽井沢、那須、箱根に濃密な政治空間が成り立っていたことを想像すること自体が難しくなってしまった。

政治空間としての軽井沢については、政治学者の御厨貴《みくりやたかし》が『権力の館を歩く　建築空間の政治学』（ちくま文庫、二〇一三年）や『権力の館を考える』（放送大学教育振興会、二〇一六年）で詳しく取り上げている（双方ともに同じ文章）。

近代日本の避暑地の中でも、霧の軽井沢は特異な位置を占める。宣教師、華族、外国人、皇族、政治家、財界人、文人など多彩な人々が、夏期に東京から集中移動するようになったのはここだけだった。高貴でプレーンでという土地柄になりゆく間に、彼等の別荘は定着していった。〔中略〕

だから「軽井沢の空気は自由にする」といった雰囲気が醸成されていった。権力者の館も高い塀で囲いこむことなく、広大な敷地と木々の中に点在する館といった開放的なイメージである。〔中略〕東京での身分や立場を一瞬忘れ去り、軽井沢別荘族としての絆の中に、自由と平和が享受される空間が演出される趣なのだ。そこで交わされる会話は、サロン風に世相批判から社会批判、それが高じて時に政治批判となることもしばしばであった。
（前掲『権力の館を歩く』）

御厨が言うように、軽井沢の特徴は夏に東京から多彩な人々が「集中移動」し、比較的狭い区域に滞在することで、「軽井沢別荘族としての絆」が生まれるところにあった。重光自身、「軽井沢は夏の東京とも云はれて帝都に於ける知名の士が七、八、九月のある期間殆ど此の地に来ない人はないと云つても差し支ない位であつて、外国人は遠く支那、香港、マニラ等から避暑に来り、夏期の国際都市の観を呈する」（「霧のろんどん　続篇」、前掲『続　重光葵手記』所収）と述べている。

政治学者の佐藤信によれば、歴代の首相のなかで初めて軽井沢に別荘を構えたのは桂《かつら》太郎《たろう》だった（『近代日本の統治と空間　私邸・別荘・庁舎』、東京大学出版会、二〇二〇年）。「桂園《けいえん》体制」と呼ばれる体制を築いたもう一人の首相、西園寺《さいおんじ》公望《きんもち》とは、軽井沢で会談している。ほかに大隈《おおくま》重信《しげのぶ》や近衛文麿も別荘を構えたが、大隈が別荘を建てたのは首相を辞めてからだったのに対し、大正末期に別荘を建てた近衛は首相在任中の夏に軽井沢に滞在する習慣を続けた。第二次近衛内閣を組閣する一九四〇年七月には、軽井沢で政治学者の矢部《やべ》貞治《ていじ》らとともに陸軍を抑えるための「近衛新体制」の構想を練っている（『矢部貞治日記　銀杏の巻』、読売新聞社、一九七四年）。

しかし近衛首相の軽井沢滞在は、基本的に夏の週末に静養するだけだった。新体制の構想を練ったときでも、四〇年七月六日から十六日まで滞在したにすぎない。自殺する直前の四五年十一月二十七日から十二月十一日にかけて例外的に初冬の軽井沢に滞在したことがあったが、それでも半月間の滞在にとどまった。一ヵ月あまりにわたって軽井沢に滞在した首相は、鳩山が初めてだった。

ただ軽井沢にも難点があった。東京から行く場合、距離的には那須よりやや近いものの、群馬県と長野県の県境で急勾配の碓氷《うすい》峠を越えなければならないため、那須より所要時間がかかった。しかも上野から黒磯に直通する東北本線の列車や、東京から小田原に直通する東海道本線の列車に比べて、上野から軽井沢に直通する高崎線や信越本線の列車の本数は、はるかに少なかった。冬の寒さも厳しく、氷点下十五度を下回ることもあったが、別荘の集まる旧軽井沢地区にはほぼ温泉が出なかった。

昭和天皇や吉田茂は、似たような別荘の集まる軽井沢よりも、広い敷地を有していて温泉が引かれた那須御用邸や小涌谷の三井別邸のほうを好んだ。軽井沢を好んだのは、昭和天皇よりも家庭教師のエリザベス・ヴァイニングに連れられて同地を初めて訪れた皇太子明仁《あきひと》（現上皇）のほうだった。重光もまた、軽井沢より温暖で周囲に同様の別荘が少なく、温泉の湧く奥湯河原のほうを好んだ。

軽井沢は標高こそ高いが、碓氷峠を越えれば信越本線の軽井沢駅に近い旧軽井沢地区を中心に平原状の地形が広がっていて、高低差二〇〇メートルほどの離山《はなれやま》を除けば凹凸が少なく、別荘を「高い塀で囲いこむ」こともなかったために別荘族どうしの行き来がしやすかったのに対して、那須や箱根は地形の高低差があった。那須御用邸の本邸は東北本線の黒磯駅より約四〇〇メートル、小涌谷の三井別邸は箱根登山鉄道の箱根湯本駅より約五〇〇メートル、それぞれ高いところにあった。

黒磯駅から那須御用邸まででは、比較的ゆるやかな坂道が直線状に続いた。昭和天皇の侍従だった入江相政《いりえすけまさ》は、「那須の景観は、日本のほかのどこにもないような見事なもので、御用邸は那須岳の裾の、海抜六百余メートルの所にあるが、それから裾の関東平野まで、そのままの傾斜でなだれ込んでいる。だから初秋になって空気が澄んでくると、遠く筑波山までが手にとるように見える」と述べている（『濠端随筆』、中公文庫、二〇〇五年）。

一方、箱根湯本駅から小涌谷までの国道はカーブが多く、勾配もきつかった。箱根外輪山に囲まれた三井別邸では、那須御用邸に匹敵する眺望を得ることはできなかった。鳩山一郎、昭和天皇、吉田茂は、同じく五五年八月に東京を離れ、関東周辺に滞在しながら、全く異なる風景を眺めていたことになる。

(3) 戦後保守政権と温泉地

昭和天皇が夏期に東京を離れ、那須に長期滞在するようになるのは御用邸が完成した一九二六(大正十五)年からで、戦中期は中断するものの、四七(昭和二十二)年から再開された。一方、吉田茂が首相在任中に東京を離れ、避暑地に長期滞在するようになるのは、第三次吉田内閣時代の四九年からだった。

吉田はこの年の七月から十月まで、静岡県の御殿場《ごてんば》にあった樺山愛輔《かばやまあいすけ》別邸(現在は解体)に断続的に滞在した。この間は閣議にも出ないことがあり、逆に政治家や記者を東京から呼び寄せた。吉田のあとに首相となる鳩山は、このスタイルを吉田から受け継ぎ、冒頭で触れたように軽井沢で実践したといえる。

五〇年からは、吉田の滞在場所が温泉地の箱根に移った。同年六月から十月にかけて木賀《きが》温泉にあった塩原又策《しおばらまたさく》の別邸(現・服部別荘)に断続的に滞在したのが、その始まりだった。富士山や箱根山系を見渡せる御殿場とは異なり、木賀は相模湾に注ぐ早川の渓谷沿いにあった。

もともと箱根は東海道沿いに位置し、江戸時代から温泉地として知られていた。木賀は湯本、塔ノ沢、堂ヶ島、宮ノ下、底倉《そこくら》、芦之湯とともに、箱根で最も古い「箱根七湯」の一つとされた。また湯本、塔ノ沢、宮ノ下とともに、徳川将軍が浸かるための湯を江戸に献上する「献上湯」にも指定された。

明治以降も、箱根の湯を愛した政治家は少なくなかった。箱根湯本の旅館・萬翠楼福住《ばんすいろうふくずみ》や塔ノ沢の旅館・環翠楼《かんすいろう》（現・元湯環翠楼）には、木戸孝允《きどたかよし》の扁額や環翠楼の命名者でもある伊藤《いとう》博文《ひろぶみ》の墨跡などが展示されている。明治天皇は一八七三（明治六）年八月五日から二十八日まで、宮ノ下の旅館・奈良屋（現在は閉館）に滞在している。

だが明治天皇が避暑のため東京を空けたのは、これが空前にして絶後だった。首相を辞めてから軽井沢に別荘を建てた大隈重信も首相在任中の夏に奈良屋の西洋館に滞在したことがあったが、短期的な滞在にとどまった。なおこの西洋館は、一九二三（大正十二）年の関東大震災で倒壊している。

箱根には、皇室の離宮や御用邸もあった。一八八六（明治十九）年に芦ノ湖畔に建てられた箱根離宮（現・恩賜箱根公園）と、九五年に宮ノ下に建てられた宮ノ下御用邸（現・富士屋ホテル旧御用邸菊華荘）である。しかしどちらも、明治天皇はもちろん、大正天皇も天皇としては一度も使わなかった。

確かに昭和天皇は皇太子時代に宮ノ下御用邸にしばしば滞在し、仙石原ゴルフ場でゴルフに熱中した。一九二二（大正十一）年に英国皇太子が来日したときには、箱根離宮で昼食会を催したこともあった（武田尚子『箱根の開発と渋沢栄一』、吉川弘文館、二〇二三年）。しかしどちらも関東大震災で被害を受けたため、昭和になると使われなくなり、敗戦とともに神奈川県や富士屋ホテルに下賜された。

戦後になると、皇室と箱根の関係はますます薄まった。昭和天皇は一九五五（昭和三十）年に強羅《ごうら》の旅館「環翠楼」（現・強羅環翠楼）に、六五年に宮ノ下の富士屋ホテルに、八〇年に芦ノ湖畔の箱根プリンスホテル（現・ザ・プリンス箱根芦ノ湖）にそれぞれ一泊したのを除き、箱根で宿泊したことはなかった。

軽井沢で新体制の構想を練った近衛文麿は、開戦直前の四一年八月、富士屋ホテルの別荘「午六山荘」に側近たちを集め、戦争を避けるべく日米交渉の原案を練った（山口由美『クラシックホテルが語る昭和史』、新潮文庫、二〇一二年）。敗戦直後の四五年十一月には奈良屋にこもり、憲法学者の佐々木惣一《ささきそういち》とともに憲法改正の作業を進めたこともある。しかしこれらも一時的な滞在にとどまった。

歴代の首相のなかで、吉田茂ほど長期にわたって箱根に滞在した首相はいなかった。東京の永田町にあった本邸が空襲で焼け、神奈川県の大磯に移住したことで、箱根は東京よりも近くなった。しかも大磯の吉田邸は、東京と箱根を結ぶ国道1号沿いにあった。東京青年商工会議所が外国人観光客を対象として五〇年に行った調査によれば、「良い道路は東京―箱根三五％、悪い道路は東京―軽井沢三五％」で、「ワン・マン氏の週末コースはさすがによく整備されて」いた（『読売新聞』一九五〇年七月二十四日）。

吉田は五一年以降、五三年八月に大涌谷の温泉旅館「冠峰楼《かんぽうろう》」（現在は閉業）に滞在したのを除き、毎年六月から十月にかけて小涌谷の三井別邸に断続的に滞在するようになる。五一年のサンフランシスコ講和会議や五二年の抜き打ち解散など、吉田政権にとっての重要な出来事の直前には必ず三井別邸にいたことを踏まえれば、大磯に次ぐ「第二の本邸」としての役割を果たしていたと言っても過言ではない。

首相を辞任してからもこの習慣を続けたことは、重光葵が五五年八月に三井別邸を訪れたことからも明らかだろう。毎年夏に昭和天皇が那須に、吉田が箱根に滞在する状況が五〇年代から六〇年代にかけて続いたわけだ。

前掲『吉田茂書翰』や前掲『吉田茂書翰　追補』には、吉田が大磯の本邸や東京の首相公邸から出した書翰のほか、小涌谷や木賀から出した書翰が数多く収められている。政治家や官僚のほか、知り合いの女性に宛てた書翰も少なくない。時には女性を小涌谷の三井別邸に呼び寄せたこともあったようだ。

戦中から戦後にかけて軽井沢の別邸にしばしば長期滞在し、いまなお軽井沢本通りから分かれて別邸に通じる「鳩山通り」に名を残す鳩山一郎ですら、軽井沢一辺倒ではなかった。空襲で音羽の本邸が焼け、避難していた麻布の石橋正二郎邸もGHQ（連合国軍最高司令官総司令部）に接収されると、四六年十一月に静岡県熱海の石橋別邸「海幸荘《かいこう》」に移住したからだ（『鳩山一郎・薫日記』上巻、中央公論新社、一九九九年）。

このときから東京の音羽に戻る四九年六月までの時期は、日本自由党総裁だった鳩山がGH

Qから公職追放処分を受け、政界から追放された時期と重なっていた。鳩山は海幸荘を引き払ってもなお、熱海に通う生活を続けている。

熱海は軽井沢とは違って海沿いにあり、年間を通して温暖なうえ、箱根と同様、至る所に温泉が湧いていた。しかも軽井沢より東京から近いうえ列車の本数が多く、東京から急行に乗れば二時間前後で着けた。占領期の鳩山が軽井沢だけでなく熱海にも滞在するようになったのは、決して偶然ではなかった。増田《ますだ》弘《ひろし》、中島政希《なかじままさき》監修『鳩山一郎とその時代』（平凡社、二〇二一年）に収められたGHQ文書によれば、GHQは熱海を舞台とした鳩山の政治活動に神経をとがらせていた。

鳩山は公職追放が解除される直前の五一年六月、音羽の本邸で脳溢血を起こして倒れた。政界への復帰はすぐにはかなわず、静岡県韮山《にらやま》の旅館「水宝閣《すいほうかく》」や芦ノ湖畔の箱根ホテルで療養生活を送った。どちらも温泉が湧いていて、鳩山は温泉で体調の回復に努めつつ政界に復帰し、吉田茂に対抗する勢力の中心として首相の座をねらった。伊豆や箱根の温泉旅館やホテルが、鳩山をはじめ河野一郎《こうのいちろう》、大野伴睦《おおのばんぼく》、石橋湛山《いしばしたんざん》、三木武吉《みきぶきち》ら保守派の領袖が集まる政治空間と化したこともあった。

鳩山は首相在任中も軽井沢の別邸に長期滞在する一方、箱根ホテルや富士屋ホテル、静岡県伊東の川奈ホテルなど、箱根や伊豆のホテルにも定期的に滞在した。五六年十一月にソ連との国交を回復して帰国したときには富士屋ホテルに河野一郎や大野伴睦を招き、日ソ共同宣言の批准をまって首相を辞めることを伝えている。

したがって、「彼〔鳩山〕は戦時中を軽井沢で過ごしたのだが、戦後も公職追放になると軽井沢にこもってしまった。これは一時的に自由党総裁の座を渡したはずの吉田茂が彼に戻さず、長期政権を維持していたことに対する不快さもあった。また、病気で一度倒れたので、そのリハビリテーションに取り組む必要もあった」（宮原安春『軽井沢物語』、講談社、一九九一年）というのは正しくない。「軽井沢にこもってしまった」のではなく、必要に応じて軽井沢、伊豆、箱根を使い分けたのだ。「リハビリテーションに取り組」んだ場所は、主に伊豆の韮山や箱根の芦ノ湖畔だった。

鳩山のあとに首相となった石橋湛山、岸信介、池田勇人は、いずれも吉田茂同様、首相在任中に軽井沢に滞在しなかった。

石橋湛山は山梨県の山中湖畔に別邸を所有していたが、首相就任の直後にこもったのは箱根湯本の温泉旅館「松の茶屋」だった。急性肺炎で倒れ、わずか二カ月で首相を辞めると、伊豆長岡の温泉旅館「南山荘《なんざんそう》大和館《やまとかん》」で療養生活を送った。石橋は静岡県東部を選挙区とする静岡二区選出の衆院議員であり、首相になる前から伊豆各地の温泉旅館に滞在することが少なくなかった。

岸信介は首相在任中、熱海に別邸を設け、大野伴睦や河野一郎と会談したこともあったが、それよりは宮ノ下の旅館「奈良屋」のほうをよく利用した。箱根は軽井沢ほど寒くはなく、奈良屋は冬でも滞在できた。岸が内閣改造や安保改定の構想を練ったのもこの温泉旅館の別館にこもっているときで、旅館には記者室まで設けられた。外国の要人を招くときには、同じ宮ノ下の富士屋ホテルを利用した。

六〇年安保闘争が盛り上がり、岸の政治手法に批判が集まったときでも、岸が東京を離れて箱根に滞在していることは批判の対象にならなかった。なお岸が御殿場に別荘（現在は「東山旧岸邸」として公開）を建てたのは、首相を辞任して九年が経った一九六九（昭和四十四）年になってからのことだった。

池田勇人は首相になる前から箱根の仙石原に温泉付きの別荘を借りていて、週末に自動車で通う生活を続けていた。その生活は、首相になっても全く変わらなかった。長期滞在から週末滞在に変わった点は軽井沢に滞在した近衛文麿と共通していたが、一年を通して箱根に滞在した点は近衛とも吉田や鳩山とも違っていた。冬でも豊かに湧く温泉が、季節を問わない滞在を可能にしたのである。池田もまた別荘とホテルを使い分け、六一年十一月には別荘に近い仙石原の箱根観光ホテルで戦後初めての日米の通商会議（箱根会議）を開き、別荘とホテルの間を往復した。

箱根も伊豆も、重光葵が別邸を建てた奥湯河原も、富士火山帯に属する温泉地である。これらの温泉地は、占領期の吉田政権から六〇年代前半の池田政権にかけて、軽井沢以上に重要な政治の舞台となった。あたかも那須火山帯に属する那須高原に温泉付きの御用邸を構える昭和天皇と対峙するかのように、多くの有力政治家が箱根や伊豆の温泉地に通い続けた（図４参照）。

　重光葵のような閣僚だけでなく、首相となる人物どうしが温泉地で会うことも珍しくなかった。吉田茂と鳩山一郎が箱根の芦ノ湖畔で会うこともあれば、鳩山と石橋湛山が熱海や韮山で会うこともあった。吉田と岸信介と池田勇人が小涌谷で会うこともあれば、吉田と池田が小涌谷や仙石原で会うこともあった。互いに近くで滞在していたため突然の訪問という形をとることもあれば、あらかじめ会談が決まっていてその模様がＮＨＫのラジオで報じられることもあった。

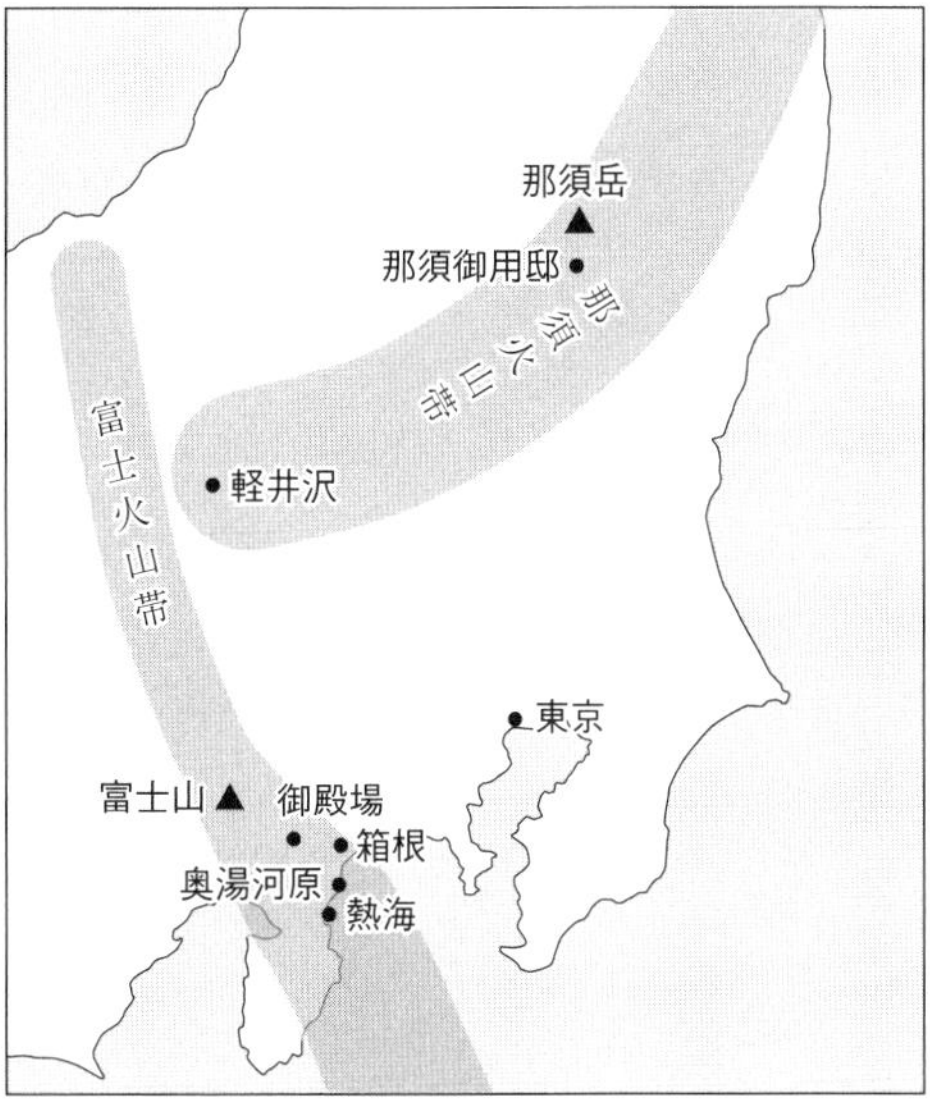

図４　富士火山帯と那須火山帯

　彼らがしばしば滞在したのは、自分自身の別邸ではなかった。つまり大磯の吉田茂邸や東京・音羽の鳩山一郎邸などの本邸や、軽井沢の鳩山別邸や佐《さ》藤栄作別邸などのように、はじめから「権力の館」として設計された空間ではなかった。しかし権力者が繰り返し滞在することで、れっきとした政治空間へと変容する。この点では石橋も岸も池田も、また軽井沢の別邸を活用した鳩山すらも、吉田が築いたスタイルを継承したといえる。

箱根や伊豆に点在する、自らの表札がかかっていない温泉付きの別荘や旅館やホテルに首相がこもることで、多くの政治家がそこに通い詰める光景を、新聞はしばしば「〇〇参り」「〇〇詣で」と報じた。それらの別荘や旅館やホテルは、空間的に「本堂」や「本殿」よりも奥にあって場所がわかりにくく、行きにくいにもかかわらず、神霊など権威あるものが控える「奥の院」にたとえることができよう。

以上の点に注目した政治学の先行研究は見当たらない。

確かに政治学者の牧原出《まきはらいづる》は、「吉田茂とその邸宅」（御厨貴・井上章一編『建築と権力のダイナミズム』、岩波書店、二〇一五年所収）で吉田が夏季に御殿場や箱根に滞在したことに触れているが、「改築前の大磯吉田邸に飽き足らない政権最盛期の吉田は、夏季に避暑地に滞在している」と述べるように、「避暑地」での滞在は大磯の吉田邸が改築される前の「政権最盛期」に特有のものだったとしている。そうではないことは、すでに触れた通りである。また箱根へのこだわりの背景として「幼時の吉田が義母と共に保養に何度も訪れたという追憶」を挙げているが、それよりは大磯からの近さや、夏季における大磯と箱根の気温や湿度の違いのほうが大きいだろう。

御厨貴は前掲『権力の館を歩く』などで、軽井沢の鳩山一郎別邸や池田勇人が滞在した仙石原の近藤別荘について触れている。しかし近藤別荘以外の「奥の院」には触れていないし、戦後政治と温泉地の関係についても言及していない。

表1は、本書に登場する箱根や伊豆の温泉付き別荘・旅館・ホテルを、滞在期間の長短に関わりなくまとめたものだ。いまこれらの別荘・旅館・ホテルを訪ねても、痕跡すら残っていない場合が少なくないことがわかるだろう。

吉田茂が長期滞在した小涌谷の三井別邸は解体されて跡地にマンションと旅館が建ち、木賀の塩原別邸は「服部別荘」として現存するものの門が閉ざされ、大涌谷の旅館「冠峰楼」は閉業して建物も骨組みだけになっている。

鳩山一郎が一時期移住した熱海・桃山《ももやま》の石橋正二郎別邸「海幸荘」は解体され、療養生活を送った伊豆韮山の旅館「水宝閣」もすでにない。石橋湛山が首相指名後に泊まった熱海・伊豆《いず》山《さん》の旅館「樋口旅館」は閉業して門扉だけが残り、政権構想を練った箱根湯本の旅館「松の茶屋」も建物自体はあるものの閉業している。首相辞任後に療養した伊豆長岡の旅館「南山荘大和館」も閉業し、一部を残して廃墟化が進んでいる。

岸信介が滞在した宮ノ下の高級旅館「奈良屋」も閉業し、跡地に会員制リゾートホテル「エクシブ箱根離宮」が建っている。熱海の別邸もすでになく、跡地にはニトリホールディングス

表1　本書に登場する温泉付き別荘・旅館・ホテル

1　箱根

場所	形式	名称	人物名	主な滞在年	現在
木賀	別荘	塩原別邸	吉田　茂	1950年	服部別荘として現存
小涌谷	別荘	三井別邸	吉田　茂	1951～63年	解体
大涌谷	旅館	冠峰楼	吉田　茂	1953年	閉業・骨組みを残して解体
箱根町	ホテル	箱根ホテル	鳩山一郎	1952年、54～56年	改築・現存
宮ノ下	ホテル	富士屋ホテル	鳩山一郎 岸　信介	1955～57年	現存
箱根湯本	旅館	松の茶屋	石橋湛山	1956～57年	閉業・現存
宮ノ下	旅館	奈良屋	岸　信介	1957～60年	閉業・解体
箱根園	ホテル	龍宮殿	岸　信介	1957年、60年	閉業・現存
湯ノ花沢	ホテル	湯の花ホテル	岸　信介 吉田　茂	1959年	改築・現存
仙石原	別荘	近藤別荘	池田勇人	1960～64年	博仙荘として現存
仙石原	ホテル	箱根観光ホテル	池田勇人	1960～61年	閉業・解体

2　伊豆

場所	形式	名称	人物名	主な滞在年	現在
熱海	別荘	海幸荘	鳩山一郎	1946～49年	解体
熱海	旅館	つるや	鳩山一郎	1947～49年	閉業・解体
熱海	旅館	大野屋	鳩山一郎 石橋湛山	1947～55年	改築・現存
熱海	旅館	内田別邸（起雲閣）	鳩山一郎	1947～48年	閉業・現存
韮山	旅館	水宝閣	鳩山一郎	1952～53年	閉業・解体
伊豆長岡	旅館	南山荘大和館	鳩山一郎 石橋湛山	1951～57年	閉業・一部現存
伊豆長岡	旅館	三養荘	石橋湛山	1948～55年	現存
熱海	旅館	樋口旅館	石橋湛山	1956年	閉業・門扉を残して解体
熱海	別荘	岸信介別邸	岸　信介	1959～60年	解体
熱海	別荘	野村塵外荘	池田勇人	1961～62年	現存
伊豆山	別荘	近藤別邸	池田勇人	1964～65年	現存

の保養所「ニトリ銀山」が建つ。池田勇人が滞在した仙石原の近藤別荘は博報堂の保養所「博仙荘」となり、最晩年に過ごした熱海の近藤別邸は現存するものの門が閉ざされている。これらの「奥の院」のうち、政治史の研究書で具体的に取り上げられたことがあるのは、わずかに御厨貴が言及した仙石原の近藤別荘だけだ。

軽井沢の近衛文麿、鳩山一郎、佐藤栄作、田中角栄《たなかかくえい》、中曽根康弘《なかそねやすひろ》らの別邸がいまなおきちんと管理され、実際に関係者が住んでいたり一族や記念館の所有になっていたりしているのと比べると、総じて解体されたり、建物は残っていても放置されていたりする場合が多いのである。箱根や伊豆が注目されてこなかった理由の一端がここにある。

改めて問いたい。なぜ戦後の一時期、温泉と政治が強く結び付き、箱根や伊豆にかくも多くの「奥の院」が生まれたのか。そして池田勇人の後に首相となる佐藤栄作以降、再び軽井沢の「権力の館」が浮上していったのはなぜか――。

本書では、政治家や官僚の日記や書翰、回想録、そして当時の新聞記事や雑誌記事を主な手掛かりとし、温泉地の別邸やホテル、旅館の立地環境や建物の配置、見取り図にも注意しながら、吉田茂から池田勇人までの保守政権の首相がそれらの空間をどう利用したかに注目し、戦後政治の盲点に迫ってみたい。そして終章では、池田政権の時代に地方視察を始めた皇太子明仁・美智子《みちこ》夫妻が、一九六〇年代から七〇年代にかけて全国各地の温泉旅館や温泉ホテルで地元の青年男女らを集めて「懇談会」を開催することで、歴代政権とは異なる政治空間を確立させていたことを明らかにしたい。

佐藤信は、「日本近現代史、とりわけ政治史に於いて、空間は殆ど分析の枠外に置かれてきた。その前提には、空間に比して文字史料が客観性と実証性を担保するという判断がある」（前掲『近代日本の統治と空間』）と述べている。本書はまさに、こうした判断の妥当性を問おうとしている。この試みは、筆者自身が『皇居前広場』（光文社新書、二〇〇三年。現在は『完本皇居前広場』として文春学藝ライブラリーより刊行）以来研究を続けてきた「空間政治学」に新たな視点を提供するはずである。

第一章

吉田茂が箱根に政治空間を創り出した

（1）御殿場に政治の磁場を形成する

一九四四（昭和十九）年十一月から本格化した空襲によって、東京は焦土と化した。麹町区《こうじまち》（現・千代田区）永田町にあった吉田茂の本邸も焼けたが、神奈川県中郡大磯町《おおいそ》西小磯《にしこいそ》には養父の吉田健三《よしだけんぞう》がもっていた別荘があった。

吉田茂はここを引き継ぎ、四五年から本邸とした。大磯は相模湾に臨む別荘地として明治期から開発され、多くの政治家が別荘を構えた（前掲『近代日本の統治と空間』）。吉田邸の近くには、伊藤博文が一八九七（明治三十）年から本邸とした「滄浪閣《そうろうかく》」もあった。東京とは異なり空襲の被害は少なく、吉田邸も焼けなかった。

敗戦から一カ月後の四五年九月、東久邇宮稔彦《ひがしくにのみやなるひこ》内閣の外相だった重光葵が辞職したのに伴い、吉田は外相となった。吉田にとっては、これが初めての政界入りだった。東久邇宮内閣を継いだ幣原喜重郎《しではらきじゅうろう》内閣でも外相として留任した。

翌四六年四月には戦後初めての衆議院議員総選挙が行われ、鳩山一郎を総裁とする日本自由党が第一党になった。つまりこの時点では、鳩山内閣が成立するはずだった。だが鳩山は、組閣の直前にGHQから公職追放処分を受けたため、首相の座が衆院議員でなかった吉田に転がり込み、翌月に第一次吉田内閣が成立する。公職追放後の鳩山については、次章で詳しく触れるつもりである。

吉田は首相になっても外相を兼ねたが、本邸を東京に移さず、首相官邸（現・首相公邸）のあった永田町や、首相公邸兼外相公邸（目黒公邸）となる朝香宮邸（現・東京都庭園美術館）のあった芝区白金台町《しろかねだいまち》（現・港区白金台）と大磯の間を定期的に往復する生活を続けた。四七年五月にいったん首相を辞任するものの、片山哲《かたやまてつ》内閣、芦田均《あしだひとし》内閣と二代続いた三党連立中道内閣を経て、四八年十月に再び首相となった。

四七年四月の総選挙で、実父の出身地である高知全県区から日本自由党の候補として出馬し、当選して衆院議員となった吉田は、四八年三月に日本自由党と民主党から分かれた民主クラブが合同して結成された民主自由党の総裁となり、同年十月に第二次内閣を組閣した。東京と大磯の間を往復するスタイルは、第一次内閣のときと変わらず、以後もずっと続くことになる。

昭和天皇は五二年五月十二日、宮内庁長官の田島道治《たじまみちじ》に「吉田の大磯行は私は賛成なんだが、尤《もっと》も休養といつてもどういふ風にしているかは知らぬが、休む事は必要だと思ふ。けれども、土日以上に金曜日から火曜までといふのはどうかネー」と話している（古川隆久ほか編『昭和天皇拝謁記　初代宮内庁長官田島道治の記録』3、岩波書店、二〇二二年）。平日でも東京を空けることがあったということだ。

それだけではない。吉田は東京から大磯よりもさらに遠い静岡県の御殿場に、「第二の本邸」を定めようとした。「〔昭和〕二十四〔一九四九〕年七月下旬から十月上旬まで」（『読売新聞』五三年八月二十二日夕刊）御殿場の樺山愛輔別邸「瑞雲《ずいうん》荘」に断続的に滞在し、有力政治家を呼びつけたからだ。

御殿場は富士山と箱根山系にはさまれた、標高五〇〇メートルほどの高原都市である。樺山愛輔以外にも、すでに死去していた西園寺公望、井上準《いのうえじゅん》之助《のすけ》、松《まつ》岡洋右《おかようすけ》、そして結核のため療養生活を続けていた昭和天皇の一歳弟、秩父宮雍仁《ちちぶのみややすひと》親王らの別邸が御殿場駅の周辺に点在していた（図5参照）。標高は軽井沢よりも低かったが、駅に近く比較的狭い区域に別荘が集まっている点は軽井沢に似ていた。

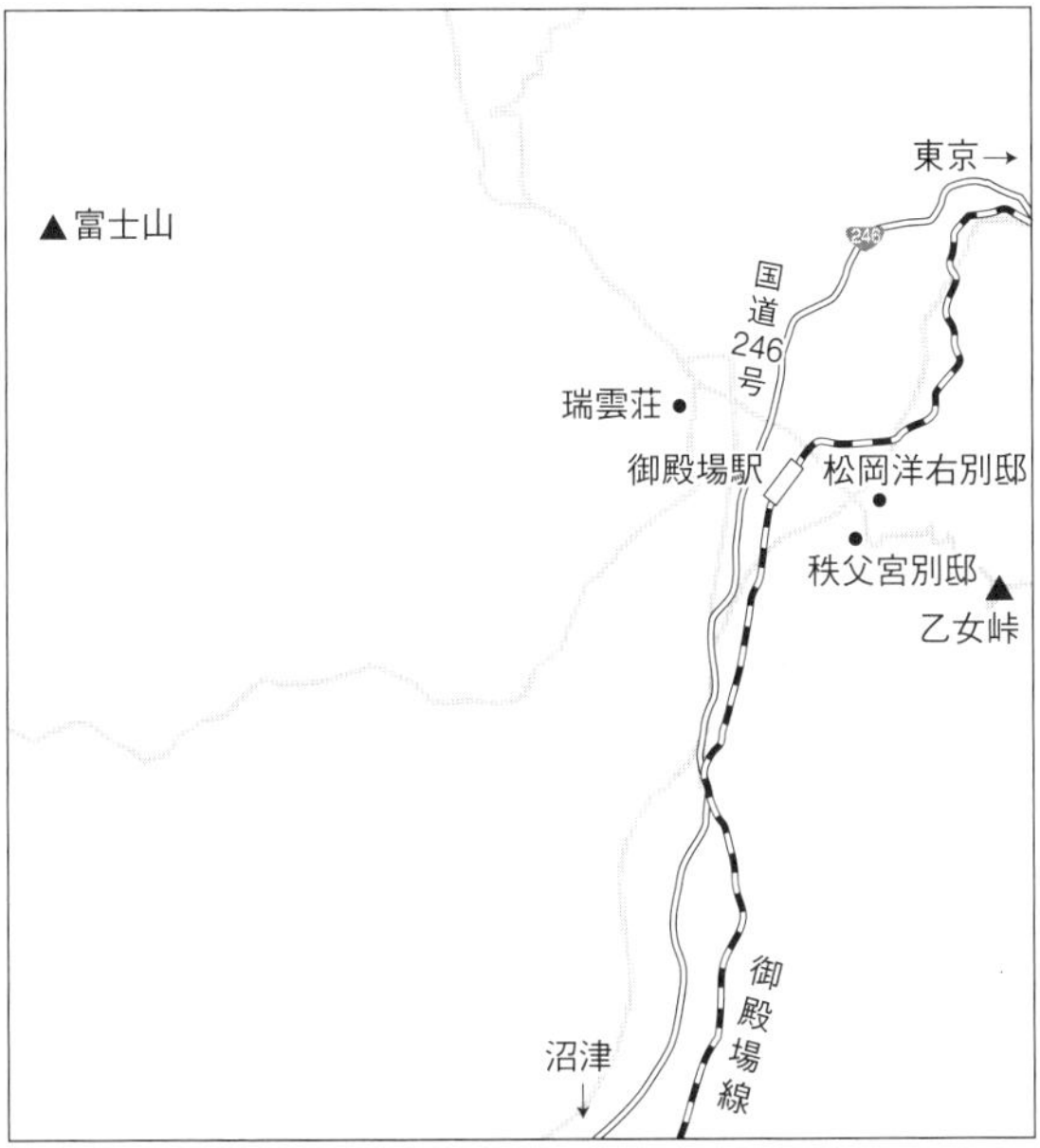

図5 御殿場周辺図

御殿場駅はもともと東海道本線の主要駅の一つだった。しかし三四年十二月、熱海―函南《かんなみ》間に丹那《たんな》トンネルが開通したことで同線は熱海経由となり、国府津《こうづ》―沼津間は支線（御殿場線）に転落して優等列車が走らなくなった。さらに戦時中には資材供出のため複線から単線になり、ますます不便になった。

吉田は鉄道の代わりに自動車を使って御殿場に向かった。自動車で大磯から御殿場まで行くほうが、大磯から東京まで行くよりも近かった。ルートは宮ノ下まで国道1号を経由し、宮ノ下から箱根裏街道に入り、神奈川と静岡の県境に当たる乙女《おとめ》峠を越えて御殿場へと抜けるのが一番の近道だった。

ではなぜ御殿場に滞在しようと考えたのか。「首相が御殿場ゆきを志《こころざ》したのは、大磯切通しの自宅が、湿気が多く、むし暑くて健康によくないこと、外人接待の部屋も設備もないことなどを考えた結果だつた」（『朝日新聞』一九四九年九月二十六日）。

当時の大磯の吉田邸は、まだ二〇〇九年に焼失した旧館とベランダ棟があるだけだった。現在の旧吉田邸で復元された新館はなく、他の棟も建設中だったと見られる（『旧吉田茂邸建物概要』、大磯町郷土資料館、二〇一八年）。

高原地帯の御殿場の空気は大磯とは違っていた。先の記事の「外人接待」は、主にGHQの関係者への接待を指す。吉田は外交が可能な空間を探した結果、樺山愛輔別邸「瑞雲荘」に行きついたのではないか。永田町にあった元の吉田邸はもともと樺山の邸宅だったし、樺山自身も当時は大磯に住んでいた。吉田は樺山の死去後、樺山とは第一次世界大戦後に初めて会って以来、三十年あまりの付き合いがあったと回想している（「樺山さんの思い出」、『樺山愛輔翁』、国際文化会館、一九五五年所収）。

吉田の娘の麻生和子は、吉田が戦前に駐英大使としてロンドンに滞在した当時、「週末になると、田舎にお屋敷をもっている人たちから泊まりにくるように誘われ」たと回想する（前掲『父 吉田茂』）。御殿場の「お屋敷」に外国人を招くことを思いついたのも、この駐英大使時代の体験があったからかもしれない。

瑞雲荘がいかに広く、雄大な景色を望めたかは、樺山の次女で、吉田が信頼を寄せた白洲次《しらすじ》郎《ろう》の妻となった正子《まさこ》の次の回想が参考になる。

別荘の入口には自然木の門が建っており、そこから杉木立の中を百メートルほど入ったところに大きな茅葺の長屋門があった。浜松の旧家からゆずりうけたもので、三方ヶ原の合戦の際に、徳川家康がかくれていたという由緒ある建築だと聞いていた。

その門をくぐると左手に富士山が見えた。そこから右へ折れたところに庭の生垣があり、家からは箱根山だけで富士山は望めなかった。（『白洲正子自伝』、新潮文庫、一九九九年）

いまでは瑞雲荘はなく、跡地には御殿場市立西中学校が建っているが、敷地内にある「樺山の森と池」は当時の庭の面影をよく残している。

白洲正子は、東海道本線が御殿場を経由していた時代には皇太子裕仁《ひろひと》（昭和天皇）や吉田の岳父、牧野伸顕《まきののぶあき》も瑞雲荘を訪れたとも回想している（同）。その意味では、もともと吉田と縁のある別邸だったともいえる。

四九年一月の総選挙では民主自由党が大勝し、二月には第三次吉田内閣が発足した。七月には、前年に発覚した大手化学工業会社、昭和電工による政府高官らへの贈収賄事件（昭和電工事件）で逮捕、起訴されながら一月の総選挙で当選した同党の重鎮、大野伴睦が、妻と二人で御殿場を訪れた。

このときの吉田とのやりとりを、大野はこう回想する。「私と吉田さんは激論十数分、一時は大ゲンカになってしまった。政治上のことで二人の意見は全く異なり、根がウソのつけない私と短気の吉田さんが歯に衣を着せず、ズバリズバリ言い合ったのだから、たまったものではない」（『大野伴睦回想録』、中公文庫、二〇二一年）。

二人の対立の背景にあったのは、四八年三月に施行された旧警察法のもとで初代国家地方警察本部長官となった斎藤昇《さいとうのぼる》を罷免すべきか否かをめぐる問題だったようだ。旧警察法では警察の民主化を図るべく、自治体警察と国家地方警察の二本立ての制度となったが、警察力の強化を考えていた吉田は斎藤を罷免したかった。これに対して、長官の罷免は首相の権限ではできず、国家公安委員会の承諾が必要と考えた大野が反対したのだ。この問題は結局、国家公安委員会が吉田の要求を拒否したことで、大野に軍配が上がっている。

吉田は八月六日にマッカーサーに宛てた書翰でも、「統一的な管理と指令の下に警察を置く」ことを主張したが、マッカーサーは二日後の書翰で、警察力の中央集権化は好ましくないと回答した（袖井林二郎編訳『吉田茂＝マッカーサー往復書簡集』、講談社学術文庫、二〇一二年）。八月六日に吉田が御殿場にいたとは断定できないものの、同日の書翰は御殿場で書かれた可能性がある。

八月下旬には、内閣官房長官の増田甲子七《ますだかねしち》と民主自由党幹事長の広川弘禅《ひろかわこうぜん》が、一般政務報告のため連れ立って御殿場を訪れた（『読売新聞』一九四九年八月十七日）。広川は昭和電工事件でつまずいた大野に代わり、党内で存在感を強めていた。

増田と広川に続いて、前首相の芦田均を総裁とする野党・日本民主党の最高委員・楢橋渡《ならはしわたる》が御殿場を訪れた（同、同年八月十九日）。同党は同年二月に「連立派」と「野党派」に分裂したが、楢橋が吉田に会いに出かけたのは民主自由党との保守合同を模索していたからだった。この試みは不調に終わっている。

相次ぐ有力政治家の御殿場訪問は、「参勤交代」と揶揄された。「連日のように、国府津を経て自動車で往復六時間の道のりを、お歴々が高いガソリンを使って〝参勤交代〟をするという奇観を生み、その飛ばつちりで、御殿場地区警察全署員の半数以上が瑞雲荘の秋の虫を驚ろかして詰めかけるという有様であつた」（『朝日新聞』同年九月二十六日）。「警察全署員の半数以上」が詰めかけたことも含めて、後に吉田が滞在する箱根で常態化する光景がすでに現れていたのである。

野党もまた、なかなか東京に戻ろうとしない吉田の姿勢を問題にした。十一月二十六日の衆院本会議では、日本共産党の伊藤憲一《いとうけんいち》が「吉田総理のごときは、国会開会中にもかかわらず、ときどき御殿場にひっ込んだり、大磯にひっ込んだりしている」と述べている（「第6回国会衆議院本会議第17号　昭和24年11月26日」）。

記者を寄せ付けない吉田の姿勢も批判を浴びた。その姿勢は、首相時代に軽井沢に滞在した近衛文麿と比較された。

故近衛文麿首相は、よく週末を軽井沢に過し、その貴族趣味と〔あい〕まつて〝軽井沢政治〟と評されたことがあつた。だが、貴族政治家近衛公でさえ、同行の新聞記者たちと同じ汽車、同じ箱に乗り、軽井沢では記者団を招いて必ず「政治放談」を試みたものである。御殿場の吉田首相は、記者団の申入れにもかゝわらず終始会見を拒否した。山荘の散歩姿をニュース・カメラに撮られたのちは、山荘内への立入りまで禁じている。

（『朝日新聞』同年九月二十六日。一部読点を句点に改めた）

吉田は、近衛が首相時代に軽井沢に滞在したよりも長い期間にわたって断続的に御殿場に滞在した。それでもこの間、吉田の肉声が新聞に報道されることはなかったのだ。マスコミを嫌う吉田の姿勢は、これ以降も変わらなかった。

政治家以外に瑞雲荘への訪問を許された人物としては、九月下旬に同荘に滞在した皇太子明仁の家庭教師、エリザベス・ヴァイニングと、元慶應義塾塾長で東宮御教育常時参与の小泉《こいずみ》信三《しんぞう》がいた。ヴァイニングはそのときの印象を、「家は、大きな藁葺き屋根の、時代のついた、広やかな農家で、その古めかしさをそこなわないように適当に近代化され、住み心地よく改造されていた。ちょうど樺山伯もそこに居合せたが、痩身の、品のいい、昔風の貴族といった老人であった」と記している（『皇太子の窓』、小泉一郎訳、文春学藝ライブラリー、二〇一五年）。

御殿場の秩父宮別邸にいた秩父宮妃勢津子《せつこ》も瑞雲荘を訪れるとともに、吉田も八月十八日と十月五日に秩父宮別邸を訪れ、秩父宮夫妻に会っている（『雍仁親王実紀』、吉川弘文館、一九七二年）。吉田は駐英大使時代の三七年、国王ジョージ6世の戴冠式に出席した秩父宮とロンドンで会っていた。東京とは異なり、御殿場では昭和天皇の弟に会うことも難しくはなかった。

(2) 政治家、官僚たちの「箱根参り」

吉田茂が御殿場に長期滞在したのは、一九四九（昭和二十四）年だけだった。五〇年三月には民主自由党と民主党連立派が合同して自由党（吉田自由党）が結成され、吉田が総裁となった。吉田は同年六月から十月にかけて、御殿場よりも近い神奈川県足柄下《あしがらしも》郡宮城野《みやぎの》村（現・箱根町）木賀の塩原又策別邸に断続的に滞在した。

塩原又策は、後に製薬会社として発展する三共商店（現・第一三共）の創業者だった。タカジアスターゼやアドレナリンを発見した高峰譲吉《たかみねじょうきち》が塩原を支援したが、木賀の別邸で二人は「兄弟の杯」を交わし、二二年に高峰が亡くなるまで盟友関係を結んでいる（『三共百年史』、三共、二〇〇〇年）。

木賀は「序章」で触れた箱根七湯のなかでは二番目に古く、平安末期ないし鎌倉初期の開湯とされている。江戸時代には「子宝の湯」として知られるようになり、温泉奉行が置かれ、江戸の将軍に湯を献上する「献上湯」に指定された。明治時代にはお雇い外国人医師のエルウィン・ベルツが別荘を構えたこともあったが、大火や洪水により旅館が全滅した。吉田が滞在した当時の風景は次のようだった。

小田原から湖尻行のバスに乗つて〝宮の下〟の次に〝木賀の里〟という停留所がある。強羅のすぐ真下にありながら知る人も少いこの木賀温泉は二軒の旅館と大和醸造取締役塩原又策氏の空別荘のほかには一軒の民家もなくたゞ早川の渓流に沿つた深い木立に囲まれて海抜四百五十メートル。残暑にうだる都会人には想像さえおよばぬ閑寂境だ。塩原別邸は八千坪の広大な敷地に本館、新館それに京都から移築した六百年昔のワラぶき農家建築〝田舎家〟の三むねがあり、吉田首相はこのうち道路に面した木造三階建、百廿坪の本館にこの夏は陣どつたわけだ。

（『読売新聞』一九五〇年八月二十六日。一部の読点を句点に変えた）

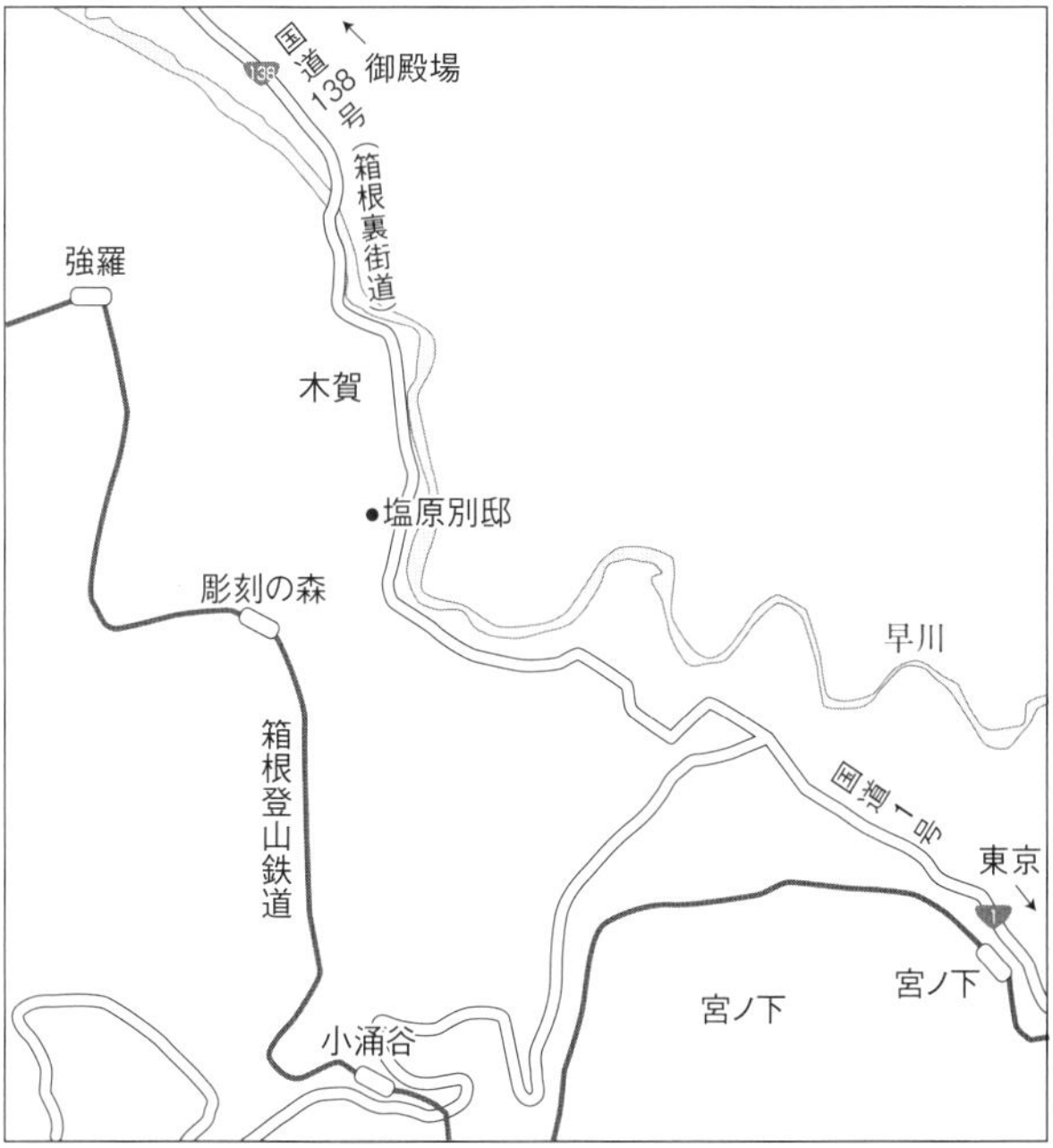

図6　木賀温泉周辺図

この記事によると、塩原別邸には本館、新館、そして「田舎家」と呼ばれた付属家の三棟があり、吉田は本館に滞在していた。だがそれらの立面図や屋根伏図などは東京都立図書館デジタルアーカイブで見ることができても、建物全体の平面図が残っていないため、具体的な間取りを知ることはできない。

木賀は吉田が大磯から御殿場に向かう際に通る箱根裏街道沿いにあったから、自動車のなかからでも見えたはずだ（図6参照）。雄大な景色が広がる御殿場とは異なり、早川の渓谷沿いにあって視界が利かなかったが、「空別荘」だったため自由に使えたうえ、峠を越える必要がなくなった。

木賀では、早川から立ちのぼる霧がしばしば周囲を覆い隠した。五八〜五九年に発表された松本清張《まつもとせいちょう》の小説『蒼い描点』には、「誰かの別荘のあと」を転用した木賀の旅館が出てくる。そこでの朝の風景は、「霧は、なるほど見事だった。山が深いせいか、朝の陽ざしがなく、霧は蒼白い沈んだ色で、海のように張っていた。昨夜見たように薄く、煙のように流れているのではなく、向いの山や渓谷をかくしていて、深い厚味があった」と描かれている（『蒼い描点』、新潮文庫、一九七二年）。

御殿場との最も大きな違いは、温泉がこんこんと湧いていたことだ。吉田が目当てにしたのは、まさにこの温泉だった。

第八国会以来目立つて肩のこりがひどく高血圧気味であつたこと、気をつけている胃腸の調子が暑さとともにまた弱まつてきたことなどから湿気の少い箱根中を探し回つてやつと一個所尋ね当てたこのカルシウム温泉につかるためだつた。

（『読売新聞』一九五〇年八月二十六日）

第八回国会は臨時国会で、五〇年七月十二日から七月三十一日まで開かれた。実際には六月から断続的に塩原別邸に滞在しているため、「箱根中を探し回ってやっと一個所尋ね当てた」のはそれよりも前ということになる。「カルシウム温泉」とは、正確にはナトリウム・カルシウム―塩化物・炭酸水素塩泉のことだろう。

現在でも木賀には宿泊施設が数軒あるだけで、温泉街はない。『ゼンリン住宅地図　箱根町』（ゼンリン東海、二〇二〇年）によれば、塩原別邸の本館があった場所には「服部」と書かれた棟があり、ほかに新館と付属家らしき棟が隣接している。このうち本館と新館は、箱根登山バス「木賀の里」のバス停に近い国道138号沿いにあって国道からも見えるが、門が閉ざされていて立ち入りはできない。それでも周辺には、源泉がいくつも湧いているのを確認することができる。

木賀・服部別荘。旧塩原又策別邸

塩原別邸での吉田の一日は、やはり温泉に浸かることから始まった。

起床はきまつて七時、三階のベッドで眼をさますと直ぐフロに入るが首相は大変なぬる湯すきだ。それから十五分―廿分ほど朝の散歩に邸内を歩く。気が向けばドライブ・ウエイを小りんさんと連れだつて歩くこともある。朝食は軽くトーストにミルク、卵ぐらいですませる。昼食の後一時間ほどはきまつて昼寝、そのあと入浴。
(『読売新聞』一九五〇年八月二十六日。一部の読点を句点に変えた)

入浴は朝と午後の二回だったようだ。「小りんさん」は序章で触れた吉田の後妻、坂本喜代を指す。先妻の雪子は四一年に亡くなっていた。

温泉の効能からか、吉田はしだいに体調を回復させていった。「八月上旬は肩のコリがひどく、地元のあんまがもみほぐせなかった程で、また昼間もウト〳〵することが多いので、脳イッケツの前兆ではないかと東京から馬場主治医がかけつけたものだが、いまはすっかり健康を取もどし、好物のエビ料理など三人前も平げる元気である」(『朝日新聞』一九五〇年八月二十四日夕刊)。

吉田が木賀でまず構想を練ったのは、差し迫った内閣改造と日本の独立を回復させる講和条約の問題だった。六月二十四日には自由党総務の広川弘禅が訪れ、内閣改造や講和問題につき吉田と会談した(『朝日新聞』同年六月二十六日)。広川は四日後の内閣改造で農林大臣となった。

六月二十五日には朝鮮戦争が勃発した。木賀に詰めかけた内閣記者団に対して、吉田は「まだ正確な情報を得ていないので何もいえない」と答えただけで、言及を避けた(『毎日新聞』同年六月二十六日)。結局この日は木賀にとどまり、二十六日に帰京した(『朝日新聞』同年六月二十六日)。

昭和天皇は朝鮮戦争に危機感をもち、同日、宮内庁長官の田島道治に「九州に若干の兵をおくとか、呉に海軍根拠地を設けるとか、兎に角日本の治安の問題に注意して貰はねば困るし、朝鮮の問題に鑑みて総て早く処置をとつて貰ひたいと思ふ」と語った。吉田の見方は天皇とは異なっていた。七月十四日に天皇に拝謁した際、「朝鮮の問題は、第三〔次〕世界戦争にならぬ限り、又アメリカがまづい事をしない限り、日本にとつてはむしろよい影響があります」と語ったからだ。その理由として吉田が挙げたのは、「第一は全面講和などいふ議論が吹きとぶに都合よくなつたこと」「今一つは企業面がよくなり失業者の減少になること」だった(前掲『昭和天皇拝謁記』1、岩波書店、二〇二一年)。

六月二十五日は、昭和天皇の母である皇太后節子《さだこ》(貞明《ていめい》皇后)の誕生日でもあった。住まいの大宮御所では祝賀行事が開かれたが、吉田は欠席した。この年の十二月十六日、吉田は田島に「大宮御所のこと」、すなわち皇太后のことを「二重人格」と語っている(前掲『昭和天皇拝謁記』6、岩波書店、二〇二二年)。祝賀行事のためわざわざ帰京する必要はないと判断したようだ。

吉田は七月と八月にも、断続的に木賀に滞在した。八月五日には広川のほか、自由党政調会副会長の橋本龍伍《りょうご》、経済安定本部総務長官の周東英雄《すとうひでお》らが木賀を訪れ、講和問題や朝鮮戦争などにつき吉田と協議した(『読売新聞』一九五〇年八月七日)。八月十日から十一日にかけては内閣官房長官の岡崎勝男《おかざきかつお》らが訪れ、講和問題につき吉田と話し合った（『朝日新聞』一九五〇年八月二十四日夕刊）。

講和条約を早く結ぶためには、日本社会党が唱える全面講和論や中立論は現実的でなく、次の臨時国会で社会党が持論を主張するのは対外的に望ましくない。吉田はこう考えていた。そして岡崎らと話し合った末、「野党が迫っている臨時国会開会の要求にたいしては、申しわけ程度の短期国会を、ちょうど前座のかっこうで通常国会の直前に召集する方針を決意したのである」（同）。

八月二十日には塩原別邸で文教審議会が開かれた。文教審議会というのは、四八年に失効した教育勅語に代わる道徳的指針の作成を目的として、四九年五月に吉田が設立した私的諮問機関のことだ。会議には吉田や天野貞祐《あまのていゆう》文相のほか、ジャーナリストの長谷川如是閑《はせがわにょぜかん》と鈴木文史朗《すずきぶんしろう》と馬場恒吾《ばばつねご》、哲学者の安倍能成《あべよししげ》と和辻哲郎《わつじてつろう》、経済学者の高橋誠一郎《たかはしせいいちろう》と小泉信三、物理学者の仁科芳雄《にしなよしお》が出席した。この人選は吉田自身によるものだった。全面講和論を唱える人物は含まれていなかった。

九月三日には広川弘禅農相が木賀を訪れ、朝鮮戦争につき再び吉田と会談した。広川は会談後、「共産主義者が卅《さんじゅうはち》八度線を越え共産主義の脅威が身近く迫つている今日朝鮮動乱前の公約などに政府、党が捉われているべきではないと思う」と語った（『読売新聞』一九五〇年九月三日夕刊）。

それから十日後、広川農相は再び自由党幹事長の佐藤栄作とともに木賀を訪問した。当時の電気事業は、戦中期に電力の国家管理を目的として設立された特殊会社の日本発送電（日発）が独占していたが、この日に総裁の小坂《こさか》順造《じゅんぞう》と副総裁の桜《さくら》井《い》督三《とくぞう》が辞任したことで、同社の解散と再編成（九つの電力会社に分割）に向けて動き出した。広川は自由党の前幹事長で、佐藤とともに電力再編成問題に関わっており、再編成に満足しなかった吉田に呼ばれたのだ（『読売新聞』同年九月十四日）。

このように吉田自身は木賀からなかなか動かなかった。箱根では前年の御殿場を上回る「奇観」が見られるようになった。

> 閣僚には手紙で首相からいろいろと指図があり、閣僚や自由党幹部は用務をたずさえて箱根へ赴くことになる。ところが閣僚のなかには大したことでもないのに点数かせぎに箱根参りをするといわれるのもあり池田〔勇人〕蔵相と増田〔甲子七〕建設相のように対抗意識のつよい仲では箱根登山もセリ合いのうちだ。こうなると箱根参りをしていないと何となく心細くなるのが人情らしく、ある新しい閣僚は岡崎〔勝男〕官房長官に「私も一度ぐらい箱根に行かなくてはいけないでしょうか」ときいていた。こんな風に去年は御殿場、今年は箱根と政治は山にのぼり、ワンマン首相のいない夏の閣議はつい事務的に流れやすいのだそうである。
>
> （『朝日新聞』同年八月二十四日夕刊）

あたかも「箱根参り」が吉田への忠誠心の証であるかのようなこの記事を読むと、吉田政権の閣僚や党幹部たちが、「奥の院」にましますす神仏に御利益を授かるために参詣する信者のように見えてくる。足しげく通った広川弘禅のごときは、最も忠誠心を発揮した「忠臣」ということになろうか。東京の閣議は形骸化し、「空別荘」だった塩原別邸が官邸のような空間と化したのである。

朝日新聞社のグラフ誌『アサヒグラフ』一九五〇年十月四日号は「箱根の山は天下の嶮——木賀の里・吉田詣で」と題し、塩原別邸に滞在する和服に白足袋姿の吉田や、別邸から出て記者団の宿に向かう周東英雄、佐藤栄作、増田甲子七らの写真を掲載した。「訪問客は日に平均二、三人、多い日には十人を越えた。そして山を登り山を降りるその喜憂とりどりの表情は、夏バテ政界に〝木賀詣で〟の話題を投げた。外に朝鮮動乱、内に日発、文教、講和問題等、多事多難の昨今、〝木賀の里〟からいかなる妙手が打たれるかはしばらくおき、ここが箱根名所の一つとなったことだけは確かである」。

箱根にのぼったのは政治家だけではなかった。大蔵官僚の橋口収《はしぐちおさむ》は、ペンネームで記した回想録でこう述べている。

吉田総理が、〔中略〕大磯や避暑先の箱根などにおられるときは、けっこうたいへんだった。時間をうかがって、それにおくれないようにしなければならないし、内閣の自動車は、大型にはちがいないが、かなりの時代物で、ときどきエンストすることがあった。ことに夏の暑いときは、要注意である。

エンジンが過熱して水冷式の水が湯になってふきだしたので、運転手さんともども大慌てして水をもらいにいったり、箱根の坂道でとうとうエンコしてしまったときはほんとうにどうしようかと思ったものである。（境光秀『郵一君物語』上、財経詳報社、一九九五年）

箱根は東京から遠いだけでなく、坂道を上らなければならず、当時の自動車の性能では夏の暑さに耐えられなかった。一日がかりで往復しなければならなかったこと自体、権力がどこにあったかを如実に示していた。

吉田は五〇年十月になってもまだ木賀に滞在し、十月九日には文教審議会のメンバーだった小泉信三に講和問題に関する書翰を送っている。「世間ハ恰《あた》かも講和会議の席上堂々論議出来候様ニ思ひ無条件降伏を忘却 致居候《いたしおりそうろう》もの丶如く、我国の昨今凡《すべ》て斯《か》くの如く残念之至ニ存《ぞんじ》候《そうろう》」（前掲『吉田茂書翰』）。

吉田の言う「世間」の大勢は、東大総長だった政治学者の南原繁《なんばらしげる》らが唱える全面講和、すなわちソ連を含む全交戦国との講和を支持していた。南原を「曲学阿世《きょくがくあせい》の徒」と呼んだ吉田は、全面講和に固執する限り独立回復はあり得ず、「無条件降伏」以来の占領状態を脱するには米国と単独講和すべきと考えていた。同じ考えをもつ小泉に、思わず本音をぶちまけたのだ。

(3) サンフランシスコ講和条約をめぐる箱根・小涌谷の攻防

一九五一(昭和二十六)年になっても朝鮮戦争は終わらなかった。一月九日、昭和天皇は田島道治に「朝鮮の状況上甚だ心苦しく、私が葉山ですきな事をするのは……」と話し、葉山御用邸での滞在を控えるべきではないかと尋ねた。田島は「MCは休みをとりませぬが首相は終始休みをとります」と答え、天皇も休みをとるべきだとした(前掲『昭和天皇拝謁記』2)。マッカーサーは休みをとらないが吉田はしょっちゅうとるというのは、確かにその通りだった。

同年六月から十月にかけても吉田は箱根に滞在したが、同じ足柄下郡でも宮城野村から温泉村(現・箱根町)に移った。小涌谷にあった旧三井財閥家(北家、伊皿子家、新町家、松坂南家)の別荘の一つ、新町三井家小涌谷別邸(三井別邸)に断続的に滞在したからだ。これ以降、五三年を除き、毎年夏から秋にかけてこの別邸に滞在する習慣を続けることになる(松田拓『箱根小涌園物語 同心円の男たち——小川栄一と秋山昌弘』、私家版、二〇〇七年)。

小涌谷は木賀よりも新しい温泉で、箱根七湯には含まれていない。もともと「小地獄」と言われていたが、明治になって小涌谷に改められた。

箱根裏街道沿いにある木賀と違って、小涌谷には高低差のある国道1号沿いに旅館や別荘が点在しており、木賀よりも標高が高かった。早川沿いの峡谷ではなく、箱根山の中腹にあって眺望がきく点も木賀と違っていた。

三井財閥家が小涌谷に別荘を構え始めたのは、明治末期からだった。まず三井家総本家の北家が一九一一（明治四十四）年、約一万坪を購入し、一二年に三階建ての西洋館「層雲閣《そううんかく》」を完成させた。三〇（昭和五）年には層雲閣に隣接して日本館「紫筠堂《しうん》」が完成している（『開けゆく別荘地　箱根』、箱根町立郷土資料館、一九九六年）。次いで新町家、伊皿子家、松坂南家が大正から昭和にかけて別荘を構えたが、現在同じ場所に残っているのは旅館「箱根・翠松園」の料亭として用いられている松坂南家の別荘の本館だけだ。

吉田が滞在した新町三井家の別荘は、本館と別館から成っていた。まず二二（大正十一）年頃に本館が建てられる。本館は「陌桜荘《へきおう》」と呼ばれ、二階建ての西洋館と離れに当たる木造平家建ての日本館からなり、両者は廊下でつながっていた。本館の東側には、回遊式の広大な庭園が整備された。そのあと、正確な年は不明ながら、本館よりも標高の高い南側に「雲錦荘《うんきん》」と呼ばれる別館も建てられた（同）。

東京都中野区の公益財団法人三井文庫に所蔵されている一九六二（昭和三十七）年作成の「新町三井家小涌谷御別邸全図」によると、本館と別館は敷地内を流れる小川によって隔てられているが、小川にはいくつか橋が架かり、遊歩道が整備されていて自由に行き来ができる。本館の東側にある庭園には大きな池が二つあり、池と池はつながっていて、二つの池に通じる別の小川が庭園内を流れている（図7参照）。
　現在は本館も別館も解体され、本館の敷地はフジタ第6〜第8箱根山マンションに、別館の敷地は明治生命の「雲錦荘明治生命寮」を経て、旅館「箱根小涌谷温泉　水の音」の新館になっている。二つの池もなくなったが、本館と別館を分けていた小川はいまなおマンションと旅館の境界を流れている。マンションの入口に当たる場所も、三井別邸の入口があった場所と変わっていない。また「水の音」新館の上層階からは、生い茂った木々の向こうにフジタ第6・第7箱根山マンションが眺められる。

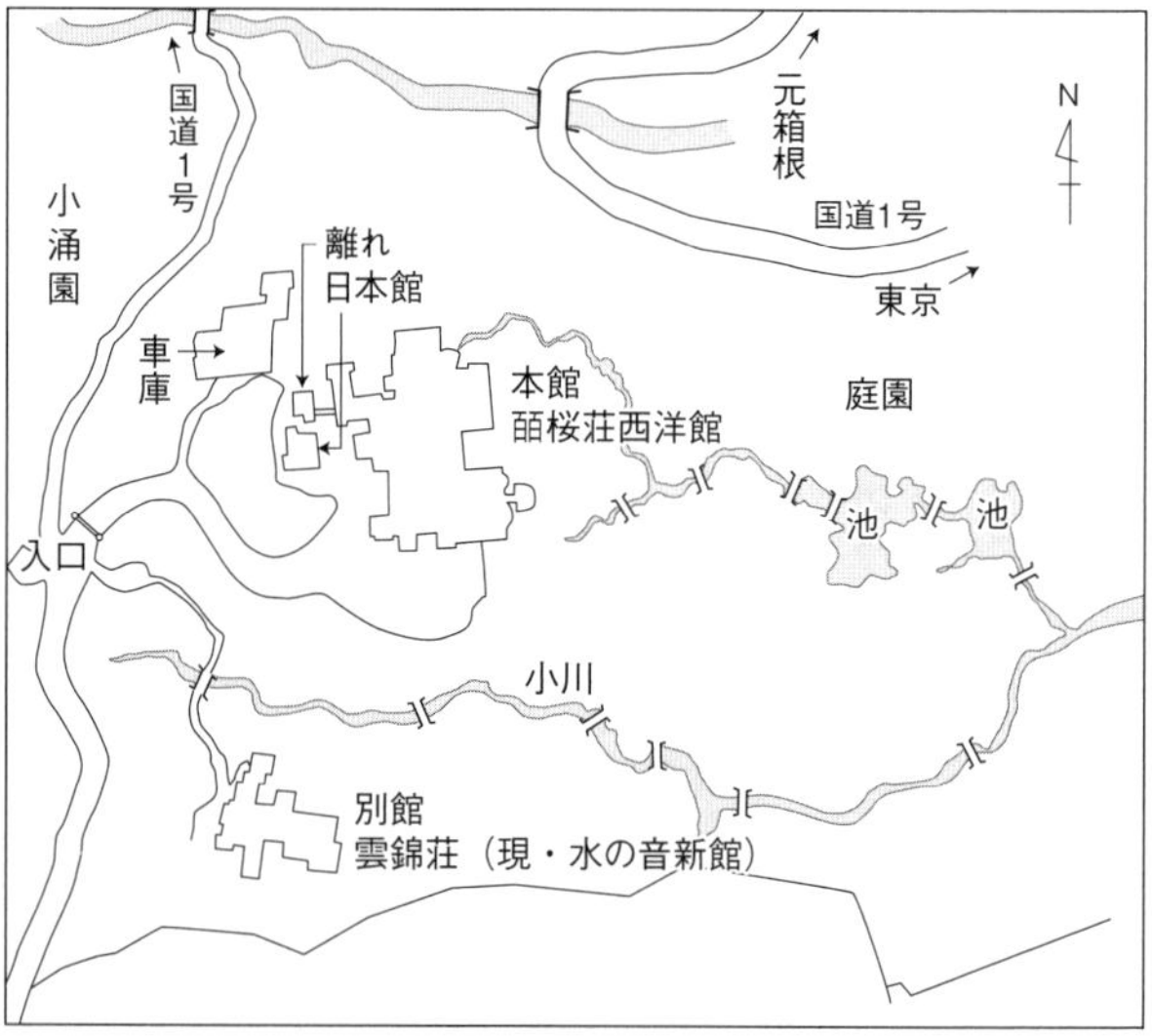

図7　新町三井家小涌谷別邸略図
出典：「新町三井家小涌谷御別邸全図」

　吉田は本館の離れに当たる日本館に滞在していたようだ。五一年八月十二日に本館でボイラー室の一部が焼けるボヤがあったとき、吉田は「卅《さんじゅう》メートルほどはなれた離れ」にいて無事だったからだ（『読売新聞』一九五一年八月十二日夕刊）。三井別邸は塩原別邸とは異なり空き家ではなかったから、吉田は離れに滞在したのだろう。日本館には、西洋館とは別の浴室も備わっていた（三井文庫所蔵「陌櫻荘平面圖　一階」）。

小涌谷三井別邸入口跡。現在はフジタ第6〜第8箱根山マンションの入口になっている

吉田が不在中の五二年五月三日に小涌谷を訪れた重光葵は、日記に「小涌谷三井別荘（Green gate Hotel）下の三井別荘（吉田首相使用のもの）にてピクニックをやる。三井老夫人も出て来る。渓谷一帯を眺望に取り入れたるもの、御殿式にて好趣味に非ず」と感想を述べている（前掲『続　重光葵手記』）。

少し注釈が必要だろう。「小涌谷三井別荘」というのは新町三井家ではなく、三井北家の別荘のことで、占領期には米軍に接収され、「グリーンゲートホテル」と呼ばれていた。それよりも「下」にあったのが、「三井別荘（吉田首相使用のもの）」、すなわち新町三井家の別邸だったのだ。その庭園を重光は「好趣味に非ず」と批判したが、「ピクニック」ができるほど広大だったことがわかる。「三井老夫人」とは新町三井家の九代当主、三井高堅《たかかた》の妻、五十子（いそ）のことだろう。

小涌谷には、男爵の藤田平太郎《ふじたへいたろう》が一九一八（大正七）年に建てた別荘（現・蕎麦 貴賓館）もあった。藤田観光の初代社長となる小川栄一《おがわえいいち》は、四八年にこの別荘を旅館「小涌園」（現・箱根ホテル小涌園）として開業させた。

当初、小涌園に温泉は引かれていなかったが、小川は周囲の反対を押し切って温泉の掘削を始め、四九年十一月に第一号温泉を、五〇年四月に第二号温泉を、五一年に第三号温泉を次々と掘り当てた（『藤田観光50年史』、藤田観光、二〇〇五年）。小川は小涌園の敷地を広げるべく三井北家の別荘を買収し、「グリーンゲートヴィラ」（小涌園洋館部）として開業させる一方、小涌谷一帯を今日見られるような大衆的な温泉リゾートホテルへと変えていった人物である（同）。

新町三井家の別邸は小涌園に隣接した「下」にあったから、小涌園から温泉を分けてもらうことは容易だった。一九七九年から八一年にかけて藤田観光が三井別邸の跡地に分譲したフジタ第6～第8箱根山マンションも、戸別に温泉が引かれている。

この小涌園を定宿にしたのが大野伴睦だった。小川栄一の腹心となる秋山昌弘《あきやままさひろ》は、「大野先生は午前中は動けなかった。朝から陳情者がつめかけていたからだ。それが毎日なので、少し休ませようと、『来客中』と女中頭に言わせたこともあるが、ご本人はいいからと言って決して断わろうとしなかった。やはり官僚出身でない生っ粋の政党人は違うと感心したものです」

と回想する（前掲『箱根小涌園物語』）。大野の正確な滞在期間はわかっていないが、記者すら面会できなかった吉田とは対照的だった。

一九五一年七月二十日から八月二十三日まで、昭和天皇が那須御用邸に滞在した。「序章」で触れたような、時を同じくして吉田が小涌谷に、天皇が那須に長期滞在する状況は、このときから始まっていた。七月二十六日には宮内庁長官の田島道治が、「陛下角の御部屋」で天皇に拝謁している。

首相との連絡、箱根の為直接でなく岡崎官房長官を通じましたが、〔中略〕講和を国全体で受入れる体勢を作りたいと思ひ、只今呼かけ中のことは新聞の通りで、緑風会民主党は或は全権を出すことになるのではないかと思つて居ります。二、三日の経過を見ねば分かりませぬが、社会党は駄目ですが、批准迄には一部のものは変るのではないかと思つて居ります。（前掲『昭和天皇拝謁記』2、岩波書店、二〇二二年）

吉田が箱根にいるために田島は直接吉田に会えず、内閣官房長官の岡崎勝男を通じて連絡をとったと田島は話している。

米国のサンフランシスコで講和条約が調印されることが五一年七月七日に決まり、米国側は首相を首席全権とする超党派の全権団を派遣することを求めてきた。田島の言う「緑風会」は参議院の院内会派を、「民主党」は国民民主党を指す。吉田は「講和を国全体で受入れる体勢」をつくるため、与党の自由党だけでなく野党の国民民主党や緑風会などからも全権委員を選ぼうと考えていた。

昭和天皇に言わせれば、講和条約発効による独立回復は喜ばしいが、戦争についての犠牲などを考えれば少しも喜ばしくなかった。この「かねあひ」（同）が、吉田はわかっていないと天皇には映った。天皇は田島に、「場合によれば箱根迄行け」（同）と命じている。天皇の思いを吉田に直接伝えに行けということだろう。

翌二十七日、天皇は同じ部屋で田島に「私はこゝは冷《すず》しいし、からだの具合はいゝし、研究は出来るし、好きなことは出来るしするので、私的なことからいへば離れたくないが、〔国会〕開会式とか其他でも国務の大切なことには喜んでいつでも帰京するからそのつもりで……」と話している（同）。この言葉は、「国務の大切なことには喜んでいつでも帰京」しようとしない吉田を暗に批判しているように見える。

吉田から衆議院の国民民主党との交渉を託されたのが、自由党幹事長の増田甲子七だった。国民民主党書記長の三木武夫《みきたけお》は、国会を開き、対日講和条約について吉田が十分説明するという条件付きながら、増田の説得に応じて全権団への参加に応じた（猪木正道『評伝吉田茂4　山巓の巻』、読売新聞社、一九八一年）。

七月三十一日、増田は総務会長の広川弘禅、政調会長の吉武恵市《よしたけえいち》とともに小涌谷を訪れ、超党派の全権工作がようやく実を結んだことを吉田に報告しようとした。

折悪しく総理は湯河原の古島《こじま》一雄《かずお》翁を訪問中で、党三役は四時間も待ちぼうけを食わされた。ところが、湯河原から帰えつた首相は党三役の来訪を聞いて、その来意もきかず

（一）予め連絡もせず押しかけてくるとは失礼だ。（これは手違いで連絡がとれなかつたという）

（二）超党派全権工作は打切る。

（三）国会は開かない。

と不機嫌に申渡し、党三役は一言も口を聞かず放々の態で退散したという。

（「政治評論」、『再建』一九五一年九月号所収）

古島一雄は当時八十五歳で、政界から引退していたが、吉田の指南役を務めていた。わざわざ「奥の院」に「参詣」した自由党の党三役を、吉田は四時間も待たせた挙句、「一言も口を聞かずに」追い返したというのだ。ワンマンの面目躍如たる一場面である。

同じ日には、外務省条約局長の西村熊雄《にしむらくまお》も小涌谷を訪れている。この日の西村の備忘録にも、「〔吉田は〕全権団につき臨時国会を招集する考えなし。〔中略〕国会招集など思いもよらずとも語られたり」とある（「東京編」、『日本外交文書　平和条約の締結に関する調書』第四冊、外務省、

二〇〇二年所収）。

これでは超党派の全権団を派遣することができなくなる。八月三日、小涌谷の吉田から電話を受けた蔵相の池田勇人は、同日朝に大蔵大臣秘書官の宮澤喜一《みやざわきいち》を伴って自動車で東京を発ち、三井別邸に向かった。宮澤の日記から引用しよう。

東京ヲ八時半発池田氏ニ従ツテ、十一時少シ過ギ小涌谷ノ旧三井邸ニ至ル。池田蔵相ハ首相ト三十分余会談、帰路池田氏ノ語ルトコロ左ノ如シ。首相ハ、講和会議後出来レバワシントン訪問シタキ所存ニテ、ソノ為、池田蔵相及ビ一《いち》万田《まだ》〔尚登《ひさと》〕日銀総裁ノ同行ヲ希望ス。ナオソノ場合此ノ両氏ハ共ニ講和会議ニモ全権トシテ出席シテモライタキ由。

コレニ対シ池田氏ハ承知ノ旨述ベタル後、但シ只一ツ条件アリ、ソレハ、首相ガ直チニ民主党ノ苫米地《とまべち》委員長ト会談シ、全権トシテ会議ニ参加サレルヨウ要請セラレタキコトトコレナリ。

（宮澤喜一『東京―ワシントンの密談』、中公文庫、一九九九年）

池田は、吉田に同行してワシントンを訪問することや、全権委員として講和会議に出席することを承諾する代わりに、吉田が国民民主党最高委員長の苫米地義三《とまべちぎぞう》に直接会い、全権団に加わるよう依頼することを求めたのだ。

吉田はこの交換条件を受け入れた。同日、小涌谷から宮内庁長官の田島道治に宛てて書翰を送り、「尚ほ本日一応の構成終了、米国政府に通告之手続可仕候《つかまつるべくそうろう》に付乍略儀《りゃくぎながら》同報松井秘書官差出候様取計置候。多分今夕那須御用邸に参候可致候」（前掲『昭和天皇拝謁記』7）として首相秘書官の松井《まつい》明《あきら》を昭和天皇が滞在する那須御用邸に遣わし、全権団の構成員が決まったことを報告させると述べるとともに、自らも同日夜に小涌谷を発ち、苫米地邸を訪れた。「『一つ頼む』という吉田首相の懇請に、苫米地最高委員長は『よろしい』と答えて固く握手した」（前掲『評伝吉田茂4』）。

八月十六日から開かれた臨時国会では、自由党の議員のほかに国民民主党の苫米地や緑風会の徳川宗敬《とくがわむねよし》らを全権委員に加えることが正式に決まり、超党派の全権団が構成されることになった。なお講和条約とともに調印されることになる日米安保条約については、草案自体が明らかにされなかった。

全権委員に選ばれた池田勇人は八月四日、別荘として使っていた仙石原の井上重喜別邸に赴き、次官の舟山正吉《ふなやましょうきち》ら大蔵省の幹部を招いて「渡米準備のため当面の財政金融施策について検討した」（『日本経済新聞』一九五一年八月六日）。翌五日には記者会見を行い、米国では日米の経済協力、と言っても実際には日本に対する経済、金融面の支援を要請することを話した（同）。記者を寄せ付けなかった吉田とは対照的な態度をとったわけだ。三井別邸の本館でボヤがあった八月十二日には、池田は仙石原よりも三井別邸に近い小涌園にいた（『読売新聞』一九五一年八月十二日夕刊）。

この前日の八月十一日、西村熊雄は内閣官房長官の岡崎勝男と一緒に再び小涌谷を訪れて吉田に会った。単独で訪れた幹事長の増田甲子七も同席し、昼食をともにした。西村の備忘録にはこう記されている。

食後暫時歓談のあと〔岡崎、増田〕両氏が辞去されると、総理は―今日は条約局長を罐《かん》詰《づ》めにする。桑港《サンフランシスコ》演説を書きあげるまで帰えさんといいながら別荘玄関左側の一室に連れていかれ―さあ、ここで書きたまえといつてひつこまれた。

見ると、ベットのかたわらに大きなデスクが置いてあり、そのうえには用紙筆墨・ペン・インクなど原稿書きに必要なものがいつさい揃えてあつた。サイド・テーブルには果物や飲みものも用意してあつた。

午後から―総理といつしよにいただいた夕食とそのあとのしばしの休息をのぞいて―午前3時まで苦吟してようやく一案をまとめ写し2通を作成した。〔中略〕

翌12日、朝食をいただいた後、総理の前で原稿を通読して批判を乞うた。些少の削除と文句の修正と文章の追加を求められただけで、だいたい意をつくしているといわれた。写し1部を総理の手許に残しておいた。

（前掲「東京編」）

西村が演説の原稿を書くため吉田に連れて行かれたのは、西洋館の玄関を入ってすぐ左側の応接室だったと思われる（前掲「砧櫻荘平面圖　一階」）。

注目すべきは、この備忘録に「罐詰め」という言葉が記されていることだ。

初めて「罐詰め」を発案したのは作家で編集者でもあった宇野千代《うのちよ》で、自ら発刊した雑誌『文體』に掲載する原稿執筆のため、一九四七年に重光葵の別邸から近い奥湯河原の温泉旅館「加満田《かまた》」に小林秀雄《こばやしひでお》を缶詰にしたとされている（「奥湯河原温泉加満田ホームページ」）。それからわずか四年しか経っていない。

吉田から信頼されて全権委員顧問に選ばれた白洲次郎は、小林秀雄と親交があった。白洲正子によれば、小林が初めて東京都の鶴川村《つるかわ》（現・町田市）にあった白洲邸（現・武相荘《ぶあいそう》）を訪れたのは、四六年のことだった。「それから後は小林さんも、今日出海《こんひでみ》さんなどとともに度々飲みに来て泊っていくようになった」（前掲『白洲正子自伝』）。温泉に逗留させて原稿を書かせるというアイデアを、吉田は白洲から得たのかもしれない。

しかし西村は、吉田と夕食をともにしたあとに休んでも、温泉には浸かっていない。そんな余裕はとてもなかったのだろう。十二日の備忘録には「以上を三井別荘の一室で記入している うち、邸内騒然となる。別館から失火したもよう」とあり、ボヤに気づいたのがわかる。離れの日本館から見ると、西洋館が別館に見えたのだろう。

備忘録は「別荘の一室で昼食をいただき、休息し、あるいは、書きものをする。……」と続いている。帰京して演説案をまとめ、外務事務次官の井口貞夫《いぐちさだお》に託して小涌谷に届けたのは、羽田を発つ六日前の八月二十五日のことだった（同）。吉田は訪米の直前まで小涌谷から動こうとしなかったのだ。

池田蔵相がいつまで箱根にいたのかは不明だが、八月二十一日には吉田が池田に宛てて小涌谷から書翰を出している。

此度之渡米を機会ニ十億弗《ドル》借款案成立せは日米干係《かんけい》之将来及我国再建ニ資するもの甚大なるもの可有之《これあるべく》、就て其構想ニて成案を得出発前一応貴台よりマーカット小生よりリッヂウエー大将ニ内示して其賛成をも得置度、〔中略〕我国経済のマイナスプラスの総勘定より十億借款の利払心配なくして極東の繁栄ニ我国の貢献しうる面を強張〔調〕する成案至急作製相成《あいなり》英訳致度、思付の儘《まま》申上候。（前掲『吉田茂書翰』。一部読点を句点に改めた）

この書翰で吉田は、どのようにして米国に経済支援を要請すべきかを具体的に述べている。一〇億ドルの借款を得るため、訪米する前に池田はGHQ経済科学局長のウィリアム・マーカットに、吉田は連合国軍最高司令官のマシュー・リッジウェイに伝えて同意を得ておく必要があるとしたうえで、我が国の経済からすれば利払いの心配はなく、極東の繁栄に貢献できることを売り込むべきだとしているのだ。

八月三十一日、吉田を代表とする全権団が羽田を出発し、サンフランシスコに向かった。九月七日（日本時間八日）午後八時過ぎ、吉田は巻紙を手に演壇に上がり、西村が小涌谷で書いた文章を原案とする演説文を日本語で読み上げた。講和条約が調印されると同時に、日米安全保障条約も結ばれた。

しかし吉田が希望していたワシントン訪問は実現せず、全権団は九月十四日に帰国した。吉田は九月下旬から再び小涌谷に滞在し、十月二日には宮内庁長官の田島道治が小涌谷を訪れた。天皇が「場合によれば箱根迄行け」と言ってから二カ月あまりが経っていた。十月四日、田島は皇居の御文庫《おぶんこ》御座所で吉田との話し合いの内容を天皇に報告している。

おとゝひ箱根へ行つて吉田は元気にしてたかとの仰せ故、大層元気に致して居りました。矢張り来客はあそこでもあり、約束の時間を一寸《ちょっと》またされましたが、七時半迄食事を共にしました故、かなりいろ〳〵雑談しまして話はよく理解されたと存じますとて、広島行幸啓、近畿行幸の事、御警衛についての経緯等詳しく申しました。次で国会開会式に条約に関して陛下のおことばを織込むには、憲法上よりして反対党に論議の余地を与へ度《たく》なき事、又陛下は一時国会のおことばでそうかと仰せになりながら、又重ねて陛下御自身直接国民に御呼びかけになりたい希望の旨洋行前に仰せの事を伝へましたまゝ故、其の間の経緯を詳細に申して熟談を致しました故、帰京後充分考慮して申上げる事と存じます〔以下略〕。

（前掲『昭和天皇拝謁記』2）

先客はいたものの東京や大磯よりは少なかったのだろう。田島は吉田と夕食をともにしながら、午後七時半まで話し合ったことがうかがえる。退位問題についても話し合ったが、この件については天皇に報告していない。

「広島行幸啓、近畿行幸」とは、国民体育大会に出席するための十月二十六日から二十九日にかけての広島行幸啓（香淳《こうじゅん》皇后を伴っての行幸）と、十一月十一日から二十五日にかけての京都、滋賀、奈良、三重の一府三県への巡幸を指す。また「国会開会式」とは、十月十日の第十二回国会開会式を指す。「条約」が九月に調印されたばかりのサンフランシスコ講和条約を指すことは言うまでもない。

この国会開会式に際して、天皇は「戦争が終了してから六年の間、全国民のともに熱望してきた平和条約の調印がようやく終つたことは、諸君とともに、誠に喜びに堪えないところであります」と述べた。「陛下御自身直接国民に御呼びかけになりたい希望の旨」が反映されたわけだ。だが周知のように、平和条約による講和は全面講和でなく、西側を中心とする片面講和であった。野党や知識人など調印自体に反対していた国民も少なくなかったため、田島が危惧した通り「反対党に論議の余地を与へ」ることになり、天皇の政治的発言として批判を浴びることになった。

それから十日後の十月二十日、吉田は再び小涌谷に向かった（『読売新聞』一九五一年十月二十日夕刊）。同日に開かれた衆院平和条約・安全保障条約特別委員会には欠席した。「廿日《はつか》の衆院両条約特別委員会は、主役の吉田首相が例の如く箱根へ姿を消してアッケラカン」（同、同年十月二十一日）。「例の如く」という言葉に、吉田の欠席が常態化していた様子がうかがえる。吉田は訪米の疲れを癒やすかのように、三井別邸内の紅葉が色づき始める十月下旬まで小涌谷での滞在を続けたのだ。

訪米を終えた吉田はもう引退すべきだと考えていた保守政治家は、少なくなかった。大野伴睦は、「私は当初からの持論として、講和会議後引退説であった。晩年に栄光への道を開くのは、この引退以外にないと主張した」と回想する（前掲『大野伴睦回想録』）。公職追放中だった岸信介も、「要するに吉田さんはサンフランシスコ平和条約締結までで使命は終わったという考え方なんだ。あの人をそれ以上総理の座に置いておいては、日本の民主政治は進展しない。どうしても辞めてもらわなければならない」と思ったという（安井浩一郎・NHKスペシャル取材班『吉田茂と岸信介――自民党・保守二大潮流の系譜』、岩波書店、二〇一六年）。

しかし実際には、吉田自身は引退する気がさらさらなく、小涌谷に通うスタイルを変えようともしなかった。皮肉にもこのことが、七十歳を過ぎた吉田の体調を維持させ、政治生命を長引かせる要因となった。

(4) 小涌谷で抜き打ち解散を決める

一九五二(昭和二十七)年四月二十八日、講和条約が発効し、日本はようやく独立を回復した。吉田はこの年も六月から小涌谷に滞在するが、それに先立つ五月二十二日、谷口直枝子《たにぐちすえこ》に宛てた書翰には「来月週末毎ニ箱根コワキ谷三井別邸借入 参《まいらせ》候《そうろう》、御来遊奉《まちたてまつり》待候」と記している(前掲『吉田茂書翰』)。

谷口は民藝運動を主唱した柳宗悦《やなぎむねよし》の姉で、吉田が最初に外交官として赴任した奉天総領事館で吉田の直属の上司だった総領事の加藤本四郎《かとうもとしろう》の妻だった。加藤が死去したあと、海軍軍人・谷口尚真《なおみ》と再婚したが、尚真が四一年に死去して再び独り身となっていた。

この書翰に吉田の心境の変化を読み取ることができる。政治家や官僚ではなく、知り合いの女性を三井別邸に招こうとしているからだ。

同年八月十五日に小涌谷から谷口直枝子に宛てた書翰には、「来廿日午前十時四十分小田原着電車あてに自働車差出可申、自働車番号3-3213、小生ハ廿一日頃一寸上京致すやも斗られす候得共、当邸ハ御都合ニていつまて御滞在被下《くだされ》候ても差支なく候」(同)とある。政治家や官僚とは異なり、谷口は東京から小涌谷まで自動車で行くことができなかった。吉田は二十日に訪れる谷口のため、東海道本線の普通電車が小田原に着く時刻に合わせて駅前に送迎の自動車を待たせておくこと、谷口が三井別邸でどれほど長く滞在しても差し支えないことを記している。

出した年は不明ながら、小涌谷から義理の叔母に当たる伊集院芳子《いじゅういんよしこ》に来訪を促す書翰には、「御とまりハ隣の雲錦荘ニ申付置候」と記している（同）。谷口に対しても、あらかじめ別館の雲錦荘を手配しておいたのだろう。大変な気の使いようである。

五二年九月十日に目黒公邸から谷口に宛てた書翰には、「過日ハ久方振ニユックリ御話か出来欣快《きんかい》至極ニ奉存候、爾来浮世之俗務ニ追ハれ居《おり》ミジメニ御座候」（同）とある。予定通り谷口が小涌谷の三井別邸を訪れ、吉田と「ユックリ御話」をしたことがわかる。自らの政治を「浮世之俗務」ととらえる吉田の心境については改めて触れたい。

これより先、七月十日には日比谷公会堂でシベリアに抑留されている日本人の帰還促進を目的とする「抑留同胞救出国民大会」が開かれた。同日、天皇は皇后とともに皇居で抑留者留守家族代表らに面会し、「一日も早く帰還の日を迎えるよう国民と共に祈っている」などと述べた（前掲『昭和天皇実録』第十一）。

しかし吉田は、大会に欠席した。新聞は、「出席予定の吉田首相が病気で欠席したため、全国留守家族代表三千名の怒りを買い、演壇にかけ上って主催者側の林《はやし》〔譲治《じょうじ》〕衆院議長を難詰、これを制止しようとする係員と小競合いを行うなど一時は騒然となった」（『読売新聞』一九五二年七月十日夕刊）と報じた。

実は吉田は病気ではなく、小涌谷にいた。七月十一日、田島道治は同日から神奈川県の葉山御用邸に滞在した天皇に会い、この件を報告している。

新聞で御覧かと存じますが、日比谷の会場で首相が病気といふ事で出ませんでした為め、一寸騒ぎましたやうですが……と申上げし処、箱根へいつたのはわるい、東京に居て公務差支で出られないならまだいゝが……との仰せ。

（前掲『昭和天皇拝謁記』4）

天皇は、東京での公務をすっぽかして小涌谷にこもったままの吉田を非難した。おそらく天皇は、東京でやるべきことをやってから御用邸に向かった自分自身と、そうしなかった吉田を比較したのだろう。

それでも吉田は、自らのスタイルを改めようとしなかった。抑留同胞救出国民大会に欠席した七月十日には田島に宛てて書翰を送り、「当分此地滞在の予定に致居、尤政府・国会の都合にては何時にても上京の筈に致居」と述べている（前掲『昭和天皇拝謁記』7）。いつでも上京する準備はできているとしながら、それは「政府・国会の都合」に限ったことであり、当面小涌谷に滞在するとしたわけだ。

吉田が小涌谷に滞在し続ける限り、政府要人も「箱根参り」を続けなければならなかった。七月二十日は日曜日だったが、参議院議長の河井弥八《かわいやはち》が建設大臣兼行政管理庁・北海道開発庁長官の野田卯一《のだういち》から「首相は予〔河井〕の来訪を求むる旨の伝言」（『河井弥八日記』戦後篇3、信山社、二〇一八年）を受け、小涌谷に向かった。

〔午後〕四時十五分、同〔藤村建設大臣〕秘書官来車、箱根小涌谷なる首相邸へ案内せらる。六時四十分頃着、直ちに面会す。首相は下痢を起し治療中なるを以て、会談十五分にて止む。食事を饗せられ、首相、麻生太賀吉《あそうたがきち》氏、同夫人と同卓す。八時辞去。十時二十分帰宅す。十二時頃、野田長官に首相と会談の内容と首相の意向を伝ふ。（同）

「同夫人」は吉田の娘の麻生和子を指す。河井はたった十五分の会談のために、「箱根小涌谷なる首相邸」まで往復五時間近くを費やさなければならなかった。野田に首相の言葉を伝えたときには、もう日付が変わろうとしていたのだ。

吉田はいったん帰京するものの、五一年十二月十日から始まった第十三回通常国会が終わった翌日の五二年八月一日には小涌谷に戻った。同日、天皇は那須に向かっている。

一日の午後、吉田首相は予定していた内閣改造を一応持越して一路箱根の三井別邸に向った。二百三十五日におよぶ長期国会の肉体的な疲れと、ことごとに思うようにはこばなかった幹事長問題の精神的な疲労とがあと一ヵ月で満七十四歳を迎える老首相の心身を極度にさいなんだものか一日の夜は深い眠りに落ちこみ二日は昼前まで床から離れようとしなかった。それでも午後は大分元気になって和服姿で仙石原にドライブを試みた。いま若スギやヒノキの深い木立に包まれた小涌谷の山荘にあって老首相が静かに思いをこらすものはなにか。

（『朝日新聞』一九五二年八月四日）

次章で詳しく触れるが、五一年八月に鳩山一郎の公職追放が解除されて自由党に復党して以来、党内では吉田派と、まだ鳩山自身をはじめ多くが議員に復帰していない鳩山派の対立が激しくなりつつあった。吉田は増田甲子七幹事長の後任として福永健司《ふくながけんじ》の起用を決め、七月一日に開かれた自由党両院議員総会で福永指名書を増田幹事長に渡そうとしたが、衆院議院運営委員長だった石田博英《いしだひろひで》ら反吉田系議員が力づくでこれを阻止した。このため吉田は福永の起用をあきらめ、やむなく衆院議長だった林譲治を幹事長にした。「幹事長問題」というのは、この出来事を指している。

小涌谷に谷口直枝子を呼んだのは、まさに政局が混迷の度合いを深める折だった。吉田は反撃の機会を虎視眈々《こしたんたん》と狙っていた。そのために考えたのが、八月二十六日に衆議院議長になったばかりの大野伴睦にも林幹事長にも知らせず、衆院を解散するという奇策だった。鳩山派の選挙準備がまだ整わないうちに不意打ちをかけ、吉田派に有利な状況で選挙戦を展開し、選挙後も自らの政権を維持しようとしたのである。

吉田はまず八月二十五日に那須を訪れ、あらかじめ天皇に解散を報告した。天皇は二十六日、憲法第七条により衆議院を解散する旨の詔書に署名した。同日、第十四回通常国会が召集されたが、二十七日に吉田は再び小涌谷に向かった。

　吉田首相は廿七日の臨時閣議に出席しないで突如箱根に引きこもってしまった。そして鳴物入りでさわがれていた内閣改造問題は一応、さきにのばされる格好となってしまった。この事実を前日夜に知ったのは一、二の側近閣僚以外にはなかったようである。当日の閣議には首相が出席しているものとばかり考えて出て来た閣僚もあったという。

（『読売新聞』一九五二年八月二十八日。一部の読点を句点に改めた）

　解散を決めておいて、小涌谷に向かうのは奇妙だった。この記事も、解散については一言も触れていない。娘の和子は、吉田が「あんなに喜んでるのに伴公が気の毒だから二、三日待ってやろう」と語るのを聞いている（前掲『父 吉田茂』）。そうだとすれば、「伴公」すなわち大野伴睦が衆議院議長になって喜んでいるのを見て、少し解散を先延ばしするために芝居を打ったのかもしれない。

　吉田は小涌谷に向かう直前に東京で、そして小涌谷に着いた直後に内閣官房長官の保利《ほり》茂《しげる》に宛てて二通の書翰をしたためた。「明朝九時半ニハ着京、大ノ〔大野伴睦〕ハヤシ〔林讓治〕

ニハ小生より申聞可申《もうしきかせもうすべく》、十一時より閣ギを願申候《ねがいもうしそうろう》」「声明案別紙〔欠〕清書の上明朝閣議ニ上提〔程〕可被下《くださるべく》候、〔中略〕明朝上京御打合之通協議を進め閣議出席可仕《つかまつるべく》候」（前掲『吉田茂書翰』）。

この書翰に記した通り、吉田は一泊しただけで二十八日朝に小涌谷を発ち、臨時閣議で全閣僚の了解を得たうえで衆議院を解散した。いわゆる「抜き打ち解散」である。長く続いた第十三回通常国会とは対照的に第十四回通常国会は三日間で終わり、大野伴睦が衆議院議長だったのも三日間にすぎなかった。

鳩山派が強く反発したのは言うまでもない。

吉田が九月十日に谷口直枝子に宛てた書翰で記した「浮世之俗務」というのは、このような政略を意味していたのだろう。書翰の文面は、「中旬より選挙ニ出懸《でかけ》田舎巡業仕候、暫時御目ニ懸不得候《かかれえずそうろう》」（同）と続いていた。野党だけでなく、自党の反対勢力とも戦わなければならない総選挙のための遊説を「田舎巡業」と称したわけだ。

案の定、鳩山と同じく公職追放処分を受け、五一年六月ないし八月に追放が解除されて自由党に復党した石橋湛山と河野一郎は、この選挙戦で吉田を激しく批判する演説を行った。九月二十九日、吉田は石橋と河野を除名している。

十月一日に投票が行われ、与党自由党は議席を四五も減らしたものの第一党を保った。鳩山をはじめ、石橋や河野、三木武吉など鳩山派の領袖はみな当選し、議員に復帰した。解散によって鳩山派の復帰を阻もうとする狙いは外れたものの、自らの政権を維持するという目的は達成され、十月三十日に第四次吉田内閣が発足した。しかし鳩山派との対立は深まるばかりで、やがて党内に吉田の退陣を目標とする「自由党民主化同盟」（民同派）が結成される。

(5)「バカヤロー解散」と大涌谷

一九五三（昭和二十八）年二月二十八日に開かれた衆院予算委員会で、吉田は社会党右派の西村栄一《にしむらえいいち》との質疑応答中、西村に対して「バカヤロー」とつぶやいた。これが問題となって野党から吉田内閣に対する内閣不信任決議案が出され、野党ばかりか自由党民主化同盟の鳩山、岸信介、河野一郎、三木武吉、石橋湛山らも賛成した。彼らはついに自由党を離党し、新たに分党派自由党（鳩山自由党）を結成した。

内閣不信任決議案は三月十四日に可決されたため、吉田は再び衆議院を解散した。いわゆる「バカヤロー解散」である。

四月十九日に総選挙の投票が行われた。自由党は引き続き第一党を維持したものの、過半数を大きく割り込み、一九九議席となった。一方、分党派自由党も議席を減らし、三五議席にとどまった。吉田は第二党となった改進党の一部を味方につけて決戦投票に勝利し、五月に第五次内閣を組閣する。

このころ大磯の本邸では、建築家の木村得三郎《きむらとくさぶろう》が設計した玄関や食堂などに加え、「応接間棟」と呼ばれる別棟が増築された。応接間棟は二階建ての建物で、二階の書斎に官邸直通の黒電話が置かれ、吉田の許可なしには立ち入れない私室となった（『吉田茂――その生涯と大磯』、大磯町郷土資料館、二〇一七年）。五三年の夏はそれまでの慣例を破り、吉田は大磯で過ごすつもりだった。

御殿場、箱根木賀里、小涌谷と例年夏場には猛暑を避けて山ごもりする吉田首相。今年は「折角家も増築したのだから大磯で過したい」といったとかでいつになくゆっくり大磯に腰を落着けていたが…。このごろの暑さに堪りかねてか十五日ごろから八月一ぱいをまた箱根早雲山の山奥で過す事になった。

実は三週間ほど前から秘書官が極秘に八方手を尽して好条件の避暑地を探していたが、どこもかしこもすでに先約があってダメ。結局地すべりの本場早雲山裏手のとある旅館よりほかにないとわかったが…同じ旅館に新聞記者が泊りこんではいやだし、かといって旅館の部屋を全部借り切るわけにもいかずこの点をどうするかが今日まで遅れた理由だという。

（『読売新聞』一九五三年八月十三日）

避暑の決断が遅れたために、三井別邸はもう埋まっていたのだろう。「早雲山裏手のとある旅館」とは、足柄下郡仙石原村（現・箱根町）大涌谷にあった温泉旅館「冠峰楼」のことだ（図8参照）。

小涌谷が「小地獄」と呼ばれたのに対して、大涌谷は「大地獄」「地獄谷」と呼ばれ、箱根山の最高峰、神山の中腹にあった。至るところに硫黄泉が湧き、水蒸気が噴出していた。標高は七〇〇メートルほどで、木賀や小涌谷よりも高かった。

図8 大涌谷周辺図

　冠峰楼はすでに閉業したが、伊豆箱根バスの上湯《かみゆ》停留所の近くに位置していて、県道と旅館を結ぶ坂道や建物の骨組みが残っている。周辺では硫黄のにおいが立ち込めており、標高のせいか夏でもかなり涼しい。新たな温泉掘削の工事が始まっていることから、近々リニューアルして新しい施設ができると思われる。

吉田が滞在した当時の冠峰楼は周辺に何もない一軒宿で、本館と離れがあった。

門を入ってすぐ左手の高台に一むね三十五坪ほどの平屋建の離れがあって、ここがワンマン茂氏が十日間静養するというところ。右手には四十坪ほどの古池がありヒゴイ、マゴイがゆうゆう泳いでいる。

去る六日秘書官三名が下検分に来て『これなら大丈夫』と注進したわけは星の数ほどある箱根の旅館中仙石原上湯に冠峰楼がたった一軒、近所にうるさい新聞記者が泊るような宿舎がないほか、一般泊り客とは隔離された完全な離れ家があるからで、八日の首相とお付きの喜代子さん自らの下検分もまずはＯＫと相成った。（同、同年八月十六日）

「平屋建の離れ」に滞在できるところは、小涌谷の三井別邸本館の日本館に似ていた。八月八日に「喜代子」すなわち坂本喜代と一緒に冠峰楼を下検分した吉田は、そう感じたからこそ「ＯＫ」としたのだろう。

しかし三井別邸とは異なり、冠峰楼は一般の旅館だった。御殿場の瑞雲荘も木賀の塩原別邸も小涌谷の三井別邸も、関係者以外立ち入ることのできない元伯爵や実業家や旧財閥の別邸であり、そのまま使うことができた。冠峰楼は吉田の滞在に合わせて、一般客が泊まっていた離れを大改造する必要があった。

宿では五つの小部屋だった離れを八畳間二つに改造、虫除の金網を入れ、別に総ヒノキのフロ場を建増すという騒ぎ。東京目黒の公邸まで専用電話線をひく。大磯からは緑色のポリス・ボックスが運ばれて部屋の真下にデンとすえられた。(『朝日新聞』同年八月十九日)

吉田は八月十六日から大涌谷での滞在を始めた。十八日には内閣官房長官の福永健司が訪れ、夕食をはさんで約四時間にわたって懇談した(『読売新聞』同年八月十九日)。だがその翌日には、早くも大涌谷から大磯に戻っている。大改造をしたにもかかわらず、冠峰楼にはわずか三泊しただけだった。

権力にものを言わせて一般旅館の離れを政治空間に変えたことで、吉田は激しい批判を浴びることになる。

この老人が、七十をこえた年で、すくなくとも主観的には一身をとして、国事に奔走しているのである。これに対して、悪口をいう〝フテイのヤカラ〟が圧倒的に存在するという事実は、いったいなんのためであろうか。

権力である。権力への執着と、モウシュウが、そうさせるのである。十日間〔実際には四日間〕、滞在する箱根の宿の山をけずり、バリケードを張り〝大基地〟に仕立て上げるような、せん上至極なマネも、吉田以下関係者全部の、権力のオトシアナに落ちた、あさましい生態の反映である。

（同、同年八月十八日夕刊）

もし例年通り、小涌谷の三井別邸に滞在していたら、ここまでの批判を浴びることはなかっただろう。地元の小学校の元ＰＴＡ会長も、「去年のように小涌谷の三井別荘あたりに落ちついていればよかったのだ。新聞記者の行きにくいようなところをわざわざ探すなどというのは、現代の政治家としての感覚を疑う」と話していたからだ（「箱根の行在所―早雲山のワンマン―」、『週刊朝日』一九五三年九月六日号所収）。わずか三泊しただけで冠峰楼を引き払ったのも、このような批判の高まりを意識したからかもしれない。

当時、わざわざ冠峰楼まで吉田の様子を見に行ったジャーナリストがいた。大宅壮一《おおやそういち》である。二年後の『文藝春秋』一九五五年四月号に掲載された「お光りさま昇天す」で、大宅はこう述べている。

一昨年〔一九五三年〕の夏、吉田茂が箱根の宿で、バリケードをめぐらした離れに陣取っているのを見に行ったとき、ついでに強羅にできたメシア教の美術館をのぞいた。戦後の箱根には、璽光尊《じこうそん》、岡田茂吉《おかだもきち》、吉田茂の三つの〝行在所《あんざいしょ》〟ができたわけだ。

（『文藝春秋』一九五五年四月号）

「メシア教の美術館」とは世界救世教の教祖で、「お光りさま」と呼ばれた岡田茂吉が五二年六月に強羅に創設した箱根美術館のことだ。「璽光尊」とは戦中期に成立し、元横綱の双葉山や棋士の呉清源《ごせいげん》が信者となった宗教団体「璽宇《じう》」の教祖、長岡良子《ながおかながこ》のことで、仙石原の「離宮」と自称する他人の別荘にしばらく滞在していた。「行在所」というのは、天皇が宿泊や休憩に際して用いた施設を意味する。

大宅は岡田茂吉や璽光尊を、敗戦直後に広まったいかがわしい新興宗教の教祖と見なしていたが、あたかも天皇のごとく箱根に自らの宿泊のための施設をつくらせている吉田茂もまた同類だとしたのである。

これに懲りてか翌五四年夏、吉田は三井別邸での滞在を復活させた。『箱根行在所』と騒がれた昨年の苦い経験からか今年の〝箱根ごもり〟の準備は極めて秘密？のうちに行われた。首相側近もまた、その日まで「わかりません」を繰り返していた。このためか箱根の首相は訪問客をさけ、地味に静養第一の生活をしている。読書と午睡とドライブが首相の日程になっているようだ」（『毎日新聞』一九五四年八月三十日）。

吉田は五四年の四月から神経痛に悩まされており、神経痛に効くとされる小涌谷の温泉で静養しようとしたのではないか。実際には温泉に入らず、沸かし湯に入っていたという報道もあったが（同）、この年の八月から九月にかけて小涌谷から出された書翰には、神経痛の話題がしばしば出てくる。

例えば、軽井沢に滞在していた自由党総務の佐藤栄作に宛てて八月二十四日に記した書翰には、「昨神経痛之為此地ニ即日引還候」とある。小泉信三に宛てて九月十日に記した書翰には、「先達来神経痛ニ悩み性来の無精更ニ一層を加へ茫然とし而《て》数旬相過《あいすごし》候《そうろう》」とある。谷口直枝子に宛てて九月七日に記した書翰には、「此地ニ参候処今年ハ湿気多く神経痛も思ひの外ニ軽快ニ赴き不申」とある（前掲『吉田茂書翰』）。

吉田は谷口に対して、この年は小涌谷でも湿気が多く、神経痛もなかなか治らないと悩みを打ち明けている。だが同時に「浮世はなれ之山間、世間のさわきも耳ニ入らす閑寂ニ消光《しょうこう》罷《まかり》在《あり》候《そうろう》」とも記している（同）。五二年の「抜き打ち解散」のあとに「浮世之俗務」と政治を評したのと同じようなことを、谷口に再び言っているわけだ。吉田が三井別邸をいかに気に入っていたかがうかがえる。

もちろん、政治家の来訪がなかったわけではない。九月一日には、農林大臣の保利茂が小涌谷を訪ねた。保利は吉田に、前年に続いて東北や北海道の冷害が予想されていたが、天候が持ち直し、予想を上回る米の収穫が期待されることを報告した。食糧増産に関心をもつ吉田はよほどうれしかったのか、東京に戻った保利にすぐ書翰を送り、「今朝御光来、米作概況御話被下《くだされ》大ニ安睹〔堵〕仕候、〔中略〕豊凶一ニ今後の天候ニ懸り可申候《もうすべくそうら》得共《えども》、先以《まずもっ》て跳上《はねあが》り状況と存し御祝申上候」と記した（同）。

九月十三日、前首相で改進党顧問の芦田均が「吉田氏が私との会談を望んでいる」と聞き、小涌谷に向かった。吉田は九月末から欧米七カ国を歴訪する外遊を行うことが決まっていたが、芦田は帰国後の臨時国会で引退の決意を表明するべきだと考えていた。この日の芦田の日記から引こう。

明日は吉田さん上京しないという。それなら今夕出発して明朝小涌谷へ往訪しようときめて緒方〔竹虎〕君と連絡。明朝八時に吉田氏を往訪すると約束した。〔中略〕台風十二号はそれたらしいが南風は相当に強い。然し明夕が嵐の climax と聞いてそれ迄に東京へ帰る予定で出かけた。十時半小涌谷の小涌園に入る。

（『芦田均日記』第五巻、岩波書店、一九八六年）

緒方竹虎は吉田と芦田の仲介役を務めた副総理、「台風十二号」は九月十三日に鹿児島県に上陸し、九州を縦断して日本海に抜けた台風である。悪天候のなか、芦田は一刻も早く吉田に会おうとして深夜に小涌谷まで移動し、小涌園に泊まったことがわかる。翌十四日の日記にはこう記されている。

朝八時坂西君が宿へ迎えに来たので同車して三井別邸に吉田茂氏を訪う。朝は冷えるので神経痛にこたえると見え吉田氏は羽織をあほ〔はお〕つて、手に杖をもつて出て来た。朝食を共にするというので Toast、半熟卵、Caviar などを食べる。〔中略〕

午前十時五分前に退出。（同）

芦田は午前八時過ぎに三井別邸を訪れると、まず羽織姿の吉田と一緒にトースト、半熟卵、キャビアなどを食べ、一時間半あまりにわたって会談してから東京に向かったわけだ。この日記には具体的な会談の中身について記されていないが、芦田は後の記者会見でその中身について語っている。

私は〝今の姿で吉田内閣が臨時国会を乗切ることは困難で、極端にいえば吉田内閣への風当りは昨年来に比べて著しく強くなっている。従って吉田首相は政局安定のために決意をする必要があると思う〟と述べたが、吉田首相は〝自分もその点は十分考慮している。いたずらに政権にかじりつくごとき意図は毛頭ない。環境が許せば一日でも速かに引退したいとさえ思うぐらいだ〟と述べた。これに対して私は吉田首相が遠からず外遊を終えれば適当な人に政権を譲ろうと決心をしている、という強い印象を受けた。

（『朝日新聞』一九五四年九月十五日夕刊）

間接的ながら「一日でも速かに引退したい」という吉田自身の言葉が公表されたのは、これが初めてだった。どの新聞も芦田の会見の中身を大きく報じた。

ここから政局は一気に吉田退陣に向けて動き出す。

鳩山一郎は五三年十一月に分党派自由党を解党して自由党に復帰したが、吉田の欧州七ヵ国歴訪中に新党の準備を進め、五四年十一月二十四日に自らを総裁とする日本民主党を結成した。同党は十二月六日、右派社会党、左派社会党と共同で内閣不信任決議案を提出した。当初は再び解散するつもりだった吉田も断念し、翌七日に第五次吉田内閣は総辞職した。四八年十月十五日以来続いてきた長期政権はついに終止符を打ち、鳩山一郎を首相とする日本民主党単独内閣が成立する運びとなる。

吉田茂が暮らした大磯の本邸がより立派になるのは、むしろ首相を辞めてからだった。海外の賓客が宿泊できるようにするため、建築家の吉田五十八《よしだいそや》に依頼して新館が建てられたからだ。「新築の部屋は、母屋よりも地盤が一段と高くなっており、南は松林を通して相模湾を、西は遥かに箱根の山々はもちろん、富士山を眺める景勝の地にある」とは、吉田自身による新館の解説である（「世界と日本」、『大磯随想・世界と日本』、中公文庫、二〇一五年所収）。

しかし吉田は、首相を辞め、大磯の本邸を建て増ししても、小涌谷の三井別邸に通う習慣を変えなかった。小涌谷には、引き続き政治家や官僚が来訪した。「序章」で触れた重光葵は、その一人にすぎなかった。

鳩山政権が日ソ交渉を進めようとしていた五六年八月二日には、小涌谷を訪れた佐藤栄作に対して「日ソ交渉の経過如何では日本の立場は益々苦しくなる」と話し、「その際が吉田派として起つ秋と思ふ」と自説を述べた。佐藤が八月二十日に再び訪れたときにも、吉田は「鳩山訪ソにつき極めて強い意見を述べられ、岸〔信介〕の奮起と吉田派の蹶起をとかれ」た（『佐藤栄作日記』第一巻、朝日新聞社、一九九八年）。

五五年十一月には、自由党と日本民主党が合同し、自由民主党が結成されたが、吉田も佐藤も当初は入党しなかった。吉田は、同党総裁となった鳩山一郎が目指した日ソ国交回復に対する不満を、佐藤にぶちまけたのだ。

小涌谷から五六年九月五日に池田勇人に宛てた書翰では、鳩山一郎を「病軀《びょうく》重任ニ堪へすと固辞すへき半身不隨〔随〕の首相」と評し、「名ヨ心個人的野心ニて国運を過らんとす」とこき下ろした（前掲『吉田茂書翰』）。また同じく小涌谷から五八年九月二日に佐藤栄作に宛てた書翰でも、「岸〔信介〕内閣も此位の事を為さねハ長期政権担当ハ六ケ敷《むつかしき》のみならす、国家に忠なる所以《ゆえん》ニ無之《これなし》」と批判した（同）。鳩山一郎から石橋湛山、岸信介と首相が代わっても、政局に対する辛辣な口調は変わらなかったのだ。この点では確かに、重光の言う「国家の元老」としての役割を果たしていた。

しかし他方、吉田は三井別邸に女性たちを呼ぶことも忘れなかった。重光葵外相が三井別邸を訪れた五日前の五五年八月十六日には、谷口直枝子や伊集院芳子のほか、湯河原に住んでいた近衛文麿の妻、千代子《ちよこ》を招き、晩餐会を開いている。また彼女らが泊まる施設としては、別館の雲錦荘を手配すると書翰に記している（同）。

ちょうどこの時期は、別邸の北側にそびえ立つ明星ヶ岳《みょうじょうがたけ》の山肌に「大」の火文字が燃え上がり、その上に花火が舞う大正期からの祭「大文字焼き」の時期に当たっていた。吉田は谷口らのほか、親交のある男性たちにも来訪を促す書翰をしばしば送っていた。

此十六日大文字山、例の火付ニ付御招申上度《もうしあげたく》と存居候処、明日上京可致《いたすべき》用生し廿日ころ御都合出来候得者《そうらえば》御招申上度、其節も近衛御後室〔千代子〕様を御招致度と存居候
（五六年八月十五日付谷口直枝子宛て書翰）

十六日花火御来観御待申候
（五九年八月十三日付北沢直吉宛て書翰）

来八月十六日毎年大文字煙花の催有之《これあり》、当邸正面ニあたり候、今年も近ヱ〔文麿〕公後室その他知人夕刻より招居候、別段の御馳走も無之候得共九兵衛すし用意致居候
（六一年八月十五日付小泉信三宛て書翰）

吉田が首相辞任後も大磯にとどまらず小涌谷に通い続け、三井別邸を「第二の本邸」としたのは、「浮世之俗務」から離れ、大磯にはない豊かな自然のなかで花鳥風月的な世界にひたれ

たからだろう。あまりに多い大磯での訪問客に耐えかね、「自分の家は往来のようだ」（吉田健一『父のこと』、中公文庫、二〇一七年）と嘆いた吉田にとって、三井別邸は限られた政治家や学者、官僚、女性だけに面会を許した特別な空間だった。

三井別邸で吉田に会った佐藤栄作は、「前首相至極元気」「夏季静養中益々元気に見うけらる」などと吉田の印象を記している（前掲『佐藤榮作日記』第一巻）。「奥の院」が八十代になってもなお衰えを知らぬ吉田の体調を支えたのだ。書翰から判断するに、吉田は少なくとも衆議院解散に伴い政界を引退した六三年十月まで三井別邸での滞在を断続的に続けている（前掲『吉田茂書翰　追補』）。

第二章

鳩山一郎・石橋湛山
反吉田の伊豆・箱根

（1）GHQから公職追放処分を受け、熱海「海幸荘」へ

鳩山一郎は吉田茂とは異なり、政治家を父とする家に生まれ、一九一五（大正四）年には立憲政友会の衆院議員になるなど、政治家としての長いキャリアがあった。三一（昭和六）年から三三年にかけては、犬養毅《いぬかいつよし》内閣と斎藤実《さいとうまこと》内閣の文部大臣を務めたこともある。四二年四月の翼賛選挙では無所属で当選したが、東條英機《とうじょうひでき》内閣に対しては批判的な態度をとり、長期にわたって軽井沢の別邸で隠遁生活を送った。

その間に戦況は悪化の一途をたどり、四五年五月の空襲では小石川区（現・文京区）音羽の本邸が被災して住めなくなった。同年八月十五日の玉音放送を、鳩山一郎は軽井沢の別邸に近い石橋正二郎別邸で聴いている（『私の自叙伝』、改造社、一九五一年）。

石橋正二郎は福岡県の久留米でタイヤメーカーの「ブリヂストン」を創業した実業家であり、長女の安子《やすこ》は鳩山一郎の長男の威一郎《いいちろう》（大蔵官僚。後の外相）と結婚していた。つまり両者は姻戚関係にあった。平成になって首相や閣僚となる鳩山由紀夫・邦夫

軽井沢・鳩山一郎邸。鳩山通りの一番奥にある

兄弟は威一郎・安子夫妻の子で、一郎・薫夫妻の孫に当たる。

鳩山一郎は七日後の八月二十二日に上京し、麻布区永坂《ながさか》町（現・港区麻布永坂町）の石橋正二郎本邸に仮住まいしながら政治活動を再開させた。同年十一月には新たに結成された日本自由党の総裁に選ばれ、四六年四月に行われた戦後初の衆院総選挙では東京一区から出馬して当選した。同党はこの選挙で一四一議席を獲得して第一党となったから、鳩山は首相になるはずだった。

しかし戦前の活動などを理由として、組閣直前の同年五月四日にGHQによる公職追放処分を受け、政界から追放された。鳩山自身、日記に「追放の内容全く意外の事実のみ」と記したように（前掲『鳩山一郎・薫日記』上巻）、まさに寝耳に水の出来事だった。結果、第一次吉田茂内閣ができたことは前章で触れた。

解体前のブリヂストン熱海海幸荘

加えて永坂町の石橋本邸もGHQに接収されたため、鳩山は四六年十一月十三日に静岡県熱海市桃山（現・桃山町）にあったもう一つの石橋正二郎別邸「海幸荘」に移住した。同日の鳩山の日記から引こう。

トラック一台に身廻りのものを積み、木村、小池、其の上に乗り、九時永坂を立つ。薫、信子と女中は、僕と共に九時五十五分発で東京駅を立つ。桃山の石橋氏の海幸荘は見晴中々よく、住宅もとても気に入る。電灯のつかぬ部屋多き為め、早速麻布に電話し和泉に電球を持参せしむ。漸く暗くなる前に眠るだけの準備をなし、七時少し過ぎに床に就く。温泉は隔日出る。今日は疲れたが入浴出来ぬ。（同）

荷物だけはトラックで運び、鳩山は妻の薫、五女の信子らとともに東京発の東海道本線下り普通列車で熱海に向かったことがわかる。桃山地区は熱海駅の背後に当たる山の中腹に位置していて、海幸荘は駅の裏手から曲がりくねった急勾配の坂道を十分あまり歩いてのぼったところにあった（図9参照）。

鳩山自身「見晴中々よく」と記したように、ここからは相模湾や伊豆大島、初島《はつしま》がよく見えた。その後「ブリヂストン熱海海幸荘」になり、現在はそれも解体されたが、鳩山が住んでいた当時の海幸荘の資料は管見の限り残っていない。

旧伊豆国の熱海は古くから温泉地として栄え、江戸時代には前章で記した木賀と同様、将軍に湯を献上する「献上湯」が江戸まで運ばれた。明治以降も「熱海会談」と呼ばれる重要な政

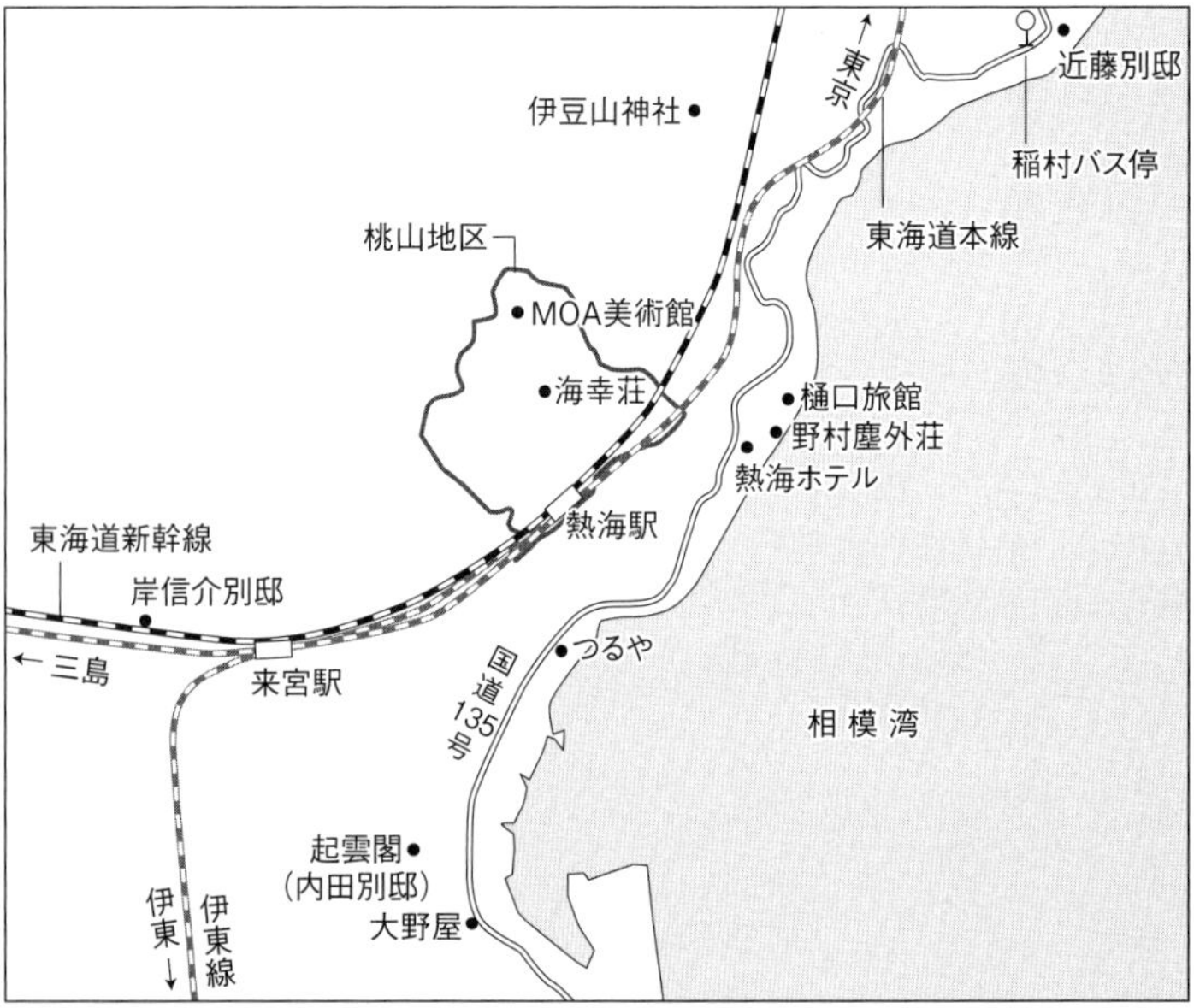

図9　熱海周辺図

治会談が何度か開かれたほか、松方《まつかた》正義《まさよし》、後藤新平《ごとうしんぺい》、三浦梧楼《みうらごろう》、清浦奎《きようらけい》吾《ご》らの政治家が別荘を構えた（『熱海市史』下巻、熱海市、一九六八年および前掲『近代日本の統治と空間』）。大正末期からは桃山地区でも別荘の分譲が始まった（吉田初三郎『熱海温泉理想郷桃山案内』、観光社、一九二五年）。

熱海が大きく発展するきっかけとなったのは、一九三四（昭和九）年に丹那トンネルが開通し、東海道本線が御殿場経由から熱海経由に変わったことだった。これに伴い、東京からの交通の便が改善され、戦中から戦後にかけて、谷崎潤一郎《たにざきじゅんいちろう》、宇野千代、広津和郎《ひろつかずお》、志賀直哉《しがなおや》ら多くの作家が熱海に移り住んだ。それに比べると前述の政治家たちの多くはすでに死去していたうえ、政治家の新たな別荘も少なく、軽井沢のような別荘族からなる政治空間は形成されなかった。

桃山地区に注目していたのは、政治家よりも宗教家だった。前章で触れた世界救世教教祖の岡田茂吉は、敗戦直後から桃山地区に「瑞雲郷《ずいうんきょう》」という名の神苑を建設する事業を進めようとしていた。現在、桃山町には世界救世教の本部が置かれ、瑞雲郷にはＭＯＡ美術館などの施設が点在している。

鳩山は三九年一月、二月、十一月や四二年二月に熱海を訪れ、七七年に解体された熱海ホテルに泊まったことがあったが、いずれもごく短い滞在にとどまった（前掲『鳩山一郎・薫日記』上巻）。今回はじっくりと腰を据えたことで、軽井沢との違いを感じたに違いない。

軽井沢から見えた浅間山の代わりに見えたのは、水平線まで広がる海だった。冬は氷点下まで下がる軽井沢とは異なり、熱海は一年を通して暖かかった。鳩山自身、四七年十一月七日の日記に「軽井沢の朝夕はストーブを焚いて漸く寒さを凌《しの》ぐのに、熱海は明放してスウェーターのみで上衣なく、尚《な》ほ暖かなり」と記している（同）。

交通の便も、熱海のほうがはるかによかった。上野から軽井沢に直通する列車は少ないうえ、四四年からは普通列車だけになり、所要時間も五時間以上かかったのに対し、東京から熱海に直通する列車は優等列車を含めて多く、急行に乗れば二時間前後で行けた。鉄道が不便なため東京と軽井沢の往復には自動車を使うこともあった鳩山は、東京と熱海の往復ではほぼ一貫して鉄道を使った。鳩山の日記には、自分が乗った熱海発や東京発の東海道本線の列車の時刻が克明に記されている。

軽井沢との最大の違いは、軽井沢の中心部にはない温泉が、街の至るところに湧き出ていることだった。熱海温泉の泉質は地区によって違ったが、桃山地区はカルシウム・ナトリウム—塩化物・硫酸塩温泉だったと思われる。ただ海幸荘は高台にあり、温泉を電気でくみ上げていたせいか、毎日浸かれるわけではなかった。「今日は疲れたが入浴出来ぬ」という先の一文に、鳩山の気持ちがにじみ出ている。

鳩山は『鳩山一郎回顧録』（文藝春秋新社、一九五七年）で、熱海で暮らしたのは軽井沢で本格的な晴耕雨読の生活に入るまでの「一年許《ばか》り」だったとし、この間はオーストリアの貴族でヨーロッパ連合（EU）の原型といえる理念を提唱したクーデンホーフ＝カレルギーの著書の翻訳に努めていたと回想している。だがこれは必ずしも事実ではない。やがて明らかになるように、占領期の鳩山が熱海に滞在した期間はそれよりもはるかに長く、軽井沢を上回る重要な政治の舞台になるからだ。

熱海には、四六年の総選挙で日本自由党の候補として静岡全県区から出馬しながら落選した畠山鶴吉《はたけやまつるきち》がいた。畠山は、東海道本線が御殿場経由から熱海経由になった三四年十二月、尾《お》崎紅葉《ざきこうよう》の『金色夜叉』ゆかりの「お宮の松」の正面に高級温泉旅館「つるや」（六七年に「つるやホテル」と改称。現在は閉業）を開業させた人物だった。鳩山は熱海に移住した翌々日の四六年十一月十五日、妻の薫らとともに畠山の邸宅を訪れ、つるやで夕食をもてなされている（前掲『鳩山一郎・薫日記』上巻）。

鳩山は、十二月八日には熱海から二宮まで東海道本線の上り列車に乗り、吉田を訪ねている。吉田邸のある大磯町西小磯は二宮駅と大磯駅の中間地点にあり、熱海から行く場合には大磯でなく二宮で降りるほうが便利だった。

鳩山は「彼の再三の依頼による」（同）と記しているから、吉田が鳩山の来訪を依頼したのだろう。四七年二月十六日にも大磯の吉田邸を訪れたが、このときは一月三十一日に第一次内閣を改造したことにつき、吉田から報告を受けている（同）。当時の吉田は、首相になれなかった鳩山にかなり気を使っていた。

活動の拠点が東京から熱海に移っても、鳩山の政治家としての求心力は低下しなかった。その証拠に四七年一月三日には、日本自由党幹事長の大野伴睦や内閣副書記官長の周東英雄、政治評論家の山浦貫一《やまうらかんいち》らが、次々に海幸荘を訪れた（同）。これ以降も、政治家や記者、警察関係者、医師らが頻繁に訪れている。鳩山は吉田とは異なり、「来る者は拒まず」という態度だったようだ。

政治家の多くは鳩山と同じ日本自由党系だったが、四七年の総選挙で静岡二区から出馬して当選する日本社会党の勝間田清一《かつまたせいいち》や、公職追放中だった赤尾敏《あかおびん》（後の大日本愛国党総裁）、宮脇《みやわき》長吉《ちょうきち》（旅行作家・宮脇俊三の父）、北昤吉《きたれいきち》（北一輝の弟）も訪れた。大半は列車に乗り、東京―熱海間を日帰りで往復した。

敗戦直後の東海道本線の沿線には、大磯と熱海という、戦後の保守政権の流れを形成する二つの中心があったといえるだろう。相模湾や伊豆大島が望めた点は共通していたが、温泉に浸かれるのは熱海だけだった。

だが電力不足は深刻で、鳩山が海幸荘で毎日温泉に浸かれる生活は実現しなかった。それどころか四七年一月十四日の日記には、「此頃桃山地方は電力節減の為め四日に一度入浴出来るに過ぎぬ」とある（同）。鳩山はやむなく、つるやに出かけている。三月十四日には、「昨夜来の雨で十数日ぶりに電力余裕出来たと見え、三時―四時、僅か一時間湯が出た」（同）が、ぬるかったため入浴しなかった。

このため鳩山は、温泉が利用できる二つの施設に入浴に出かけることが多くなった。一つはつるやであり、もう一つが実業家で、一九二四（大正十三）年に鳩山と同じく立憲政友会の代議士となり、四四年には東條英機内閣の農商大臣となったため敗戦後に公職追放処分を受けた内田信也《うちだのぶや》の別邸だった。

内田は一九年に実母の静養のためこの別邸を建てたが、後に東武鉄道を創業した根津嘉一郎《ねづかいちろう》の手に渡った。それでもなお内田は四五年三月に戦争終結を図るべく元陸軍大将の宇垣一成《うがきかずしげ》と近衛文麿を会談させるなど、別邸として使っている（『風雪五十年』、実業之日本社、一九五一年）。

四七年十月には実業家で鈴木貫太郎《すずきかんたろう》内閣の国務大臣だった櫻井兵五郎《さくらいひょうごろう》が別邸を買い取り、旅館「起雲閣《きうんかく》」を開業させた。しかし鳩山は一貫して「内田君宅」「内田氏宅」「内田宅」「内田邸」（前掲『鳩山一郎・薫日記』上巻）と記している。

鳩山は軽井沢では味わえない熱海の春を楽しんだ。四七年二月五日には「内田邸」に立ち寄ってから梅林に行くと、「満開の梅多く見頃」だった（同）。三月十九日の朝には「鶯《うぐいす》頻《しき》りに窓外で鳴」いた（同）。四月十二日には「海幸荘周囲の桜のトンネル、美しき上に蜂のコーラスで賑」やかであった（同）。

散歩にもしばしば出かけた。一番のお気に入りは、直線距離で海幸荘から一キロあまり離れた伊豆山神社まで山道を往復するコースだったようだ。三月二十二日の日記には、「風烈《はげ》しかりしも空は紫紺、樹林を透して見る空の色とても美しかつた。〔中略〕美しき海と山を我が物にした感があった」（同）とある。現在はちょうどこのコースの途中に前述した世界救世教の瑞雲郷があるが、当時はまだできていなかった。

（2）熱海が反吉田派の温床となる

一九四七（昭和二十二）年四月二十五日には、前年に続いて総選挙が行われた。この総選挙では日本社会党が躍進して第一党となった。

鳩山は翌日の日記に、「総選挙の結果、予想を裏切り、自１３１、社１４３、民１２３」と記している（同）。「自」は日本自由党、「社」は日本社会党、「民」は民主党を意味する。五月二十四日には吉田内閣に代わって社会党の片山哲を首班とする民主党、国民協同党との連立内閣が成立し、日本自由党は下野した。

総選挙に際して、選挙区の区割りが見直された。全県区だった静岡県は一区と二区と三区に分かれ、熱海を含む県東部は二区となった。

同じく日本自由党の候補として静岡二区から出馬した畠山鶴吉と石橋湛山のうち、畠山が前年に続いて落選したのに対し、前年に東京二区から出馬して落選しながら第一次吉田内閣で大蔵大臣に抜擢された石橋はトップ当選を果たした。石橋が静岡県から出馬したのは、四六年の総選挙で静岡全県区から出馬して当選した日本自由党の佐藤虎次郎《さとうとらじろう》が公職追放となり、失職した穴を埋めるためだった。元沼津市長の名取栄一《なとりえいいち》をはじめとする政財界の強い後押しを受けたことが功を奏したのだ（鈴村裕輔『政治家石橋湛山――見識ある「アマチュア」の信念』、中公選書、二〇二三年）。

しかし石橋もまた、社長兼編集主幹を務めた東洋経済新報社での戦前の言論活動を表向きの理由として五月十六日にＧＨＱから公職追放処分を受け、政界から追放された。石橋は「東洋経済が軍国主義を主張せり等々のＧＨＱ政治部の判決を日本政府の言として発表すべしと、総理が良心を以て此発表をなすならば勝手にせられべく、予は同意しかぬる旨を答ふ」と日記に記し、GHQと盲従する吉田に対する不満をあらわにした（『石橋湛山日記』上、みすず書房、二〇〇一年）。植民地をすべて放棄する「小日本主義」を唱えた石橋にとって、GHQの判決は到底受け入れられるものではなかった。

これ以降石橋は、東京・下落合《しもおちあい》の自宅や鎌倉の別宅を空け、静岡二区に当たる沼津や伊豆の温泉地に泊まることが多くなる。七月十日には伊豆長岡の旅館「甲州屋」（現在は閉館）、十一日には伊豆大仁《おおひと》の「大仁ホテル」に泊まり、十三日にはつるや開業から三年後の三七年に開業した熱海の温泉旅館「大野屋」（現・ホテル大野屋）に宿泊した。後につるやと並び、熱海を代表する巨大ホテルへと発展する大野屋は、石橋が熱海で泊まる際にしばしば利用する旅館となった。

七月十四日には海幸荘を訪れ、鳩山に会っている。鳩山と石橋は後に吉田と同じ政党に属しながらともに反吉田の旗印を掲げるが、その芽は双方の公職追放をきっかけとする熱海での会談を通しても育まれた。

八月五日、鳩山は久しぶりに軽井沢を訪れた。「夕方より熱海にては味はえぬ冷気を感ず。〔中略〕海よりは山は静で爽快味は高原樹林の間にて始めて味い得」（前掲『鳩山一郎・薫日記』上巻）。九月十四日にいったん帰京するが、十九日にまた軽井沢に戻った。軽井沢から東京を経由して熱海に帰ってきたのは、十月十一日だった。鳩山は翌四八年以降、熱海や東京の音羽に住みながら、春から秋にかけて軽井沢にも断続的に滞在する生活を五〇年まで続けた。

年も押し迫った十二月二十八日。衆議院議長の松岡駒吉《まつおかこまきち》、参議院議長の松平恒雄《まつだいらつねお》、日本自由党代議士の周東英雄、古川丈吉《ふるかわじょうきち》の四人が海幸荘を訪れた。翌四八年一月二日には日本自由党幹事長の大野伴睦や読売新聞社主筆の岩淵辰雄《いわぶちたつお》が、八日には公職追放中の前日本自由党幹事長、河野一郎が、海幸荘を訪れた。年末から年始にかけて、大物政治家や大物記者が次々と「熱海詣で」に出向いた様子がうかがえよう。

一月二十五日には、石橋湛山が大野屋に泊まった。講演会場となった大野屋で、二回続けて講演を行うためだった。旧財閥や実業家の別邸や温泉旅館をもっぱら関係者との会談や密談のために使った吉田茂や鳩山一郎とは異なり、石橋は温泉旅館を不特定多数の人々が集まる開かれた空間としても使った。

翌二十六日には海幸荘を訪れ、昼食をはさんで午前十時から午後一時過ぎまで鳩山と会った。そのあとに沼津に向かい、伊豆長岡の旅館「三養荘」で泊まっている（前掲『石橋湛山日記』上）。三養荘は甲州屋や後述する南山荘大和館とともに、石橋が伊豆長岡でよく利用した温泉旅館であった。

それだけではない。三養荘は皇室御用達の旅館で、四七年には皇太后節子（貞明皇后）が一カ月にわたって滞在した（原武史『皇后考』、講談社学術文庫、二〇一七年）。五七年十月には昭和天皇と香淳皇后が一泊したが、天皇と皇后が泊まるためにわざわざ築かれた離れの部屋が、天皇の行幸を意味する「みゆき」と命名された。

空襲で焦土と化した東京は、徐々に復興しつつあった。四八年二月十七日には音羽の鳩山本邸の修築が終わったが、鳩山はすぐには戻らなかった。二月二十九日には、つるやで大野伴睦、日本自由党副幹事長の広川弘禅、静岡一区選出の同党代議士神田博《かんだひろし》と会談した（前掲『鳩山一郎・薫日記』上巻）。

なお連合国軍は熱海にも進駐し、「熱海山王ホテル」（現在は閉業）に米軍憲兵隊が駐屯した。また「熱海ホテル」（同）と「樋口旅館」（同）が接収され、「宝金荘」（同）と「立花旅館」（現・熱海温泉　旅館立花）もGHQ指定旅館とされた（平井和子「米軍占領期の温泉地と熱海」、『市制施行八〇周年記念　熱海温泉誌』、熱海市、二〇一七年所収）。

GHQは、鳩山が熱海で活発に動いていることに神経をとがらせていた。四七年から四八年にかけての動きは、鳩山が新党をつくろうとしていると見ていたようだ。四八年二月に内閣官房調査局長がGHQ当局に宛てた「鳩山一郎の政治活動についての調査の中間報告」には、こうある。

残念ながら、何らの証拠もまだ得られていない。1947年12月26日頃、鳩山、松岡、松平、保守諸政党幹部、政治家などが熱海の鳩山邸で新党結成のため会議を開いたという事実に関してだ。ただし、調査の結果、以下の事実が判明したので、それを参考のため報告したい。

熱海市のつるやホテルの経営者である畠山鶴吉は、市内の自由党の有力メンバーであり、自由党の幹部が熱海を訪問するときはいつでも、ほとんどの場合、彼らはつるやホテルに滞在する。畠山は鳩山の私生活に近しく関わっているようで、鳩山が少なくとも週に1回は妻と一緒に温泉に入りに来ることが、習慣となっている。〔中略〕

1948年1月12日13時00分、自由党総裁の吉田茂が同じ旅館〔露木旅館〕の大麻《おおあさ》〔唯《ただ》男《お》〕を訪れた。彼は大麻と約2時間話し、その後鳩山の家を訪れた。その夜、吉田は鳩山の家を出た。〔中略〕

ちなみに、鳩山邸は熱海市桃山977にあり、実際には石橋正二郎が所有している。家は小さめで会議に向いていないそうだ。

（前掲『鳩山一郎とその時代』）

この報告書には、正確でない「事実」がいくつも含まれていた。鳩山が海幸荘で松岡や松平らと会ったのは十二月二十六日ではなく、十二月二十八日だったこと。政治家が熱海を訪れる場合は日帰りが多かったこと。妻の薫は共立女子学園の理事長だったためしばしば単独で上京しており、鳩山だけがつるやに行くことも珍しくなかったこと。四八年一月十二日には鳩山が九時過ぎ発の列車で上京していて熱海にはいなかったこと……。枚挙にいとまがないほどだ（前掲『鳩山一郎・薫日記』上巻）。

しかし、新党結成の準備が進んでいたことは確かだった。三月十五日には日本自由党と民主クラブが合流し、民主自由党が結成された。鳩山は同日の日記に、「今日は東京では新党結成で同志連中嘸騒がしき事と思へども、熱海は雨模様でとても静かなり。春の雨は秋や冬と違い、静かで且つ親しまれる」(同)と記している。

この日、鳩山は終日熱海にいて、つるやに入浴に行っている。もし「内田邸」すなわち起雲閣に行っていたら、山本有三《やまもとゆうぞう》、谷崎潤一郎、志賀直哉の三人の文豪と遭遇したかもしれない。起雲閣に滞在していた山本と対談するため、谷崎と志賀が来館していたからだ(「熱海市ホテル旅館協同組合連合会ホームページ　熱海ロマン紀行」)。熱海に集まったのは、政治家や宗教家だけではなかった。

その後もGHQは、鳩山の動きに目を光らせた。七月十四日付の「鳩山一郎、関係情報」を主題とする「ネービア少佐への覚書」では、二月に司法省と法制局を統合して発足した法務庁の特別審査局審査課長からの情報として、「熱海は民主自由党の活動の拠点の一つ」とされ、同党の五人の代議士、すなわち花村四郎《はなむらしろう》、林譲治、本多市郎《ほんだいちろう》、島村一郎《しまむらいちろう》、鈴木仙八《すずきせんぱち》が頻繁に「熱海の自宅」にいる鳩山に会いに訪れているとされた。「ネービア少佐」とは民政局のジャック・P・ネーピアのことだろう(前掲『鳩山一郎とその時代』)。

だが四八年の同日までの鳩山の日記には、一月十四日に島村が、三月五日と二十八日に鈴木が、三月十三日に花村が、六月二十二日に林が海幸荘を訪れたことが記されているだけだ(前掲『鳩山一郎・薫日記』上巻)。総じてGHQ当局に報告される熱海の鳩山に関する情報は、不正確と言ってよかった。

四八年十月八日の午前十時半には、東京地検検事の布施《ふせ》健《たけし》が突然留守中の海幸荘を家宅捜索した。昭和電工事件で大野伴睦の自宅が捜索された際、鳩山が日本自由党総務の坂東幸太郎《ばんどうこうたろう》を衆院副議長に推薦するよう求める書翰が見つかったことが、追放者の政治活動を禁ずる公職追放令違反の容疑に問われたからだった。布施が海幸荘を捜索したのは、この書翰が熱海から出されたからだろう（前掲『鳩山一郎回顧録』）。

海幸荘の家宅捜索と同時に、音羽の本邸、軽井沢の別邸、麻布永坂町の鳩山威一郎邸（旧石橋正二郎本邸）も捜索を受けた（『読売新聞』一九四八年十月九日）。威一郎は一郎の長男である。軽井沢にいた鳩山一郎は事情聴取され、帰京してからも取り調べは続いたが、証拠不十分により起訴猶予となった（同、同年十二月三十日）。

十月十五日、昭和電工事件により連立内閣の芦田均内閣が総辞職し、少数与党の民主自由党総裁、吉田茂を首班とする第二次吉田内閣が成立する。翌四九年一月二十三日の総選挙では日本社会党が議席を大幅に減らし、民主自由党が過半数を超えて第一党となった。鳩山は二十四日の日記に、「此日開票結果をラジオや号外で度々報導、自由党の進出目醒《めざま》しく、遂に二百六十名を突破す。当然の事ではあるが社会党の凋落は政治家を反省せしむるものがある」と記している（前掲『鳩山一郎・薫日記』上巻）。

四九年になっても熱海に滞在する鳩山に対する監視は続いたが、法務庁特別審査局がGHQ

民政局に報告する情報は相変わらず間違いが多かった（前掲『鳩山一郎とその時代』）。鳩山が海幸荘を引き払い、荷物をトラックに載せて音羽の本邸に運んだのは、同年六月六日だった（前掲『鳩山一郎・薫日記』上巻）。

しかし生活の拠点が完全に東京と軽井沢に移ったわけではなく、同年十二月からは再び週末や正月を熱海で過ごすようになる。二年半あまりにおよんだ熱海での生活は、鳩山をすっかり熱海びいきにさせてしまったかのようだ。

宿泊先は知り合いの私邸の場合もあれば、つるやや大野屋の場合もあった。五〇年四月十三日には四十余軒の旅館が被災し、市役所などを含む一四万一九〇〇平方メートルが焼ける「熱海大火」があったが、鳩山の熱海通いは変わらなかった。

同年五月二十八日には、伊豆の下賀茂温泉から帰京するつもりだった石橋湛山が、予定を変更して熱海の大野屋に泊まった（前掲『石橋湛山日記』上）。「大野屋主人弟（支配人）曰《いわ》く、片山氏夫妻宿泊すと。あとにて明かになりたるがそれは鳩山を片山と予が聞き違ひせしもの丶如し」（同）。たまたま大野屋で泊まったら、鳩山も泊まっていたことがわかったわけだ。翌二十九日の石橋の日記には、「約四十分熱海大野屋にて浅川〔栄次郎〕氏と共に鳩山氏と歓談、久しぶりの面会にて大に喜ばる」（同）とある。鳩山は「熱海にて石橋湛山君に邂逅《かいこう》」と記しただけだった（前掲『鳩山一郎・薫日記』上巻）。

この日、熱海の世界救世教本部が脱税や贈賄などの容疑で捜索され、教祖の岡田茂吉が検挙された。石橋は日記に「熱海在住の世界メシヤ教団教主岡田茂吉なる者を財産隠匿其の他の理由で警察は検挙した。曽《かつ》て大本《おおもと》教の弾圧をした当時の日本を思ひ起す」（前掲『石橋湛山日記』上）と記したが、鳩山は何も記していない。岡田は戦前に大本から分かれて新たな宗派を立てているから、石橋の連想はあながち外れていない。

吉田茂が箱根の木賀温泉で内閣改造や講和問題につき広川弘禅と会談した五〇年六月二十四日にも、鳩山は単独で東京から列車に乗り、熱海に赴いた（前掲『鳩山一郎・薫日記』上巻）。朝鮮戦争が勃発した翌二十五日には、運輸大臣の大屋晋三《おおやしんぞう》や自由党幹事長の佐藤栄作、政治評論家の岩淵辰雄らが熱海を訪れたが、鳩山は戦争の勃発について日記に何も記していない。この点は午後二時前から始まったラジオの特別放送の内容を日記の欄外に書きとめ、本文にも「北鮮の対南鮮の宣戦は容易ならざる事件なり」と記した石橋湛山と対照的だった（前掲『石橋湛山日記』上）。二十八日の内閣改造では、大屋が運輸大臣から外れる一方、広川が農林大臣になっている。

五一年になり、いよいよ講和に伴う日本の独立回復が迫ってくると、公職追放の解除が現実味を帯びるようになる。六月十一日、鳩山は音羽の本邸で自らの公職追放解除を見据え、大野伴睦、三木武吉、岩淵辰雄ら鳩山派の主要メンバーと吉田茂率いる自由党に復党すべきか否かをめぐって議論し、自由党には復党せずに新党をつくるべきだとする三木の意見に賛成した。だが議論は白熱し、鳩山は中座して便所に行こうとしたところ、脳溢血を起こして倒れた（前掲『鳩山一郎回顧録』）。

この日も吉田茂は小涌谷の三井別邸にいた。鳩山が倒れたというニュースを知った吉田は翌日、鳩山薫に宛てて書翰を出した。「昨晩遅く御主人様卒倒云々の知らせニ驚き不取敢《とりあえず》電話御《お》伺致候処《うかがいいたしそうろうところ》差したる事なしとの事ニ安心仕候、何卒《なにとぞ》厳ニ医戒を守られ御静養安静相成度、別して此際の御看護大切ニ奉存候」（前掲『吉田茂書翰』）。

（3）北条氏邸跡に建てた「水宝閣」という鳩山別邸

鳩山一郎は音羽の本邸で脳溢血を起こして倒れた一九五一（昭和二十六）年六月十一日以降、本邸で静養に努め、熱海には行かなくなった。鳩山に代わって熱海を訪れたのは、石橋湛山だった。

大野屋に滞在していた六月十八日、石橋に吉報がもたらされた。「夜読売政治部長古田（徳次郎《とくじろう》）氏来、共に夕食。読売本社より古田氏に電話あり、第一次追放解除者中に私が入るべしとの情報ありと。しかし未だ不確実」（前掲『石橋湛山日記』上）。石橋は翌十九日に鎌倉に帰り、第一次追放解除の決定を知ったが、鳩山は入っていなかった。七月一日には石橋、三木武吉、河野一郎らが集まり、新党結成を断念して鳩山とともに自由党に復党し、吉田の次の政権を狙うことを決めた。

吉田は八月二日、小涌谷から「炎暑難凌《しのぎがたき》御折柄其後御経過如何、小生も少々過労之気味ニて当地ニ引籠居候」(前掲『吉田茂書翰』)と記した書翰を再び音羽の鳩山薫に送った。額面通りに読めば、吉田が鳩山の体調を気にかけていた様子が伝わってくる。

しかし鳩山の公職追放が解除されたのは石橋湛山や三木武吉よりも遅く、この四日後の八月六日であった。それが吉田の指示によるのか、GHQの指示によるのかは判然としない。いずれにせようやく堂々と政治活動ができるようになったわけだが、当面は療養に専念せざるを得なかった。

五二年一月三十一日、鳩山は音羽の本邸を出て、静岡県田方《たがた》郡韮山村(現・伊豆の国市)の温泉旅館「水宝閣」に妻の薫らとともに自動車で向かった(図10参照)。三島までは国道1号を経由したから、途中で大磯の吉田邸や、小涌谷の三井別邸のすぐ近くを通ったことになる。箱根では標高が上がるほど雪が激しくなり、芦ノ湖畔では何も見えなかった(前掲『鳩山一郎・薫日記』下巻)。

ではなぜ住み慣れたはずの熱海ではなく、韮山の水宝閣だったのか。鳩山自身がその理由を説明している。

あの韮山の旅館水宝閣は昔野口遵《のぐちしたがう》氏が金に飽かして造つた別荘で、五十年前に門だけで二万円もかかつたという大した家だ。それから後に野口氏が脳溢血になつて自分で病気静養に向くよう改造した家だから、サンルームはいゝし、便所も都合よくできている。
(前掲『鳩山一郎回顧録』)

野口遵というのは、日本窒素肥料（現・チッソ）を中核とする日窒《にっちつ》コンツェルンを築き上げた実業家のことだ。脳溢血の患者にとっては、自ら脳溢血となって改造した野口の元別荘で療養するのが最善と判断したのである。

初めて目にした水宝閣を、鳩山薫は一目で気に入ったようだ。日記には、「前面に小山あり、芝生に梅さいて静かなる天地、すばらしき建築、大きに気に入る」(前掲『鳩山一郎・薫日記』下巻)とある。五五年前後に作成されたと思われる水宝閣のパンフレットには、次のような宣伝文句があった。

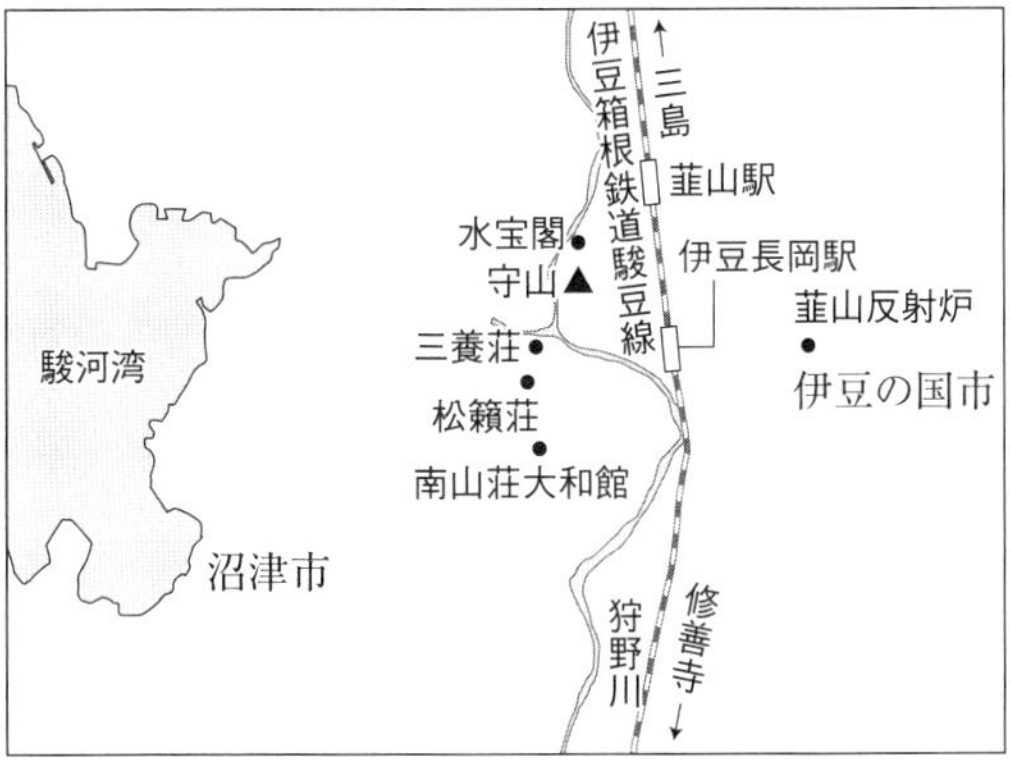

図10　韮山周辺図

当水宝閣は、〔北条《ほうじょう》〕時政《ときまさ》の守山《もりやま》城址一帯の地約2万坪に、風雅な萱葺別荘風の「本館」と、総栂《つが》材造り2階建の「源氏荘」と、近代感覚で明るく眺望の素晴らしい3階建の「北条館」が、夫々《それぞれ》行届いた設備と調度を整えて居ります。居ながらにして望む富士・箱根から天城へかけて、山嶺の優姿は、四季とりどりに皆様を陶酔の境地に誘はずにはおきません。

（「水宝閣パンフレット」）

韮山・水宝閣跡

水宝閣のパンフレット

城のあった守山は治承四（一一八〇）年に源頼朝が挙兵した山であり、山麓には平安末期から鎌倉前期にかけて初代執権北条時政と二代執権北条義時《よしとき》の父子ら、頼朝の挙兵を助けた北条氏の館があった。館は三代執権泰時《やすとき》の頃まで使われたとされている。鎌倉幕府滅亡後には、北条氏の菩提を弔うために円成《えんじょう》寺という寺が建てられた。

水宝閣が建てられたのは、まさにこのような北条氏ゆかりの遺跡に当たる場所だった。「源氏荘」「北条館」と名付けられたゆえんである。

周知のように源氏の支配は三代で終わり、北条氏が執権として実権を握った。鳩山は吉田を源氏に、自らを北条氏になぞらえたのかもしれない。現在は水宝閣もなく、跡地は「史跡北条氏邸跡（円成寺跡）」という名の国指定の史跡になっているが、一帯は草ぼうぼうの野原が広がっているだけだ。

鳩山夫妻が滞在したのは、庭やサンルームを備えた本館だったと見られる。パンフレットは浴室についても「大浴場は西伊豆で一番大きく透明で豊富な温泉が溢れて居ります。その他情趣豊かな一般浴場4、御婦人専用1、御家族浴場4、合せて10室ございます」（同）と宣伝する。泉質はアルカリ性単純泉だったようだ。

水宝閣は、毎日入浴できなかった海幸荘とは違っていた。薫は水宝閣に着くや入浴し、翌朝も入浴している。鳩山自身も「野口遵氏が病後を養ったゆかりの湯ぶねにつかり政界復帰の構想を練っている」（『読売新聞』一九五二年二月三日夕刊）と報道された。

だが東京からのアクセスは、海幸荘よりも不便になった。鳩山夫妻らが自動車で移動した一月三十一日には、音羽から葦山まで三時間四十五分かかった（前掲『鳩山一郎・薫日記』下巻）。東京から東海道本線と駿豆《すんず》鉄道本線（現・伊豆箱根鉄道駿豆線）を経由して修善寺《しゅぜんじ》まで直通する準急電車は平日に一本、土曜に三本しかなく、水宝閣に近い伊豆長岡まで最短でも二時間十分を要した。

それでも軽井沢よりは所要時間が短く、水宝閣を訪れる客は絶えなかった。二月に訪れた主要人物に限っても、三日には三木武吉と河野一郎が、十日と十九日に大野伴睦が、二十二日に岩淵辰雄が、二十四日に再び三木が、二十六日に石橋湛山が次々に訪れた。彼らは一泊する場合もあれば、日帰りで帰る場合もあった（同）。「散歩とアンマと規則正しい昼寝、それに入浴を日課とする同（鳩山）氏を訪う人の数は多く『客のない日はない』そうである」（『読売新聞』一九五二年三月二日夕刊）。

鳩山自身は葦山から動かず、水宝閣の背後にある守山や、近くを流れる狩野《かの》川の河原を散歩する日々が続いた（前掲『鳩山一郎回顧録』）。「何しろここは山に登ると、――この山の中腹まで行きますとね、箱根の連山というか、十国峠がよく見えるんですよ。その遠望がなかなかいいんだね。それから川のふちにおりると、川をさしはさんで富士山がはるかに見えて、なんともいえない」（「葦山對談」、『政界往来』一九五二年五月号所収）。「この山」は守山、「川」は狩野川を指している。山頂まで登れば富士山も一望できたが、静養中の鳩山にとっては「中腹」までがせいぜいだったようだ。

箱根に滞在する吉田は訪問を許す客の数を厳しく制限し、会談の内容も公表しなかったのに対し、韮山に滞在する鳩山の動静はしばしば新聞で大きく報じられ、会談の内容も活字になった。標高六〇〇メートル近い小涌谷の三井別邸に行くには勾配のきつい坂道を上らなければならなかったのに対し、韮山の水宝閣の標高は一番高い守山の山頂でも一〇〇メートルほどしかなかった。会談は本館の室内で行われることもあれば、隣接する庭やサンルームで行われることもあった。

守山山頂から三島方面を望む

二月二十六日に水宝閣に一泊した石橋湛山は、二十七日に鳩山との会談に臨んだ。「再軍備をするということが日本自らを守ることにもなるし、再軍備をしなければあえて世界第三次大戦を招くということになつて、どうしても再軍備をするということが世界政策としても日本の政治問題として必要であるならば、若い者に判らせるということを政府がしてくれるといいのだが」などと持論を述べる鳩山に対して、石橋も「結局今再軍備が必要ということはこれは誰だつて感じておる。無論しなくても済むものならしたくないが止むを得ない」と応じている（鳩山一郎・石橋湛山「春を待つ…伊豆韮山の対談」、『新聞月鑑』一九五二年三月号所収）。

石橋の日記には、「十時より水宝閣にて鳩山一郎氏と対談録音。仝《どう》氏はかねてこの旅館にて病気静養中。左の手足は依然不良なれども、健康は全体として良好なり、大にげき励す」（前掲『石橋湛山日記』下）。会談の模様はNHKラジオに録音され、三月九日に放送された。

温泉旅館の一室が開かれた政治空間になったという点で、この会談は画期的だった。ただラジオで公言できないこともあったようで、終了後に二人は「密談」し、石橋は鳩山から「政局に対する仝氏の意向」を聞いている（同）。

石橋はその後も水宝閣を訪れた。三月二十七日には「午前十時鳩山氏訪、大久保留次郎《おおくぼとめじろう》〔元東京市長〕氏あり。正午より韮山小学校にて仝村商工会の為め講演」（同）、四月四日には「自動車にて長岡三養荘に至り泊。途中韮山にて鳩山氏を訪、健康大によろし。林〔譲治・衆議院〕議長等も続いて来、予は直ちに辞す」（同）、独立回復の前日に当たる四月二十七日には「韮山水宝閣に鳩山氏訪。午後二時長岡甲州屋に赴く。北豆湛山会発会式、講演若干」（同）と日記にある。いずれも、韮山の小学校や伊豆長岡の温泉旅館に向かう途中に立ち寄っているのがわかる。

前述のように『政界往来』一九五二年五月号には、「韮山對談」と題する政治評論家・木舎《きや》幾三郎《いくさぶろう》との対談が掲載された。

初めて水宝閣を訪れた木舎は、「〔伊豆〕長岡駅前のハイヤーで十五分、富士を真正面に見乍ら、曲りくねつた道を通りこすと、小砂利をしきつめた別天地「水宝閣」というよりも鳩山別邸が夢のごとく現われる」と記したように、立地のよさに驚いたようだった。源氏荘と北条館は一般客が泊まれたが、本館は鳩山が貸し切っていたという意味では、「鳩山別邸」と言っても間違いではなかった。

「韮山對談」では吉田茂の話題も出た。「日曜日というと、朝から晩までお客さんがあるんでね」と話す鳩山に対して、木舎は話題をそちらに向けた。

木舎　先生に逢いたいということは、云いかえりやア吉田に倦《う》いてるということじゃないですか。ぼくはそう思うナ。

鳩山　うん、吉田というのには、少しもぼくは感心してないんだ。

木舎　このあいだ親書をもつてきたちゆうじゃないですか、大野〔伴睦〕君に託して……。

鳩山　そうらしいんだがね。吉田の妨害で、ぼくのパージもとけなかつたというようにきいてるがね。

木舎　なんか不自然ですもの、政府になにかあつたと思うんですね。なにも政界の人達と同時にする必要はないいんじゃないか、誰が考えても……。

鳩山　ぼくはそういうようなことを探究すれば、お互いに喧嘩別れになるから、探究はしないが、そういう噂はあるね。

（『政界往来』一九五二年五月号）

鳩山は木舎に対して、「吉田というのには、少しもぼくは感心してないんだ」と話すなど、吉田に対する感情をむき出しにした。「探究すれば、お互いに喧嘩別れになるから、探究はしない」と言いながらも、自らの公職追放解除が遅れたのは吉田が妨害していたからだと考えていた様子が伝わってくる。吉田の親書をもってきたという大野伴睦がそう考えていなかったことについては改めて触れる。

もう一つ話題になったのは、宇垣一成との関係だった。前述のように宇垣は元陸軍大将で、大正から昭和にかけて陸相、朝鮮総督、外相などを歴任し、四五年三月には熱海の内田別邸で戦争終結をもくろむ近衛文麿と会談したこともあった。敗戦後には公職追放処分を受け、五二年二月に解除されたばかりだった。

宇垣は伊豆長岡の別邸「松籟荘《しょうらい》」を事実上の本邸として住んでいたから、その気になればすぐに水宝閣を訪れることができた。距離的な近さが、宇垣との関係を否応なしに意識させたのだ。

木舎　宇垣さんにお逢いになりましたか。

鳩山　いや、いつか使いの方が見えてね、なんかそのうちに来るとかなんとか云われて、このあいだ友達が関西から自動車でやつて来て、一緒にどこかに行かんかというんで、そのときによつぽど宇垣さんのところに行こうと思つたけど……。

木舎　いまは、あなたの方から行かないほうがいいですね、世間がうるさいですから……。（同）

鳩山が松籟荘を訪れれば、自由党内で吉田と対立している自らの派閥に、政界から離れていた宇垣を取り込もうとしていると受け取られる。その動きは五二年四月の独立回復を機に、旧憲法体制への復帰とともに再軍備への道を模索しているように映る。それは得策ではないと木舎は見ていたのだ。

宇垣が水宝閣を訪れたのは、五月三十一日だった。「宇垣氏及令夫人来訪、お菓子と伊達巻頂く」（前掲『鳩山一郎・薫日記』下巻）。次の総選挙で宇垣が出身地の岡山から出馬するのではないかと見られていたので、この訪問は注目を浴びた。「来るべき総選挙に岡山一区から立候補をウワサされている宇垣一成氏は卅一日午前十一時半韮山の水宝閣に静養中の鳩山一郎氏を訪問要談した」（『読売新聞』一九五二年六月一日）。結局、宇垣は特定の政党に所属することはなく、五三年四月の参院選に無所属で全国区から出馬し、五一万票を集めてトップ当選するが、ほとんど議員活動をしないまま五六年に死去した。

旧南山荘大和館。看板が残っている

鳩山は体調の回復を見て、音羽に戻ることにした。五二年六月四日には伊豆長岡の南山荘大和館の大広間で全快祝を兼ねた送別会が開かれ、宇垣一成、大野伴睦、大久保留次郎、静岡県知事の斎藤寿夫《さいとうとしお》らが参加した（同、同年六月五日）。

南山荘大和館は総建坪約三〇〇〇坪、庭園約六万坪を有し、赤松のなかに客室が点々と配置された温泉旅館だった（「南山荘大和館パンフレット」）。後に南山荘と改称され、二〇一六（平成二十八）年四月に閉業したが、建物や「南山荘」と記された看板自体は残っている。玄関に近い一部の部屋では、いまなお毎月第二日曜日に「お散歩市」という名の市が開かれ、玄関の扉が開けられる。しかしそれ以外は全く使われておらず、広大な敷地は放置されている。

鳩山は六月五日に自動車で音羽に戻る途中、久々に大磯の吉田邸に立ち寄り、約一年半ぶりに約三十分にわたって会談した（『朝日新聞』一九五二年六月五日）。両者の再会をお膳立てした大野伴睦がこう回想している。

私の苦労は、吉田・鳩山両先生の間に立って、二人の気持をほぐして政権授受を円滑に実現することだった。

それには、両人が会えば〝誤解〟は自ら氷解するものと信じ、病気が回復した〔昭和〕二十七〔一九五二〕年六月五日、療養先の伊豆韮山から大磯の吉田さんのところへ、私が自ら案内した。足の不自由な先生が、玄関でクツを脱ごうとしていると、吉田さんが「そのままで――」の声をかけて土足のまま畳にあげた。新聞ではこれを吉田さんの「友情」と書いていた。

（前掲『大野伴睦回想録』）

大野伴睦は、公職追放の解除が遅れたのは吉田のせいだという鳩山の説にくみしなかった。鳩山の誤解を解くためには、直接吉田に会ってもらうほかないと考えたと言うのだ。大野は、韮山からの帰路に鳩山の車が大磯を通ることを知っていて、あらかじめ吉田に対して大磯で鳩山を待つよう根回しした可能性もある。

だが吉田のほうも、体調になお不安の残る鳩山に政権を譲る気はなかった。大野の画策は、結果として失敗に終わった。

（4）箱根で、開かれた民主政治を演出

一九五二（昭和二十七）年七月四日の午前九時、鳩山一郎と薫ら一行は音羽の本邸を発ち、自動車で足柄下郡箱根町の芦ノ湖畔にある箱根ホテルに向かった（前掲『鳩山一郎・薫日記』下巻。図11参照）。一行は韮山に向かったときと同様、国道1号を経由し、正午前にホテルに到着した。再び東京を脱出したのは避暑のためだったと見られるが、軽井沢にしなかったのは鳩山の体調を考慮して温泉の湧くホテルにしたことや、東京から近いほうがよいと判断したことが理由としてあったのではないか。

この日の夜、吉田もまた鳩山の後を追うかのように自動車で同じ国道1号を経由し、小涌谷の三井別邸に向かった（『毎日新聞』一九五二年七月五日夕刊）。三井別邸から箱根ホテルへは、自動車に乗れば二十分ほどで行けた。ただし芦ノ湖畔の標高は七〇〇メートル以上あり、小涌谷よりも高かった。

箱根ホテルは、後述する富士屋ホテルの三代目社長・山口《やまぐち》正造《しょうぞう》が一九二三（大正十二）年に創業したホテルである。同年の関東大震災や三〇（昭和五）年の豆相《ずそう》地震で全壊したが、そのたびに建て直しを図り、五一年には鉄筋コンクリート三階建て、白亜のスペイン風の新館が建てられた（「箱根ホテルホームページ」）。しかし九二（平成四）年に再改築されたため、鳩山

が滞在した当時の姿をしのぶことはできない。

温泉の泉質は単純硫黄泉だった。五二年七月六日の日曜日は「ホテルは満員」だったのに、翌七日は「ホテルも湖水の上も静かに」なった（前掲『鳩山一郎・薫日記』下巻）。晴れていれば韮山同様、湖の向こうに富士山が見えたが、霧がかかると何も見えなくなり、湖も一面乳白色になった。

図11　小涌谷・芦ノ湖・仙石原周辺図

相変わらず東京からは連日のように客が訪れた。吉田が午後に小涌谷に向かった八月一日には、午前から大野伴睦、大久保留次郎、石橋湛山が、午後に三木武吉が、五日には自由党幹事長になったばかりの林譲治が箱根ホテルを訪れている。

　六月はじめに一たん伊豆の韮山から東京にもどった鳩山一郎氏が再び元箱根の芦ノ湖畔のホテルに移ってから、ちょうど一ヵ月。不自由な左の手足はまだはかばかしい回復ぶりはみせていないが、毎日の日課になっているかなり長い道のりの散歩で、汗をびっしょりと流し続けるためか、真黒に日焼けしたほおの肉も前よりはしまって、見るからに健康そうな顔付である。そしてこのごろは、大物、小物の政治家たちの訪問がとくにしきりで、日曜日などは、朝からその応対にいそがしくて、昼食などは二時、三時になってしまうことさえある始末。山一つ下った小涌谷に引こもる吉田首相とよい対照である。

（『朝日新聞』一九五二年八月六日）

林譲治が鳩山に会ったのは、幹事長に就任したことを報告するためだった。前章で触れた「幹事長問題」により吉田が福永健司を起用することを断念した結果、林が幹事長となったのである。「〝福永幹事長〟問題で示された〝吉田勢完敗〟の結論は、同〔鳩山〕氏によほどの自信を持たせたらしい」（同）。

鳩山は林と約二時間会談したあと、「自由党に内紛がないとは言いきれないが、林君が幹事長になったことによって党の分裂を防ぎ倒閣をくいとめたということだし、ケンカの原因がなくなればくだらないことを根にもたず仲よくやればよい。党が分裂すれば必ず損をするから結局は一本でゆくだろう」と語った（同）。

このころ鳩山は、箱根ホテルを訪れた記者に対して、吉田との違いを語った。曰く、吉田の政治が「秘密政治」だとすれば、自らの政治こそ「民主政治」にほかならない。「民主政治は国民と共に進む政治であつて、いさゝかの秘密もあつてはならぬ。すべてを国民と共に語り、その納得を得てやつて行かねばならぬ」（「箱根静養の鳩山さん――淡々として政局を語る――」、『再建』一九五二年九月号所収）。

あらゆる記者を受け入れたり、旅館やホテルでの対談の模様をラジオや雑誌に収録して国民に公開したりする自分は、小涌谷で「密室政治」を続ける吉田とは違うと言いたかったのだろう。とはいえ、鳩山も旅館やホテルに一般国民を呼び、国民と直接対話したわけではなかった点では吉田と変わらなかった。

吉田の「密室政治」の本領が発揮されたのは、まさにこのあとだった。前章で触れたように、吉田が東京と小涌谷の間を行ったり来たりしながら八月二十八日に「抜き打ち解散」の挙に出たのである。石橋湛山は同日の日記に「要するにこれは我々に対する吉田の反撃なり」と記した（前掲『石橋湛山日記』下）。

芦ノ湖畔で解散を知った鳩山は、記者団に対して「全く意外だった」としつつ、「感情的な争いはどうにもならぬが、党の全部が正しい政治を理想としている限り考えは一致しなければならぬはずだ。分裂などということは絶対にない」「私に総裁のバトンを渡そうという吉田君の気持には今も変りないと承知している」などと語った（『読売新聞』一九五二年八月二十九日）。

これ以降、箱根ホテルを訪れる要人が相次いだ。九月二日の午後六時四十分には、小涌谷の三井別邸に滞在していた吉田茂自身が訪れ、約三十分間会談した。

二日夜の吉田、鳩山会談は吉田首相の方から〝ぜひ他人を入れないで二人だけで話そう〟という申入れであったので、鳩山氏も事前には、たれにも知らさず吉田首相の突然の訪問という形で行われた。会談は〝会えばやはり友達だ〟という鳩山氏の述懐どおり極めてなごやかなものだったらしい。黒の夏羽織にハカマという姿の首相が、箱根ホテルに現われた時、鳩山氏はちょうど夕食中であったが、窓から中庭を通る吉田首相をみつけて〝オイ吉田、いっしょに食事をしよう〟と呼びかけると首相もいつにないニコニコ顔で〝ややあ〟とあいさつを交わすといった情景で、両氏の間には一見世間に伝えられるような不信の情はミジンもないように見受けられた。

（『朝日新聞』一九五二年九月三日）

吉田が同じ箱根にいた鳩山を見舞いに訪れたという設定だったせいか、この会談では政治上の話は出なかった。鳩山は後に、「二人の間には中身のない白々しい冗談が交わされただけだ」と回想している（前掲『鳩山一郎回顧録』）。河野一郎から会談の概要を聞いた石橋湛山は、「要する〔に〕吉田の世間欺瞞政策なり」と日記に記した（前掲『石橋湛山日記』下）。

鳩山は九月五日、自由党の公認候補として、六年ぶりに東京一区から衆院選に出馬することを表明した。六日に帰京すると、十二日に日比谷公会堂で開かれた政見発表会に臨み、基本構想につき述べた。「共産革命防衛のための自衛軍を設置し、憲法改正を行う」「ソ連など平和条約未締結国とは戦争終結状態を促進したい」（『読売新聞』一九五二年九月十三日）といった基本構想は、いずれも吉田とは異なっていた。鳩山自身、「日比谷公会堂での政界復帰の第一声で真っ向から吉田政策と対立する演説を行った」と回想している（前掲『鳩山一郎回顧録』）。

九月十三日に皇居の御文庫で昭和天皇に会った宮内庁長官の田島道治は、天皇とのやりとりをこう記している。

鳩山の昨日の演説は到底同一党派とは思へぬ言葉もあり、吉田も売られたけんかとなりますと余りいゝ結果にならぬかと思ひますと申上げし処、政策中、再軍備などは兎に角として、未約定国と〔の〕交戦状態を片付けるといふのは非常にまづくなる可能性があり、いはん方がいゝやうに思ふ云々の御話あり。

（前掲『昭和天皇拝謁記』４）

昭和天皇の考えは、再軍備すべきという点については鳩山に近く、ソ連との国交回復は時期尚早とする点については吉田に近かった。言い換えれば、全幅の信頼を寄せる政治家がいなかったということだ。

十月一日、衆院選の投票が行われ、鳩山は東京一区でトップ当選を果たした。同じく公職追放を解除された三木武吉や、吉田に除名された河野一郎、石橋湛山らもみな当選した。抜き打ち解散によって鳩山派の出鼻をくじこうとした吉田のもくろみは、失敗に終わったのである。

十月二十三日に衆議院議長室で開かれた吉田・鳩山会談で、鳩山は吉田を引き続き首班とすることに同意し、第四次吉田内閣が成立する運びとなったが、三木武吉ら鳩山派は自由党に残りつつ自由党民主化同盟を結成した。

鳩山は衆院議員になっても、スタイルを変えなかった。十月二十六日から十一月初旬まで再び芦ノ湖畔の箱根ホテルに滞在し、十一月八日から十二月十七日まで韮山の水宝閣に滞在した。吉田の小涌谷滞在が六月から十月までの間に限られたのに対して、鳩山は十月以降も芦ノ湖畔や韮山での滞在を続けた。この間も衆院議長に再任された大野伴睦や三木武吉、河野一郎ら反吉田派の議員が芦ノ湖畔や韮山を頻繁に訪れている。なお石橋湛山と河野一郎は十二月十六日に党に復帰している。

五三年三月十三日、鳩山は再び自動車で薫らとともに韮山の水宝閣に向かった。二月二十八日の衆院予算委員会での吉田の「バカヤロー」発言が波紋を広げていたが、鳩山は水宝閣で「ここ数日中に衆議院解散などということはあり得ないと思う」と記者に語った(『読売新聞』一九五三年三月十四日)。

しかし、鳩山の予測は当たらなかった。十四日になり、自由党民主化同盟が自由党から正式に分かれて分党派自由党を結成したことで、野党が提出した内閣不信任案が可決され、吉田は衆議院を解散したからだ(「バカヤロー解散」)。抜き打ち解散のときに続いて、鳩山が東京にいない間に――あえて言えば温泉に浸かっている間に――政局が急に動いたのである。十四日夜、水宝閣のラジオでニュースを聞いた鳩山は、その途端にスイッチを切り、寝てしまったという（同、同年三月十五日）。

翌十五日朝には河野一郎らが来訪し、約四十五分にわたり、鳩山を中心とする新党の樹立などにつき話し合った（同、同年三月十五日夕刊）。同日の夜には大磯で吉田の意向を受けた自由党幹事長の林譲治が来訪し、鳩山に自重するよう促したが、鳩山はこれを黙殺した（同、同年三月十六日）。

鳩山は予定を切り上げて十六日に帰京し、十八日に分党派自由党（鳩山自由党）の総裁となった。吉田との訣別が決定的になったのである。四月十九日の総選挙では、自由党（吉田自由党）が大きく議席を減らして過半数を割る一方、分党派自由党も議席を増やすことはできず、左右両派社会党の進出を許すことになった。このときは野党が分裂状態にあったため、吉田政権自体は延命し、五月に第五次吉田内閣が成立する。

五三年の夏から秋にかけて、鳩山は三年ぶりに軽井沢の別邸に滞在した。これ以降、毎年夏の軽井沢での避暑が復活する。しかしまだ完全に体調が戻ったわけではなかったため、韮山や芦ノ湖畔での滞在も続けることになる。

秋になると、鳩山は自由党への復党の意思をあらわにする。十一月十七日、音羽の鳩山本邸を訪れた吉田と会談して復党を伝えた鳩山は、再び韮山の水宝閣に向かった。二十日夜には分党派自由党の党三役である石橋湛山、三木武吉、河野一郎が翌日鳩山に会うため東京を発ち、東海道本線の普通電車と駿豆鉄道本線を乗り継いで伊豆長岡の南山荘大和館に向かっている。石橋の日記から引用しよう。

南山荘にて夜二時ごろまで三人にて協議、結局吉田自由党より正式会談の申込みある際はこれを受け、例えば石橋大蔵大臣を要求。右にて話が決裂すれば、鳩山氏は復党すべくこれに従うものは従わしめ、残留者（二十二名程度の見込み）にて主体性を確立せる党を樹立、改進党と連けいして保守新党に進むこと。

（前掲『石橋湛山日記』下）

夜がしんしんと更けてゆくなか、湯けむり漂う旅館で三人の領袖が今後の政略をめぐって真剣に議論を重ねていた様子が伝わってくる。分党派自由党としては、吉田自由党から会談の要請があればこれを受けて大臣ポストを要求するが、拒絶されれば鳩山およびその支持者だけが自由党に復党し、あとは重光葵が総裁を務める改進党と連携して保守新党を結成するという結論に達した。

ところが翌日、水宝閣で分党派自由党の植原悦二郎《うえはらえつじろう》を加えて開かれた五者会談の結論は、いささか違ったものとなった。再び石橋の日記から引用しよう。

十時南山荘発、水宝閣に鳩山氏を訪。たまたま植原悦二郎氏あり、鳩山三木河野私五人にて語る。新聞記者写真班等多勢。

結論は吉田自由党より正式機関の会談要求あればこれに応じ、その上にて党の態度を決すること、いずれにしても挙党一致を目標とすること。

鳩山氏はこれによつて挙党一致吉田自由党と合流しうるものと信じて喜べり。またかれはその上にてある時期にはわれ〳〵の結束により政権を獲得しうるやも知れずとの希望をいだけることを言明す。あまきこと限りなし。（同）

分党派自由党としては、吉田自由党から会談の要請があればこれを受けて合流するかどうかを決めるが、会談の要請がなくても挙党一致を目標とするという結論に達したのである。鳩山の意見を受け入れて譲歩した結果であることは容易に想像できる。すっかりその気になって再び自由党を一つにできると思い込むばかりか、鳩山政権の誕生まで口走る鳩山を、石橋は厳しく批判している。

しかし結局、石橋湛山は「あまきこと限りなし」とこき下ろした鳩山一郎ら多くの議員とともに、吉田自由党に復党する。一方、三木武吉、河野一郎ら八人は復党せず、新たに日本自由党を結成した。

五四年になると、鳩山が滞在する伊豆の宿泊先がもう一つ加わった。正月明けの一月四日から十八日まで、薫とともに静岡県伊東市の川奈ホテルに滞在したからだ（前掲『鳩山一郎・薫日記』下巻。図12参照）。

川奈ホテルは、一九三六（昭和十一）年に完成したゴルフ場付きのホテルである。占領期にはGHQに接収されたが、独立回復後の五二年七月からホテルとしての営業を再開した。熱海の海幸荘と同様、ホテルの部屋からは相模湾に浮かぶ初島や伊豆大島がよく見えたのに加えて、晴れていれば海幸荘からは見えない式根島や御蔵《みくら》島、三宅島、房総半島なども眺められた。その半面、温泉は引かれていなかった。温泉施設が整備されたのは、平成になってからだった。

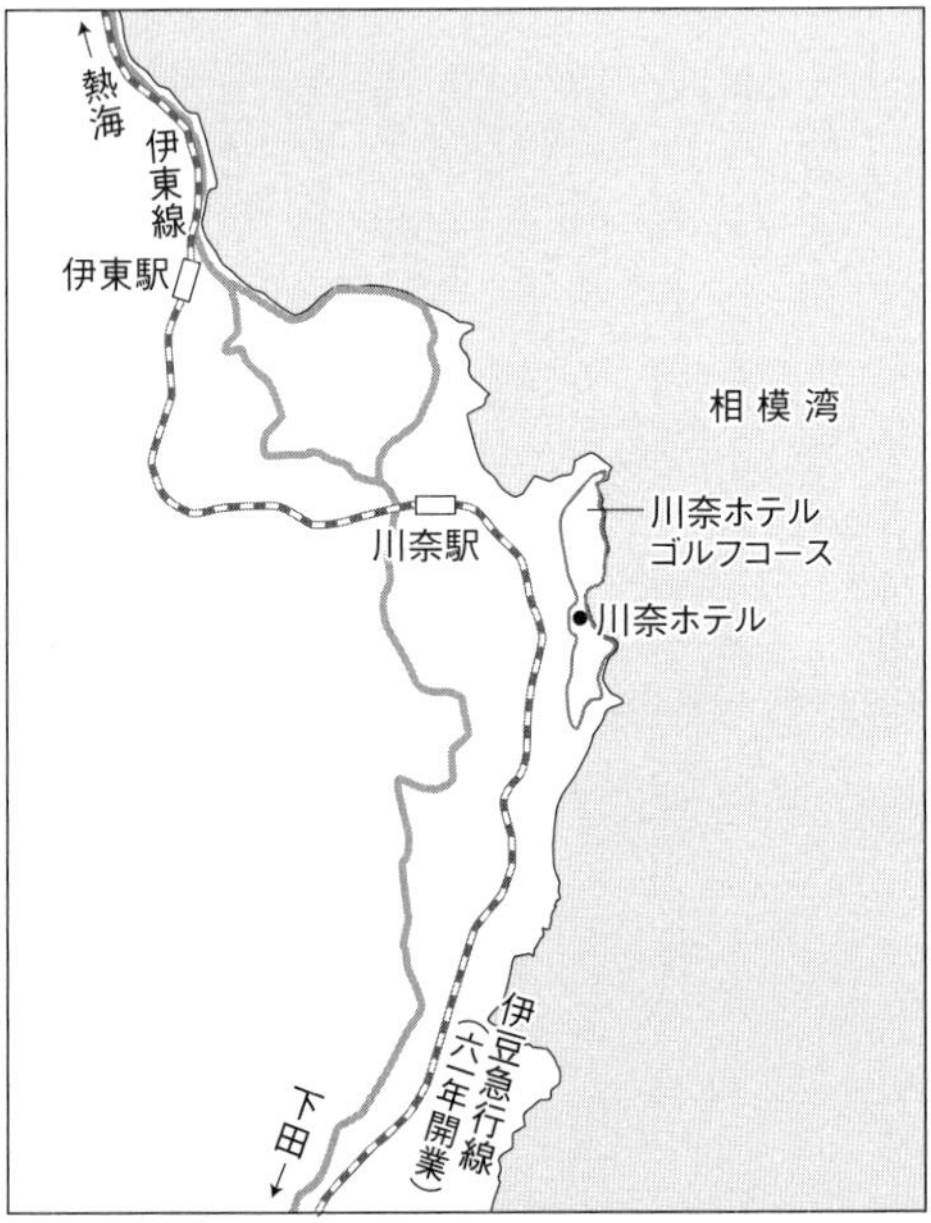

図12　川奈周辺図

鳩山は五四年一月十八日の日記に、「二週間よく遊んだ。午前中一時間余散歩をかゝさなかつた。午後午睡一時間許、入浴後テレビで角力《すもう》を見た」と記している（同）。自らの政権獲得が近いと見て、連日の散歩で体調の回復に努めたのだろうか。

四月一日には再び芦ノ湖畔の箱根ホテルに移り、五日に芦ノ湖畔から十国峠を越えて川奈ホテルに移った。帰京したのは十七日だった。同日の日記には、「十三日頃帰京の予定なりしも、うるさき東京に帰り、問題の発言をしては困ると友人達に言はれ、延び延びとなり、此日朝九時川奈ホテルを出発、一時五十分頃帰宅」(同)とある。

「うるさき東京」というのは、帰京予定前日の十二日に自由党幹事長の佐藤栄作と改進党幹事長の松村謙三《まつむらけんぞう》が会談し、自由・改進両党の解党と保守合同が提案されたことを指している。

伊東・川奈ホテルロビーラウンジ

「友人達」は鳩山がそのタイミングに合わせて帰京し、「問題の発言」(保守合同が実現すれば鳩山政権が実現するかのような発言だろう)をすることで吉田政権がかえって延命し、鳩山政権の実現が遠のくことを恐れていたのだ。

四月二十三日にはまた箱根ホテルに戻った。ところが翌二十四日には林譲治と大野伴睦からの要請を受け、左右両派社会党から提出された第五次吉田内閣に対する不信任案を否決するため、再び帰京した。不信任案は僅差で否決された。二十五日には箱根ホテルに戻る途上、大磯の吉田邸に立ち寄っている。

五月一日、鳩山は箱根ホテルで改進党総裁の重光葵に邂逅した。重光は奥湯河原の別邸に向から途上、喫茶のため同ホテルに立ち寄っていた。鳩山はこう回想する。

私は丁度その時箱根ホテルに行つていて、芝生を散歩していたら、重光君がヒョッコリ私を見つけて、芝生に下りて来た。

その時は、「体の具合はいかゞですか、お見受けするところ、すつかりいゝではありませんか」というようなことを重光君はいつて、政治の話は何一つ出ず、あとは、時候の挨拶ぐらいで終つたと覚えている。

（前掲『鳩山一郎回顧録』）

重光は、ホテルの前庭を歩く鳩山の姿を見て、体調に問題がないことを確信したのだろう。政治の話は出なかったと鳩山は言うが、「両者間には政局問題についてもある程度意思の疎通は行われた模様で、政局転換の必要については大体意見の一致を見たようである」（『読売新聞』一九五四年五月七日）。鳩山は翌二日に帰京した。

七月二十三日から九月十九日までは、軽井沢の別邸に滞在した。実に二カ月近くにおよぶ軽井沢での滞在であった。ほぼ同じ時期、首相の吉田は小涌谷の三井別邸に滞在していた。鳩山が箱根を避けたのは、前述した五二年九月二日のように吉田が鳩山のもとにやって来る可能性を避けたからだろうか。

旧軽井沢地区の鳩山別邸には、東京から続々と有力政治家が自動車で訪れた。東京から自動車で芦ノ湖畔や韮山に向かう場合、大磯や小涌谷を通らなければならなかったが、軽井沢の場合はそうではなかった。

この間に政局は、保守合同ではなく、吉田の自由党に対抗する新党の結成に向けて動き出した。鳩山は九月十九日の朝、軽井沢を発って帰京するや、音羽の本邸に石橋湛山、岸信介、三木武吉と改進党の重光葵、松村謙三を集め、新党樹立につき協議した。鳩山薫は、「六時過ぎ芝生の中央にて記者会見。談話発表は岸氏。記者とカメラマンにて二百人以上。音羽通りに自動車の列長く、署より交通整理に来る」と日記に記している（前掲『鳩山一郎・薫日記』下巻）。

十一月二十四日、鳩山一郎、石橋湛山、岸信介ら自由党からの脱党者と重光ら改進党、三木、河野ら日本自由党が合流して日本民主党が結成され、鳩山が総裁、重光が副総裁となった。十二月十日、第五次吉田内閣は総辞職し、ついに第一次鳩山一郎内閣が成立した。五三年五月とは異なり、首班指名選挙で左右社会党が日本民主党とともに鳩山に票を投じたことが、鳩山政権誕生の要因となった。石橋湛山は通商産業大臣として、重光葵は外務大臣として、河野一郎は農林大臣として入閣した。

日本民主党は少数与党だったため、鳩山は五五年一月二十四日に衆議院を解散し、二月二十七日に総選挙が行われた。この結果、同党は過半数の議席は確保できなかったものの議席を増やして第一党となり、自由党は議席を減らして第二党となった。

鳩山は内閣改造直前の三月三日から、川奈ホテルに滞在した。同じ日に、元首相で日本民主党最高委員の芦田均も川奈に向かった。翌四日の午後三時過ぎ、鳩山は相模湾を望むホテルの自室に芦田を呼び、内閣改造につき意見を聞いた。芦田の日記から引こう。

「閣僚は相当に入れ替えを要すると思う」と言ったら、鳩山さんは「僕は首の切れない男だから……」と自ら憫《あわれ》むような声を出した。

「然しこの選挙の結果を見れば、民主党は一体として国民の信頼を博したものと言える。結成当初の如く改進党だの日〔本〕自〔由〕党だのと派閥の均衡などを考えるべきではない。思切つて適材主義の内閣を造るべきである」と私は力強く言つたら、鳩山さんは肯《うなず》いていた。

（前掲『芦田均日記』第五巻）

鳩山が川奈から帰京した十三日後の三月十九日、第二次鳩山内閣が成立した。交代したのは厚生、郵政、労働の各大臣と行政管理庁、北海道開発庁、自治庁、防衛庁の各長官だけで、主要閣僚は変わらなかった。石橋、重光、河野はいずれも留任した。内閣の顔ぶれが決まった前日の日記に、芦田は「前途は暗いという感で一杯だ。鳩山内閣は長くはもたない」と記した

（同）。

（5）保守合同と箱根「富士屋ホテル」

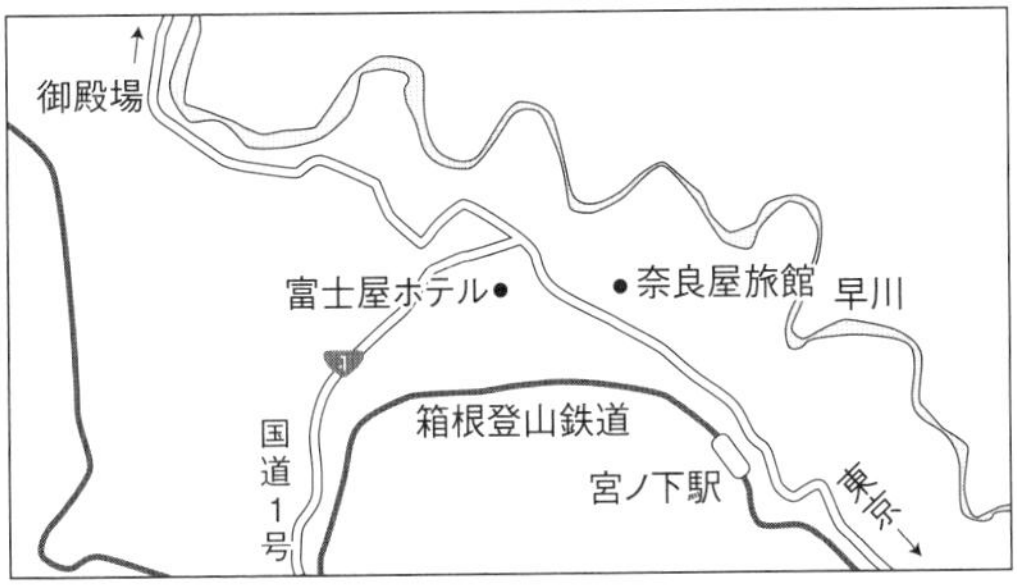

図13　宮ノ下周辺図

鳩山一郎は首相になってもしばしば東京を空け、別邸やホテルに滞在するスタイルを変えなかった。首相時代の吉田茂が主に夏から秋にかけて御殿場や箱根の一つの場所に滞在したのに対して、鳩山は季節を選ばず、複数の場所を転々とした。一九五五（昭和三十）年には一月と三月の川奈ホテル、五月の箱根ホテルに加えて、七月十六日からは新たに箱根宮ノ下の富士屋ホテルにも滞在するようになった（図13参照）。

前述のように東京から伊豆や箱根に自動車で行くには、国道1号を経由するので大磯を通ることになる。五月一日には鳩山が箱根ホテルに行く途上、「吉田さんのいる大磯通過の時は『ちょっと立ち寄ろうか』など冗談を飛ばして側近や記者連中をヒヤリとさせた」という（『読売新聞』一九五五年五月二日）。吉田政権を倒しても、吉田邸の前を通過することはやはり意識

宮ノ下・富士屋ホテル花御殿

せざるを得なかったようだ。

宮ノ下は江戸時代から湯治場として栄え、前章で触れた木賀などとともに箱根七湯の一つとされた。富士屋ホテルは一八七八（明治十一）年、この宮ノ下に開業した日本で初めての本格的なリゾートホテルである。泉質はナトリウム塩化物泉で、すべての部屋で蛇口をひねると源泉一〇〇パーセントの湯が出た。敗戦とともにいったんGHQに接収されたが、一九五四年七月から一般営業を再開していた（『富士屋ホテル八十年史』、富士屋ホテル、一九五八年）。標高は四三一メートルで、芦ノ湖畔の箱根ホテルや小涌谷の三井別邸よりも低かった。

当時のホテルの建物は、一八九一年完成の本館、一九〇六年完成の西洋館、一九三六年完成の花御殿からなっていた。中でも花御殿は、鉄筋コンクリート造五階建ての堂々たる建築物で、華麗な和風の意匠や複雑な屋根、赤い高欄付きのバルコニーなど、箱根のシンボルというべき外観が目を引いた。

その外観は、いまも変わっていない。

当時四十三あった客室は、それぞれ花の名前で呼ばれていた。鳩山夫妻が滞在したのは、二階の角部屋「バラ」だった（前掲『鳩山一郎・薫日記』下巻）。「バラ」は「菊」や「桜」と並び、花御殿で最も広かった（『神奈川県近代洋風建築調査報告書』、神奈川県教育庁社会教育部文化財保護課、一九八八年）。

鳩山は七月十八日にいったん帰京し、二十三日から二十四日にかけてまた花御殿に滞在した。二十四日には河野一郎農相がホテルを訪れ、吉田茂の後任総裁となった自由党の緒方竹虎との会談を鳩山に報告している。

会見で河野は、「首相に対しては緒方総裁との会談内容を中心に報告した。合同推進のためには個々の法案の成立可否についての話合いをすべきではなく大筋について両党の協力を強化すべきだと考える」と述べた（『読売新聞』一九五五年七月二十五日）。鳩山政権樹立のため一度は立ち消えになったはずの保守合同（この場合は自由党と日本民主党との合同）が、再浮上しているのがわかる。

鳩山は八月二日から九月二十七日まで、途中二度の帰京をはさみつつ軽井沢に滞在した。この間に、訪米を控えた外相兼日本民主党副総裁の重光葵が軽井沢を訪れたことは「序章」で触れた。首相としてこれほど長く軽井沢に滞在したのは、鳩山が初めてだった。たとえ八月の一時期だけだったとしても、首相が軽井沢に、天皇が那須に、前首相が箱根小涌谷にいて東京にいない状況が生まれたのだ。
しかし鳩山は、箱根での滞在をやめたわけではなかった。十一月四日、鳩山は鎌倉の石橋正二郎別邸を発ち、富士屋ホテルに向かった。薫は「玄関前の楓の大木や、色づきてあり」と記している（前掲『鳩山一郎・薫日記』下巻）。けれども、夫妻が花御殿に腰を落ち着けるや外から聞こえてきたのは、高級リゾートホテルにはおよそ似つかわしくない、労働歌を合唱する歌声だった。

砂川基地拡張反対期成同盟代表約三十名は四日午後三時四十分箱根宮ノ下に静養中の鳩山首相を訪問、面会を要求したが首相はこれを拒否し秘書を通じ（一）労相の言明通りなるべく実力行使をしないようにし紛争の起きないよう円満解決したい（二）根本《ね もと》〔龍太郎《りゅう た ろう》・内閣官房〕長官に対する指示は「事を円満に運ぶよう善処してほしい」旨であった、などの回答を行なった。
（『読売新聞』一九五五年十一月五日）

この年の五月に米軍立川基地を立川市に隣接する北多摩郡砂川町《すながわ》（現・立川市）に拡張する計画が発表されると、砂川町ではそれに反対する運動が高まった。九月十三日には基地拡張のための強制測量が実施され、それに反対する住民との間で衝突も起こっていた。住民の代表は鳩山に直接会い、窮状を訴えようとしたのである。

鳩山は軽井沢に滞在していた九月十五日に住民の代表と面会しているから、彼らはこのときも会えると踏んだようだ。こんどは面会できなかったものの、対話自体が拒絶されたわけではなかった。鳩山としては、吉田の「秘密政治」とは異なる「民主政治」の姿を最低限見せたかったのだろう。確かに住民どころか記者にすら会おうとしない吉田であれば、絶対にあり得ない光景であった。

鳩山薫は、「砂川の連中バスで社会党の代議士四人に引率されて来て、夕方までネバル。六時漸く退散」と記した（前掲『鳩山一郎・薫日記』下巻）。日本社会党は十月十三日の党大会で左右の分裂を解消し、再統一したばかりだった。社会党の統一は保守合同の機運を一気に高めることになる。

風雲急を告げる東京での政局をよそに、鳩山は十一月七日、八日と二日連続で宮ノ下から十国峠までドライブを試み、箱根ホテルで昼食をとった。「小涌谷あたりドウダンも紅葉も大分色濃くなり、陽光にさえて美し。山上はやゝ風強く芦之湖は波立つ」（同）。秋色深まる小涌谷に吉田の姿はなかった。鳩山は九日に帰京する。

六日後の十一月十五日、ついに日本民主党と自由党が合同して自由民主党が結成され、鳩山が総裁になった。自由党の吉田茂や佐藤栄作らは加わらなかった。鳩山は解散総選挙を行わずに内閣を改造したが、石橋湛山らの閣僚はほぼ留任した。

五六年一月四日、鳩山は列車で年始の伊勢神宮参拝から帰る途上、熱海で降りて伊東線に乗り換え、伊東で降りて川奈ホテルに向かった。同じ日に佐藤栄作もまたゴルフのため、東京から川奈に向かったが、ホテルに滞在中は鳩山に対する不満を日記に書き連ねた。一月七日の日記はこうだった。

昨年十一月から今日は容易に予想された事だから別に驚くべき事ではないが、不健康にして無為な鳩山氏を何故にカツグのか。政治はそれでいゝのか。閣議をリードするでもなく、予算編成の大事な時に川奈に静養する鳩山、昨年は夏季間三ヶ月を通じて軽井沢に静養した鳩山、更に内治外交とも何等なすなき鳩山内閣、しかもこれを続けるいはれが何処にあるのか。自らの野望の為以外には何もないのでないか。（前掲『佐藤榮作日記』第一巻）

佐藤に言わせれば、前年十一月に自由民主党ができたときから、今日見られる鳩山の体たらくぶりは予想ができていた。ここで注目すべきは、東京を空けて川奈や軽井沢に滞在する鳩山のスタイルを、佐藤が槍玉にあげていることだ。しかし、閣議を休んでリゾート地にこもり、政治家を東京から呼び寄せるスタイルは、自身が師と仰ぐ吉田茂から継承されていたことに佐藤は気づいていなかった。

七月十五日には大野伴睦、河野一郎、党幹事長の岸信介が、五一年のサンフランシスコ講和条約に署名しなかったソ連との国交調整のための交渉（日ソ交渉）の問題などにつき、箱根ホテルで会談した。佐藤は日記に「岸、大野、河野三者会談が箱根でもたれ、対ソ方針並に政局きりぬけ策たてられる。岸も相不変《あいかわらず》大野、河野と手がきれず困ったものだ。岸批判の声も勿論おこるに違いない」と記し、実兄の岸に対しても不満をぶつけた（同）。佐藤は吉田と同様、日ソ交渉は時期尚早と見ていた。

三日後の十八日、こんどは鳩山が同じ箱根ホテルで記者会見に応じた。鳩山は七月三十一日からモスクワで予定された重光葵外相とソ連の外相との第二次日ソ交渉について語るとともに、「僕はやめる時期が来たと思ったらそれ以上ねばることはしない」と述べ、吉田との違いを強調した（『読売新聞』一九五六年七月十九日）。

第二次日ソ交渉は北方領土問題を解決できず、行き詰まっていた。軽井沢の別邸に滞在していた八月十九日、別邸を訪れた河野一郎が「サテどうしましょうか」と問いかけたのに対して、鳩山は「僕が行こう」と返事した（前掲『鳩山一郎回顧録』および『鳩山一郎・薫日記』下巻）。難局を打開するためには、自ら訪ソするしかないと考えていたわけだ。九月十日には、小涌谷にいた吉田茂が池田勇人に宛てて、「無経験且《かつ》病弱の首相何んの成算ありて自ら進んで訪蘓《ソ》赤禍招致の暴を試《こころみ》んとするや、国家国民の為めニ訪蘓思止《おもいとど》まられんことを切望す」などと記した「鳩山首相ニ与ふるの書」を送っている（前掲『吉田茂書翰』）。

だが十月七日には、吉田や佐藤栄作ら旧吉田派が強く反対するなか、鳩山は予定通り河野一郎ら全権代表団を率いて飛行機で羽田を出発し、ソ連を訪れた。そして十月十九日にモスクワで日ソ共同宣言に調印し、国交を回復させた。長きにわたる温泉での静養が効いたせいか、鳩山は体調を崩さなかった。

全権代表団は十一月一日に帰国した。同日開かれた臨時閣議で、石橋湛山は日本側が望んでいた北方四島（歯舞《はぼまい》、色丹《しこたん》、国後《くなしり》、択捉《えとろふ》）の一括返還がソ連側に拒絶されたことを知った。「継続審議の領土問題は、ソ連にてはハボマイ、シコタン問題なりと理解し、クナシリ、エトロフ等は論外とす。鳩山氏一行の締結せる協約は要するにこの点は双方行違いのまゝごまかしおるものと解すべし」（前掲『石橋湛山日記』下）。「双方行違いのまゝごまかしおるもの」という言葉に、石橋の失望がにじみ出ている。

鳩山は四日に再び富士屋ホテルに向かい、花御殿の「バラ」で十日まで滞在した。訪ソを決めたときから、帰国後に退陣する腹積もりは決まっていた。五日夜には大野伴睦と河野一郎をホテルに呼び、自らの退陣の時期や後継の総裁をどうするかにつき協議した（『読売新聞』一九五六年十一月六日）。

十二月十二日に日ソ共同宣言が批准された。その二日後、鳩山は党大会で総裁を辞任することを表明した。ソ連との国交が回復したことで、十八日には国連総会で日本の国連加盟が全会一致で承認された。

(6) 石橋湛山、箱根湯本で政権構想を練る

一九五六（昭和三十一）年十二月十四日、鳩山の辞任表明を受け、自民党で初めての総裁選挙が行われた。岸信介、石橋湛山、石井光次郎《いしいみつじろう》の三人が立候補した。

第一回の投票では岸が最も多くの票を集めたが過半数には至らず、決戦投票となった結果、石橋が七票差で逆転勝利して新総裁となった。「大野伴睦と三木武夫が石橋湛山を、池田勇人が石井光次郎を、河野一郎と佐藤栄作が岸信介を推し、第一回投票で二位であった石橋が、三位の石井と決戦投票で二・三位連合を組み、岸を僅差で破って勝利を収めた」（中北浩爾『自民党――「一強」の実像』、中公新書、二〇一七年）のである。

熱海・樋口旅館跡。門扉だけが残っている

石橋は翌十五日夜に東京を発ち、熱海の伊豆山に隣接する海光《かいこう》町にあった「樋口旅館」に車で向かった（98ページ図9参照）。伊豆山温泉の湯を引く旅館で、現在は閉業して「樋口旅館」と記された入口の門扉だけが残ってい

る。跡地には樋口富子氏の邸宅のほか、「熱海クリフサイド」というマンションが建っている（『ゼンリン住宅地図　熱海市』、ゼンリン東海、二〇二二年）。

首相になることが決まっても、伊豆の温泉に通う石橋の習慣は変わらなかった。樋口旅館に泊まった翌朝には、待ち構えていた報道陣の前に姿を現した。

熱海伊豆山ひぐち旅館を報道陣にどっとおそわれた〝和尚さん〟は「やあ」といって湯上がりの赤ら顔をさらに赤くしてテレくさそうに姿を現わした。海は青く、風はやさしく居室松らい（籟）の間の障子にそよぎ、数日後に握る天下の権の構想をねるには絶好の静養日和。テレながらも冬枯れの庭を歩いてまんざらでない〝明るい日曜日〟だった。

（『読売新聞』一九五六年十二月十六日夕刊）

樋口旅館は、鳩山が滞在した熱海の海幸荘のような山の中腹ではなく、相模湾のすぐ近くにあり、見晴らしがよかった。「和尚さん」というのは、石橋が日蓮宗の僧侶であったことが関係していただろう。

五六年十二月二十日、通常国会が開かれ、鳩山内閣が総辞職した。二十三日、石橋は正式に首相となり、石橋湛山内閣が成立した。岸信介は外相、池田勇人は蔵相となった。

石橋は年も押し迫った十二月三十日、箱根湯本の旧東海道沿いにある温泉旅館「松の茶屋」

に向かった（図14参照）。新町三井家が所有する小涌谷の三井別邸とは異なり、こちらは室町三井家の十二代当主、三井高大《たかひろ》、姿子《しなこ》夫妻が使用した住宅兼旅館だった。石橋は大みそかの三十一日にいったん帰京し、五七年一月一日の宮中参賀を済ませるや箱根湯本に舞い戻り、四日まで滞在した。発足したばかりの政権をどう運営すべきかにつき、構想を練るためであった。

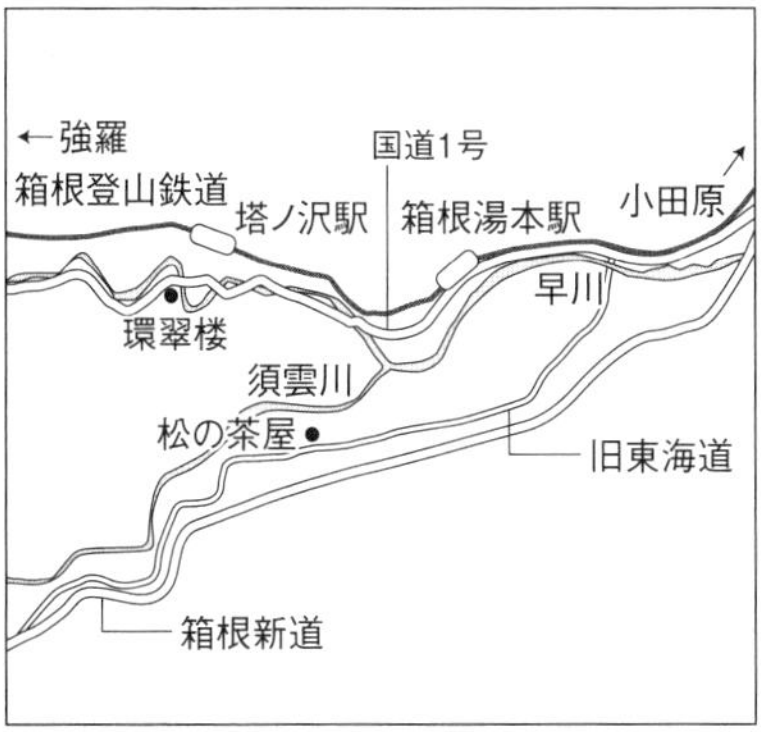

図14　箱根湯本周辺図

　山鳥の親子が竹やぶで遊ぶこの宿は、故緒方竹虎氏が愛用したところ、最近では岸〔信介〕外相がちょくちょく利用している。ところで石橋首相の選挙区静岡県は有名な温泉場が多く首相の静養地には一向困らぬわけだが、総理大臣ともなれば各地の温泉場から引っ張りだこ。伊豆山へ行けば〔伊豆〕長岡から苦情が出る。〔伊豆〕長岡へ行けば伊豆山の顔が立たないというわけで首相争奪戦が始まりそうな気配にみんなの顔を立て、今回は選挙区外の箱根へ静養となったもの。

（『毎日新聞』一九五六年十二月三十一日）

　初めての静岡県出身の首相誕生に、地元の静岡二区は湧きかえっていた。石橋が十二月十五日に伊豆山に泊ま

箱根湯本・松の茶屋

ったことに対して、それまでしばしば泊まった伊豆長岡から「なぜうちに来なかったのか」と苦情が出た。今回は公平を期すため、自分の選挙区とは関係のない神奈川県の箱根湯本にしたというのだ。

松の茶屋は旅館ではなくなったものの建物自体は三井文庫が保有しており、玄関には緒方竹虎の筆になる「松の茶屋」の看板がいまなおかかっている。「北方、〔須雲〕川の向こうに巨松が聳《そび》えあたりを睥睨《へいげい》していた。〔緒方は〕それに因《ちな》んで『松の茶屋』と命名されたという」（中村昌生『松の茶屋』の建築」、『館蔵　室町三井家の名品』、三井文庫三井記念美術館、二〇一〇年所収）。

箱根湯本の標高は宮ノ下よりもさらに低く、一〇〇メートルほどしかなかった。新宿から箱根湯本までは、すでに小田急が直通の特急を走らせていた。吉田や鳩山とは異なり、石橋は箱根には滞在しても、国道1号のつづら折りの坂道を自動車で上らなければならないような標高の高い温泉場には行かなかった。一月四日に再び富士屋ホテルに向かった鳩山とは対照的であった。

しかし石橋は一月の全国遊説を終えたあと過労のため急性肺炎となり、一月三十一日に外相の岸信介が首相臨時代理になった。石橋は新宿区下落合の私邸で一ヵ月療養したが、なお一ヵ月の療養が必要と診断され、二月二十五日に首相を辞任して岸が首相の座を引き継いだ。

石橋の首相在任期間は六十五日しかなかった。公職追放中に脳溢血で倒れてもなお首相の座をねらい、首相になってからも吉田茂や佐藤栄作に「半身不随」「不健康」などと言われ続けた鳩山との違いは鮮やかだった。なお吉田と佐藤は、二月一日に自民党に入党している。

石橋は二月二十七日、築地の聖路加病院に入院した。四月十六日に退院すると、その日のうちに伊豆長岡の南山荘大和館に移り、六月まで静養した（『伊豆長岡町史』下巻、伊豆長岡町教育委員会、二〇〇五年）。

ここは韮山の水宝閣に滞在していた鳩山に会う前夜、三木武吉、河野一郎と深夜まで吉田自由党への対応を話し合った旅館だった。「石橋さんは毎朝五時に起床〝権大僧正〟として読経のお勤めをする習慣で昼間は裏山の散歩やゴルフの練習、読書などにふけっているそうだが、それでも毎日各新聞に目を通し静かに政界の動きを見詰めているという」（『読売新聞』一九五七年六月十一日）。

六月十日には、箱根宮ノ下の奈良屋旅館にいた首相の岸信介が、帰京の途上、南山荘大和館を訪れている（『朝日新聞』一九五七年六月十日夕刊）。岸と奈良屋の関係については、章を改めて触れることにする。

吉田が五四年十二月に首相を辞めてからも引き続き小涌谷に毎年滞在し、「奥の院」の主として政界ににらみをきかせたように、鳩山もまた引き続き軽井沢に毎年夏から秋にかけて滞在した。その間は、東京からほぼ連日のように自民党の有力政治家や新聞記者らが来訪した。五七年の夏も五八年の夏も、吉田が小涌谷に、鳩山が軽井沢に、天皇が那須にいるという状況自体に変わりはなかった。

しかし、そうした状況は長くは続かなかった。五九年三月七日、鳩山が音羽の本邸で狭心症の発作を起こして急逝したからだ。鳩山薫は同日の日記に、「朝、ひげもそり、食堂で朝の食事も元気にすませ、書斎でチョコレートを六つ喰べたといふ。急に苦しくなつて床に入り、医師をよんでくれとの事、丁度百合子、玲子はまだ居たので皆で介抱したがカンフルもきかず、永井先生も間に合はずに命を落してしまつた」と記した（前掲『鳩山一郎・薫日記』下巻）。百合子は鳩山の長女、玲子は次女である。

対照的に石橋は、南山荘大和館で静養したあと、五七年七月末からは山中湖畔の別邸でも静養し、体調を回復させた（田中秀征『日本リベラルと石橋湛山　いま政治が必要としていること』、講談社選書メチエ、二〇〇四年）。そして鳩山が死去してからも政治活動を続け、中国やソ連を訪問した。だが吉田や鳩山とは異なり、小涌谷の三井別邸や軽井沢の鳩山別邸に匹敵する「奥の院」や「権力の館」をもつことはなかった。六三年の総選挙で落選すると、政界からも引退し、七三年四月に死去した。

第三章

岸信介と箱根・宮ノ下温泉

(1)内閣改造で有力政治家が奈良屋旅館に詰めかける

岸信介は幕末の志士を輩出した旧長州の藩庁があった山口県山口町(現・山口市)で生まれ、熊毛《くまげ》郡田布施《たぶせ》村(現・田布施町)で育ち、旧制山口中学校に通った。

山口の湯田《ゆだ》温泉には、幕末に志士たちが集まり、温泉で密談を重ねたという伝説の旅館「松田《まつだ》屋」がある(「山口湯田温泉　松田屋ホテルホームページ」)。岸自身も温泉を好み、帰郷の際には俵山《たわらやま》村(現・長門市)の俵山温泉の旅館「森脇館」(現在は閉業)や湯田温泉の旅館「山水園」を利用した。山水園には、一九七九(昭和五十四)年に得られた三本目の泉源で、すでに政界を引退していた岸が命名した「仁寿の湯」がある(「名勝山水園　山口市湯田温泉ホームページ」)。

岸は東条英機内閣の商工大臣だったことから敗戦後にA級戦犯容疑者として逮捕され、巣鴨プリズンに拘置されたが、東條らが処刑された翌日の一九四八(昭和二十三)年十二月二十四日に不起訴となり釈放された。このときも帰郷するや、俵山温泉の森脇館に一年間滞在したという(『毎日新聞』山口版、二〇〇四年四月二十九日および『読売新聞』山口版、二〇〇五年十月十八日)。ただし岸自身は、「私はしばらく弟のところにいて、〔十二月〕二十七、八日に郷里に帰り、翌〔昭和〕二十四年の三月になって東京へ出て来た」と述べていて、郷里での滞在期間は約三カ月だったとしている（岸信介・矢次一夫・伊藤隆『岸信介の回想』、文春学藝ライブラリー、二〇一四年）。

五二年四月の独立回復とともに公職追放処分も解かれ、五三年三月には自由党（吉田自由党）に入党する。翌月の衆院選では山口市や熊毛郡などを選挙区とする山口二区から弟の佐藤栄作とともに立候補し、三位で当選している（トップ当選は佐藤）。

岸を主戦論者と見ていた昭和天皇は、岸の公職追放解除に不審の念をもっていたようだ。独立回復直前の五二年四月二十二日には、宮内庁長官の田島道治に対して「賀屋《かや》〔興宣《おきのり》、元大蔵大臣〕に比べて主戦的なのは岸だ、賀屋が巣鴨で岸が追放解除は失当だ」と述べている（前掲『昭和天皇拝謁記』3）。

政界に復帰するや、岸は頭角をあらわした。吉田の軽武装・対米協調路線に反発して五四年に除名されたが、同年に結成された日本民主党で幹事長に抜擢され、五五年の保守合同で結成された自由民主党でも幹事長を務めた。五六年十二月の鳩山退陣後、総裁選に立候補して石橋湛山に敗れたことは前章で触れた。

しかし石橋が五七年一月に急性肺炎を起こして倒れたのに伴い、臨時首相代理となった。二月二十五日に石橋が辞任を表明すると、石橋内閣を引き継いで首相となる。同内閣の閣僚は全員留任した。外相だった岸は、首相と外相を兼任した。

岸もまた週末に東京を離れ、温泉地の熱海に滞在しようとしたのだろう。自民党の幹事長だった五六年三月に、熱海の一駅先に当たる伊東線の来宮《きのみや》駅に近い熱海市若林《わかばやし》（現・梅園町《ばいえん》）にあった一六一三平方メートルの土地を購入している。「この土地の所有者をたどると、昭和二十六（一九五一）年七月七日に大同合資ＫＫ（大阪市南区鰻屋東之町）が所有し、それを同年の七月十三日に岸本不動産（東京都千代田区丸の内）が買い求め、三十一（一九五六）年三月二十二日に岸信和《のぶかず》の所有となっている」（岩川隆『巨魁——岸信介研究』、ダイヤモンド社、一九七七年）。

岸信和は信介の長男で、宇部興産に勤めていた。当時はまだ土地を購入しただけで、建物はなかった。岸信介の名義で登記されたのは、建物が完成して滞在を始めたあとの五九年一月二十九日だった（同）。

首相就任直後の五七年三月上旬と四月上旬には、週末を熱海で過ごしている（『朝日新聞』一九五七年三月十日および四月七日）。もちろんまだ別邸はできていなかったから、どこかのホテルか旅館で泊まったのだろう。

ただ四月のときは、ゴルフ場のある川奈ホテルで過ごしたかったようだ。「岸首相は〝日曜はゴルフでもやって…〟と伊豆の川奈ホテルを申込ませたところ満員でことわられ、六日午後熱海へおもむいた。総理の顔もこのホテルには通用しなかったわけだが、古なじみの鳩山さんは数日前からここに滞在しているというから、いささか皮肉だ」（『読売新聞』一九五七年四月七日）。首相を辞めた鳩山は、三月三十一日から四月六日まで川奈ホテルに滞在していた（前掲

『鳩山一郎・薫日記』下巻）。

だが熱海滞在には別の目的もあった。「週末を熱海で過ごした岸首相は七日の日曜日早朝から永野《ながの》護《まもる》氏とつれ立ち、別荘を建てるつもりで買っておいた土地の下検分に来宮まで車を走らせた」（『読売新聞』一九五七年四月八日）。永野護というのは、参院議員で岸の指南役を務めた政治家である。

岸が視察した熱海の若林地区の別荘地は、鳩山一郎が滞在した熱海の桃山地区の海幸荘が熱海駅裏手の山腹にあったのと同様、来宮駅裏手の山腹にあり（98ページ図9参照）、相模湾や伊豆大島、初島がよく見えた。もちろん温泉を引くこともできた。

しかし熱海にこだわっていたわけではなく、吉田や鳩山、石橋と同様、箱根の温泉にも滞在した。四月二十七日からは、箱根宮ノ下の奈良屋旅館に滞在する。熱海に行くときは鉄道を使ったが、宮ノ下へは自動車を使った。奈良屋は国道1号をはさみ、鳩山が滞在した富士屋ホテルと向かい合っていた（141ページ図13参照）。富士屋ホテルが現存するのに対して、奈良屋は二〇〇一年に閉業し、跡地には「エクシブ箱根離宮」が建っている。

奈良屋の創業は富士屋ホテルよりもずっと古く、江戸時代中期にまでさかのぼる。当時から大名が宿泊湯治の際に本陣として用いるなど、権力者と関係が深かった。明治五（一八七二）年六月から七月にかけて明治天皇の后、昭憲《しょうけん》皇太后が滞在したのに続き、翌七三（明治六）年八月には明治天皇と昭憲皇太后が避暑のため二十四日間にわたって滞在した。明治天皇が避暑のため東京を空けたのは、これが空前にして絶後だった。

歴代の首相では、大正初期に首相となった大隈重信が在任中、富士屋ホテルに対抗して建てられた奈良屋西洋館に滞在した。この西洋館は、一九二三（大正十二）年の関東大震災で全壊した。敗戦直後には、元首相の近衛文麿が憲法改正の作業を行うため、憲法学者の佐々木惣一とともに奈良屋の別館に滞在したこともあった。

奈良屋と政治家の関係は、戦後になっていっそう強まった。それは野党といえども例外ではなかった。女将の安藤伸子はこう回想している。


政治家でもお客様なら右派とか左派はございませんから、社会党の方々も勿論ご贔屓《ひいき》にしてくださいました。川〔河〕上丈太郎《じょうたろう》先生はうちのお湯がとてもお好きで、常連でよくいらっしゃってくださったので、お親しくしている内に主人が何かとご相談したりして奈良屋の顧問弁護士になっていただいておりました。そんな関係で浅沼稲次郎《あさぬまいねじろう》先生もご夫妻でよくお見えになりました。お着きになるとビールを召し上がって、「ここへ来ると本当に疲れがとれる。」と大きなお体を浴衣に包まれて庭を散歩なさったりしてお出ででした。あんな風に刺し殺されてお仕舞になるなど誰が想像だに出来たでしょうか。

（『「座観山臥聴水」館――女将の独り語り――』、私家版、二〇〇一年）

河上丈太郎も六〇年に刺殺される浅沼稲次郎も、戦後の右派社会党や左右統一後の日本社会党の委員長となった人物である。もう一人、首相になる前から夫妻で奈良屋を頻繁に利用したのが、五七年に石橋湛山を継いで首相となり、六〇年安保闘争では河上や浅沼と鋭く対立することになる岸信介だったのだ。

奈良屋の敷地は、国道1号から早川の渓流へと東北方向に落ち込む斜面にあった。建物は本館と別館からなり、別館は1号から10号まであって、各号が離れのようになっていた。本館は木造三階建て、入母屋および寄棟桟瓦葺《さんかわらぶき》で、一八八七（明治二十）年の創建と伝えられ、一九五三（昭和二十八）年に増改築された。

別館で一番古いのは一九一二年移築と伝えられる3号別館で、木造平家の寄棟桟瓦葺。次いで古いのは一八年創建と伝えられる1号別館と2号別館で、どちらも木造平家の入母屋桟瓦葺だった（『神奈川県の近代和風建築　神奈川県近代和風建築調査報告書』、神奈川県教育委員会生涯学習部文化財課、二〇〇〇年）。1号別館と2号別館はつながっていた。最も新しいのは三五（昭和十）年創建と伝えられる7号別館と10号別館で、7号別館は木造平家の入母屋銅板一文字葺《いちもんじぶき》、10号別館は木造平家の桟瓦葺だった（同。図15参照）。どの別館にも、弱アルカリ性単純泉の源泉が引かれていた。

これらの別館は、一万五〇〇〇坪もの広大な日本庭園に点在していた。桜やツツジ、アジサイなどが植えられた庭園には大小五つの池があり、錦鯉が群れをなして泳いでいた。どの客室

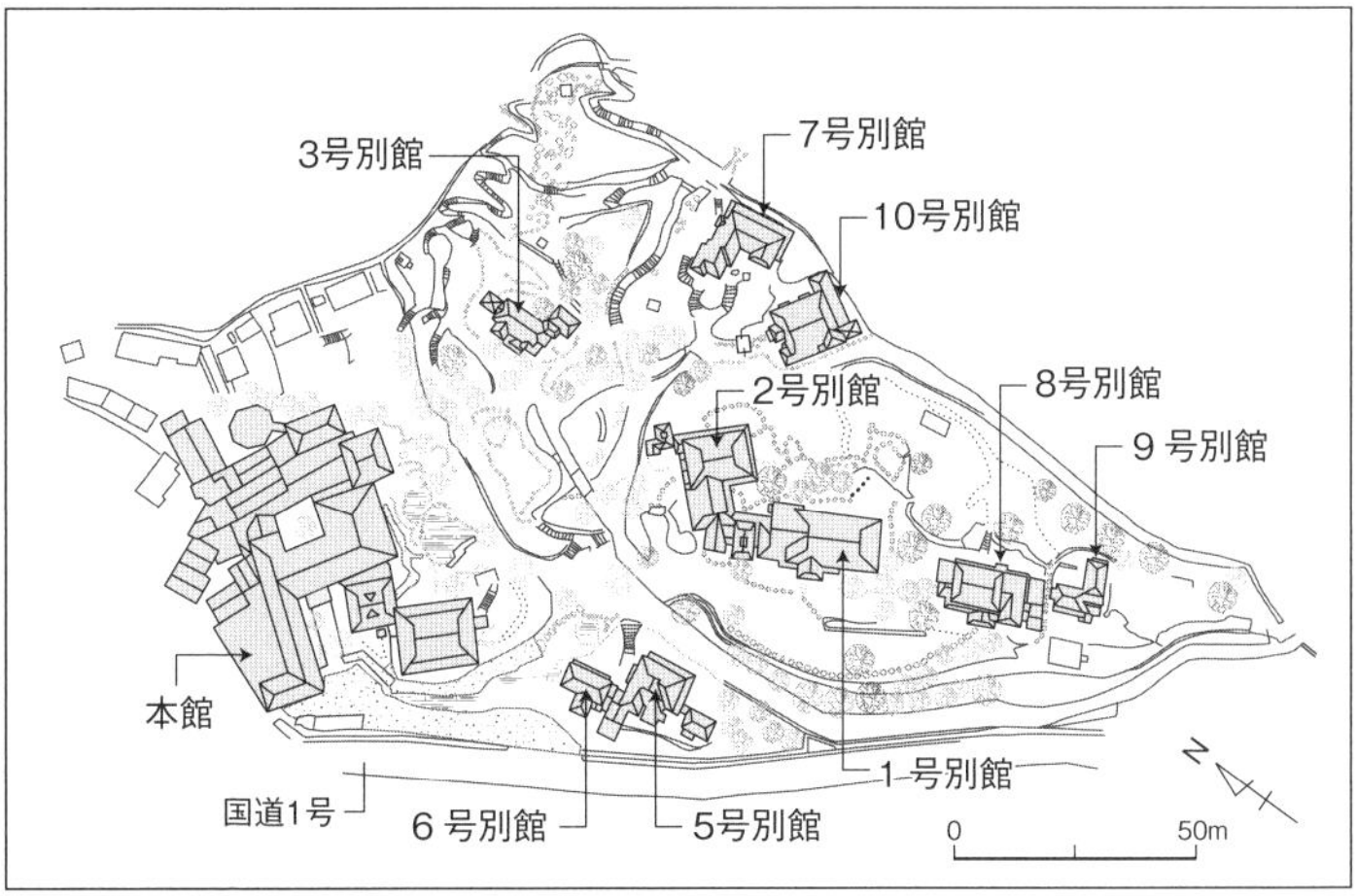

図15　奈良屋旅館略図
出典：『神奈川県の近代和風建築　神奈川県近代和風建築調査報告書』

からも庭園が眺められるようになっていた。

　岸が使ったのは、1号別館と10号別館だった。主に使ったのは1号別館のほうで、奈良屋を訪れる政治家や官僚との会談や宴会の会場としても使われた。「1号〔別〕館は書院造り風の意匠をもち、奈良屋の中で最も格調が高い。主室は床・違い棚・付《つけ》書院を備え、折り上げ格天井で、入側をもつ15畳である」（同）。女将の安藤伸子は、「〔岸信介先生は〕一号別館をご自分のお家のようにお使いになって毎朝早く東京にお通いになりました」と回想している（前掲『「座観山臥聴水」館』）。

　一方、10号別館はプライベートな空間として使われたようだ。「切り立った崖越しに、早川渓谷を見下ろす10号別館は元首相のお気に入りでもあった。奥の10畳間に端座してみると、見渡す限り一面の山と緑。聞こえてくるのはせせらぎと、風の音だけだ」(『毎日新聞』二〇〇一年六月九日夕刊)。

どちらの別館も木造平家で、鳩山が滞在した富士屋ホテル花御殿のような、五階建ての鉄筋コンクリート建築とはまさに対照的であった。池を配置した広大な庭園を臨む別館に滞在するスタイルは、小涌谷三井別邸の本館離れに滞在した吉田茂に似ていた。

岸は四月下旬に続いて、五月上旬にも奈良屋に滞在した。その帰途に大磯の吉田邸に立ち寄ったのは、五月二十日から六月四日までのインド、パキスタン、タイ、台湾などアジア各国や地域への歴訪と、六月十六日からの訪米を控えていたからだった。


岸首相の東南アジア訪問に対して吉田氏は東南亜との経済協力は吉田氏が首相当時から政府の重要な外交政策であるだけに、強い関心と期待を示し、また米国訪問については日米協力と日本の保守政権に対する米国の不安感をなくす意味でも、米政府首脳はもとよりロックフェラー三世、デューイ元ニューヨーク州知事、キャッスル元駐日大使など広い範囲で各界要人とできるだけ多く話し合う機会をつくるべきだと意見を述べた。

(『毎日新聞』一九五七年五月十三日夕刊)


吉田を外交の指南役と仰ぐ岸の姿勢に、かつて吉田の路線に反発して自由党を除名されたり、反吉田の旗印を掲げて鳩山らとともに日本民主党を結成し、自民党に合流後も日ソ交渉を進めようとして実弟の佐藤栄作から「困ったものだ」と批判されたりしたころの面影は、もはやなかった。

六月七日には、葉山御用邸に立ち寄って昭和天皇にアジア歴訪につき報告してから、自動車を宮ノ下に走らせた。このときは奈良屋ではなく、富士屋ホテルに滞在している（『朝日新聞』一九五七年六月八日）。岸は十日に帰京し、十六日に羽田を出発して米国を訪れ、首都ワシントンでアイゼンハワー大統領と会談した。

七月一日に帰国するや、岸は再び奈良屋に向かった。それとともに、「政局の焦点、箱根へ岸首相　内閣改造の構想ねる」（『朝日新聞』一九五七年七月二日）、「首相きょうから箱根で静養内閣改造の構想練る」（『日本経済新聞』同）、「〝改造〟11日中に完了へ　首相、箱根で構想を練る」（『読売新聞』同年七月三日）など、「箱根」「首相」「（内閣）改造」という文字の入った見出しが、どの新聞にも大きく掲げられた。岸内閣の閣僚は石橋内閣からそのまま受け継がれたため、懸案の内閣改造に乗り出したのだ。

奈良屋には有力政治家が連日のように詰めかけた。まず七月五日の午前に副総理の石井光次郎が、午後には官房長官の石田博英が訪れた。この日の午前に閣議が開かれたが、岸は欠席した（同、同年七月六日）。訪米や内閣改造の直前に箱根にこもり、閣議を欠席するスタイルもまた吉田を受け継いでいた。

六日午前にまた石田博英が、午後に党幹事長の三木武夫と党政調会長の塚田《つかだ》十一郎《じゅういちろう》が訪れたほか、午前にはオーストラリア代表のマッキューイン貿易相との間に日豪通商協定の調印が行われた。「この種〔の〕協定は、外務省での調印が普通で、箱根調印などというのは、これがはじめて。それというのも、岸氏が箱根にいたためだ」(同)。午後には本館ロビーに待機する内閣記者団に「人事は余計な人が集まって会議するものではない。だから異論はあっても私自身の腹で決める。言ってみれば思い切ってやるということだ。党内の有能な人を挙げて有力にやっていきたい」などと語った(同夕刊)。

翌七日には、党総務会長の砂田重政《すなだしげまさ》、党幹事長の三木武夫と、三木の次の幹事長になる川島《かわしま》正次郎《しょうじろう》が訪れている。

七日の岸、砂田、川島会談では「首相の泊っている奈良屋別館は大正の初め、大隈内閣が組閣に使った」という話が出て、「あの組閣は順調だったから、今度の組閣もスラスラとゆくだろう」と三人ともいいキゲンだった。

(『朝日新聞』一九五七年七月八日)

実際には前述のように、大隈重信が泊まっていたのは関東大震災で全壊した西洋館だったから、別館ではなかった。しかし同じ奈良屋で泊まって組閣を練ったという意識そのものは間違っていなかった。

七月九日は最もあわただしい一日となった。各新聞は一面トップで奈良屋での動きを詳しく伝えた。

大詰にきた内閣改造は、九日昼、箱根で開かれた岸、砂田〔重政〕、河野〔一郎〕、佐藤〔栄作〕の四者会談で改造内閣の骨組がきまり〝岸人事〟はようやく軌道に乗ってきた。同夜七時から首相は引続き宿舎で三木〔武夫〕幹事長、砂田総務会長、川島正次郎氏と約五時間近くにわたり会談し、各閣僚について具体的な人選を行った。この結果改造の焦点になっていた池田蔵相の処遇については十日朝首相から池田氏に対し防衛庁長官への横すべりを要請することとし、政調会長には佐藤栄作氏をあてる方針で進むこととした。

（同、同年七月十日）

九日の夜遅くまで奈良屋で張り込んだ記者はこう記している。

雨と霧に煙った箱根宮ノ下の奈良屋旅館は、政界を吹きまくる台風の眼、四者会談が別館一号室で開かれ、副低気圧の池田さんの処遇とやらをめぐって五時間も調整に苦労したという。往来する要人たちは岸さん自身の内閣づくりに骨身を削り、本館のロビーで観測している記者団は「見とおし」に命をちぢめた。だが窓の灯に庭の灯ろうもぽっと明るく浮んで、どうやら新閣僚もほぼここで決まったようだ。

（『読売新聞』同年七月十日）

岸は十日に帰京し、内閣改造が発表された。外相、蔵相、農相、通産相、建設相など主要ポストはすべて交代し、党三役も砂田総務会長以外は交代した。池田勇人の後任の蔵相は、日銀総裁や蔵相を歴任した一万田尚登が抜擢された。「副低気圧」と呼ばれ、防衛庁長官への横すべりを打診された池田は蔵相のポストに固執して他のポストへの転任を拒絶し、閣外に出て党内野党に転じた。

奈良屋の別館が気に入ったのか、岸は七月十三日から再び宮ノ下の奈良屋に向かった。これ以降、九月十六日までほぼ毎週、東京と宮ノ下の間を往復する生活を続けている。八月には元首相の吉田茂が箱根小涌谷に、昭和天皇が那須に、前首相の鳩山一郎が軽井沢に、現首相の岸信介が箱根宮ノ下にいるという状況が生まれたわけだ。

この状況は、翌五八年八月にも繰り返された。宮ノ下と小涌谷は箱根登山鉄道で一駅、自動車で国道1号を経由すれば、宮ノ下の奈良屋から吉田が滞在する小涌谷の三井別邸までは数分で行けた。しかし岸が三井別邸を訪れることはなかった。

小涌谷にいた吉田は五七年九月十三日、小泉信三に宛てて「当地も昨今少々寒むく此分ニてハ予定よりも早く下山致度《いたしたく》と存居候」と記した書翰を送っている（前掲『吉田茂書翰』）。寒がりの吉田にとっては、小涌谷にいられるのはせいぜい九月までだった。一方、岸は十月以降も宮ノ下に通うことをやめなかった。

(2) ネール印首相を「富士屋ホテル」で歓待する

前節で日豪通商協定の調印が奈良屋で行われたことに触れたが、岸は首脳外交も箱根で展開している。

五七年十月四日には、インドのネール首相が娘のインディラ・ガンジー夫人らとともに国賓として来日した。岸が五月にインドを訪れた際、ネールが日本を訪れたいという意思を示したことを受け、来日が実現したのである。

岸は五日午前、首相官邸でネールと会談してから、午後に関係者とともに宮ノ下の富士屋ホテルに向かった。会談の続きを非公式に行うには、東京よりも宮ノ下のほうがよいと判断したからだった。当初は自動車を使う予定だったのが、ネール自身が「日本の国鉄に乗って見たい」と希望したため、東京から小田原まで東海道本線の準急「いこい」に乗った。「国鉄はこの準急に展望車をつけ、ネール首相と令嬢に一等パスを贈った」(『朝日新聞』一九五七年十月五日夕刊)。

一行は小田原で自動車に乗り換え、神奈川県立工業指導所を見学してから国道1号を経由し、富士屋ホテルに向かった。

午後七時からはホテルで岸首相主催の夕食会が開かれたが、此の夕食会には日本側から岸首相、藤山《ふじやま》〔愛一郎《あいいちろう》〕外相、吉沢《よしざわ》〔清次郎《せいじろう》〕駐印大使、松本〔瀧蔵〕外務政務次官各夫妻、印度側からはネール首相、インジーラ・ガンジー夫人、ジャー駐日印度大使（Chandra Shekar Jha）夫妻他印度外務省首席次官、首相首席秘書等の随員が出席した。此の夕食会の席上では各夫人も出席してゐたので、一般的な問題について寛《くつろ》いだ歓談が交はされた丈《だけ》であつたが、夕食会終了後約一時間に渉《わた》り、岸首相、藤山外相、ネール首相等の間で非公式会談が行はれた。

（前掲『富士屋ホテル八十年史』）

岸は後年、富士屋ホテルでのネールとの会談をこう振り返っている。

私は到着した翌日、ネールを箱根に案内し、一晩語り明かした。公式の場と違って、お互いにかみしもをぬいだ話し合いは、実に有益であり貴重であった。〔中略〕自己の哲学や人生観、更には思い出話にまで話題が広がるうちに、お互いの人間を理解し合うようになる。共鳴する部分が生じてくる。そこまでくると自国と異なる立場や政策であっても、それなりに認めることができるようになるのである。

（『岸信介回顧録　保守合同と安保改定』、廣済堂出版、一九八三年）

首相官邸とは全く異なる富士屋ホテルの空間は、「お互いにかみしもをぬいだ話し合い」を可能にした。政治家という公人としてではなく、一人の人間としてネールと向き合えたと言うのである。岸は、六月に富士屋ホテルに宿泊した時点で、国賓を招く際にはここで非公式に会談するという着想を得たのかもしれない。

芦ノ湖畔に建つ龍宮殿本館

翌六日、ネールと岸は、元衆院議長で自民党衆院議員だった堤康次郎の案内で芦ノ湖を訪れた。三人は七月に芦ノ湖畔に開業したばかりの箱根プリンスホテル和風別館・龍宮殿《りゅうぐうでん》（現・芦ノ湖畔蛸川《たこがわ》温泉龍宮殿）で昼食をとった。龍宮殿は同じ芦ノ湖畔でも箱根町にあった箱根ホテルとは異なり、伊豆箱根鉄道が開発した箱根園にあった。

龍宮殿の前身は、一九三八（昭和十三）年に静岡県の浜名湖畔に開業した「浜名湖ホテル」で、五七年に芦ノ湖畔に移築された。宇治の平等院鳳凰堂をモデルとするこの建築物は現存するが、いまでは「絶景日帰り温泉　龍宮殿本館」になっている。

康次郎の次男で、当時は西武百貨店店長だった堤清二《つつみせいじ》は、辻井喬《つじいたかし》のペンネームで記した『父の肖像』（新潮社、二〇〇四年）のなかで、龍宮殿でのネールと康次郎のやりとりについてこう記している。


あわただしい日程の合間だったが三人で一緒に昼食を取り、その時ネールは熱っぽくインドにおける教育の普及と衛生状態の改善を説明していた。

その話は次郎に後藤新平の説を思い出させた。医者だった彼は台湾の民政局長として辣腕を振い、満鉄の初代総裁としても功績をあげた男だった。ネールは大衆性という点では大隈重信に近く、国家の経営という点では後藤新平に通じるところがあるように次郎は思った。こうした認識に力を得て、この日次郎はネールに、若い頃、この箱根一帯を大衆のための一大保養地として開発しようとした経緯を説明した。熱心に聴いていたネールは、

「あなたは土地の詩人だ」

と次郎を評し、彼はその言葉が嬉しかった。（同）

文中の「次郎」は堤康次郎を指している。『父の肖像』は小説の体裁をとっているが、康次郎から直接聞いた話や、清二自身が早大に寄贈した「堤康次郎関係文書」をもとに書かれている。このやりとりも実話だった可能性が高い。

堤康次郎がネールに話した「箱根一帯を大衆のための一大保養地として開発しようとした経

緯」というのは、堤が一九二〇（大正九）年に創業した箱根土地株式会社による別荘地の分譲を中心とした観光開発を指している。二二年には伊豆箱根鉄道の遊覧船の前身に当たる「箱根遊船」を箱根土地が買収し、二三年には伊豆箱根鉄道の前身に当たる駿豆鉄道が箱根土地の経営傘下に入った。龍宮殿があった箱根園地区は、大正期から始まった堤康次郎の箱根開発の原点というべき場所だったのだ。

昼食のあと、三人は芦ノ湖を伊豆箱根鉄道の遊覧船に乗って周遊した（「国賓ネール首相訪日箱根・芦の湖周遊記念写真帖」、早稲田大学歴史館所蔵「堤康次郎関係文書」所収）。プリンスホテルも伊豆箱根鉄道も、堤が戦後に総帥として君臨した西武グループに属していた。あいにくの秋雨で富士山は見えなかったが、一行は下船してから十国峠を経由して熱海に抜け、熱海から東海道本線で帰京した。

堤康次郎がわざわざ芦ノ湖まで出向いてネールと岸を迎えた背景には、「箱根山戦争」と呼ばれた箱根の交通網をめぐる覇権争いがあった。

堤が目の敵にしたのは、東急グループの総帥、五島慶太《ごとうけいた》だった。五島は戦中期に小田急や京王などを合併して「大東急」を設立したが、戦後に小田急が独立してもなお影響力を保っていた。この小田急の傘下に小田原―強羅間の鉄道や強羅―早雲山間のケーブルカーなどを営業していた箱根登山鉄道が入って芦ノ湖を遊覧する「箱根観光船」を設立したため、芦ノ湖には西武系と東急・小田急系の二社の船が運航するようになった。堤は船腹に「IZU HAKON

ＥＬＩＮＥ」と記された遊覧船「十国丸」にネールを乗せることで、箱根における西武系の優位をアピールしようとしたのだ。

佐藤栄作は五六年八月十八日の日記に、「九時すぎ堤君来宅して箱根問題を一くさり論じて帰る。五島と云い堤と云い余りい丶けんかでもない」と記した（前掲『佐藤榮作日記』第一巻）。五島をこき下ろした堤に対して、佐藤はあまりいい印象をもたなかったようだ。遊覧船にネールと乗った岸は、堤の振る舞いをどう見ていただろうか。

（3）佐藤栄作が岸・池田会談を画策する

岸は一九五七（昭和三十二）年十一月十八日から十二月八日まで再び外遊し、ベトナム、カンボジア、インドネシア、オーストラリア、ニュージーランド、フィリピンなど九カ国を訪れた。帰国後の十二月十二日に奈良屋旅館に向かったのは、副総理の石井光次郎、議運委員長の保利茂、佐藤栄作、池田勇人とゴルフをするためだった。

ゴルフをするだけなら、奈良屋にこだわる必要はなかったはずだ。にもかかわらず、なぜ岸は十二月になってもなお奈良屋にこだわったのか。

なんといつても十二月の箱根は紅葉も終り、寒さはいちだんときびしいものがあつた。三週間にわたる東南アジア旅行で暑さになれた体を休めるには、静養の場所としてはあまり格好の地ではない。その快適でない場所を選んだそもそもの理由は、首相がはじめのぞんでいた伊東の川奈ホテルが、先日焼けてしまつたことと、もう一つは、首相がきまつて用いる離室の一号別館を、平常も他の客を泊めないで用意している奈良屋旅館主人の心意気に報いる気持もあつたようだ。

（「岸首相は何を知ったか〝箱根構想〟の出なかった事情」、『時事通信』第三六四七号、一九五七年所収）

ゴルフ場が併設された川奈ホテルは、十二月四日に火災があったばかりで使えなくなっていた。加えて奈良屋の1号別館は、事実上岸の別邸になっていた。だからいくら寒くなろうが、使わないわけにはいかなかったのだ。

しかしゴルフ自体が目的ではなかった。真の目的は、先の内閣改造で党内野党に転じた池田勇人との会談にあった。

首相の心の片隅にひつかかつていた問題は、この二十日から開かれる通常国会をのり切るための党内融和工作をどうするかということであつた。この首相の気持をもつともよく知つている実弟の佐藤栄作氏は、反主流派の頭目である池田勇人氏をまず抱き込むことが先決であると判断した。そこで佐藤氏は松村謙三、三木〔武夫〕政調会長らの了解をとりつけたうえで、池田氏をゴルフにかこつけて箱根の山にさそい、岸・池田会談を実現すべく、みずからも十二日夜奈良屋旅館にかけつけた。（同）

実際には岸、池田、佐藤に石井、保利を加えた五者によるゴルフが予定されたわけだが、翌朝の天気が悪かった。ここから先は岸自身に語ってもらおう。

仕方がないので朝食だけでも一緒に食べようということになったが、池田氏だけは出席しなかった。〝ゴルフだというので箱根に来たが、朝めしだけなら意味がない〟というのである。

実はこの企画は佐藤の演出であった。吉田内閣退陣以来のいきさつからいって、保守合同実現後も党内における私の立場が党人派に傾斜していることは否めなかった。佐藤としては挙党体制を一層整えるためには私と、旧吉田派の領袖にして官僚派の頭目である池田氏との意思の疎通を図る必要があると考えたのである。しかし池田氏のこだわり方は予想以上で、折角の企画は文字通り水と流れてしまった。岸・池田会談はスレ違いに終わった。しかもこの顔ぶれで集まろうとしたことは、河野〔一郎〕氏ら党人派の不満をつのらせる結果となった。（前掲『岸信介回顧録』）

当時の自民党には、吉田の自由党の流れをくむ「官僚派」と、鳩山の日本民主党の流れをくむ「党人派」の対立が、なおもくすぶっていた。その対立を解消して挙党体制を確立させるべく、先の内閣改造で党三役に就かなかった佐藤栄作が奈良屋での岸・池田会談を考えたのだが、池田の反発から計画倒れに終わった。それどころか、両派の対立をますますあおる結果になってしまった。

岸が回想した通り、河野一郎の反応は激しかったようだ。「十四日朝はみずから箱根の首相に電話をかけ『いつたい首相の意図はどこにあつたのか』となじるような調子でくつてかかつている。岸首相はこれに対しもつぱら陳弁これつとめ、『いや、あれは本当に朝飯を食べたあとゴルフをしようという軽い気持だつたのだ』としきりに汗をかいていたもようである。つまり計画はご破算になつた結果、池田氏らは相変らず反主流派として遠のいたままであるばかりでなく、岸・河野両氏の間にちよつとぬぐいきれないヒビが入つたということになる」（前掲「岸首相は何を知ったか」）。

佐藤や保利らが去ったあと、入れ替わるようにして総務会長の砂田重政が奈良屋を訪れた。岸は十二月十三日と十四日に砂田と衆議院解散の時期について話し合った。岸自身は政権の基盤を固めるための一月解散を考えていたが、河野一郎や大野伴睦ら党人派は一月解散に反対し、解散は五八年度の予算案を成立させてからするべきだと考えていた。会談のあと、砂田は「岸首相は解散は明年度予算成立後考慮すると言明した」として一月解散説を否定した（同）。河野らに配慮する形になったわけだ。

岸は十五日に帰京し、二十日に第二八回通常国会が召集されたが、その直後に全く予期せぬ出来事が起こった。砂田が二十七日に心臓麻痺を起こして急逝したのだ。この結果、佐藤栄作が後任の総務会長となった。

五八年三月三十一日、五八年度予算案が可決、成立した。四月十八日に岸と日本社会党委員長の鈴木茂三郎《すずきもさぶろう》が話し合い、二十五日に衆議院は解散された。いわゆる「話し合い解散」である。解散後の総選挙は、与党の自由民主党と野党第一党の日本社会党からなる五五年体制が確立されてから初めての総選挙となった。

五月二十二日に投票が行われ、自民党は二八七議席、社会党は一六六議席を得た。自民党は三議席減らしたものの、絶対過半数を維持したことになる。岸は「党内における私の基盤も飛躍的に強化された。これからは自信をもって人事、政策を遂行できるようになった」（前掲『岸信介回顧録』）と回想している。

(4) 熱海で大芝居を打ち、大野伴睦を引き留める

一九五八（昭和三十三）年六月一日、東京の明治記念館で作家の三島由紀夫《みしまゆきお》が杉山瑤子《すぎやまようこ》と結

婚式を挙げた。二人はさっそく新婚旅行に出かけた。東京から小田原までは東海道本線の普通電車に乗り、小田原で自動車に乗り換えて宮ノ下の富士屋ホテルに向かったのだ。三島が予約したのは、花御殿の「菊」だった。

予約した菊の間は一種のシュイット・ルームだが、居間とのあいだを御殿風の檜の四枚戸がさえぎり、一隅には灯籠型のスタンド・ランプがあり、すべての様子が、ひるま式をあげた明治記念館のつづきのような気にさせる。

（三島由紀夫『戦後日記』、中公文庫、二〇一九年）

「菊」は花御殿で最も内装の豪華な部屋であり、鳩山一郎がお気に入りだった二階角の「バラ」のちょうど上に当たる四階角にあった（前掲『神奈川県近代洋風建築調査報告書』）。三日は自動車で芦ノ湖まで行き、鳩山がしばしば使った箱根ホテルの庭からモーターボートに乗って湖を一巡した。ちなみに鳩山由紀夫という名前は、由紀夫の父の威一郎（一郎の長男）が三島の名前からとったとされている。

六月四日の午後一時半には、岸が渋谷区南平台《なんぺいだい》の本邸を出て、自動車で奈良屋に向かった。先の内閣改造のときと同様、第二次岸内閣の組閣構想を練るためだった（『毎日新聞』一九五八年六月五日）。

三島夫妻は四日の午後二時に富士屋ホテルを自動車で発ち、熱海に向かった。岸の車が奈良屋に着いたのは三時四十五分だったから（同）、もう三島の車は富士屋を出てしまっていた。三島の父、平岡梓《ひらおかあずさ》は、第一高等学校でも東京帝国大学法学部でも岸と同級生で、一九二〇（大正九）年には岸とともに農商務省に入省した。しかし息子の三島と岸が相まみえることはなかった。

熱海に着いた三島夫妻は、起雲閣の離れ「孔雀《くじゃく》の間」に泊まった。かつての内田信也別邸である。四六年に東京から熱海に移住した鳩山一郎が、入浴のためしばしばここに通ったことは前章で触れた。

六月五日には熱海から東海道本線の下り特急「はと」の展望車に乗り、次の目的地の京都へと向かった。三島は車内で、「きのう箱根で、組閣中の総理に会って懇談したんだが……」などと話している客の声を耳にした（前掲『戦後日記』）。声の主は、奈良屋で岸と面会した政治家か記者だったに違いない。このとき初めて、三島は宮ノ下で岸とニアミスしたことを知ったのではなかろうか。

三島が記した通り、岸は奈良屋で内閣改造の構想を練った。だが先の内閣改造のように奈良屋で数日間こもることはなく、六日朝にはもう帰京した。この改造で岸は佐藤栄作を蔵相に抜擢したほか、先の改造で閣外に去った池田勇人を無任所国務大臣にした。批判を顧みず実弟を蔵相にしたところに、総選挙で大勝した岸の自信があらわれていた。池田を閣内に復帰させたのは、党内融和を図るねらいがあった。

七月十二日から十三日にかけて、芦ノ湖畔の箱根ホテルで各国の大使や外務省の幹部による会議が開かれた。十三日の午後からは、前日に奈良屋に入った岸も加わり、仙石原の箱根カントリー倶楽部でゴルフの試合が行われた。岸と組んだ駐米大使の朝海浩一郎は、同日の日記にこう記している。

> ゴルフ後、奈良屋ホテル〔旅館〕の別館で温泉にひたり、気分を味〔わ〕ってから岸総理招待の日本食の浴衣でうちくつろいでの宴会。大臣、次官の外、渋沢大使を除く五人が出席、歓談した。夜は箱根ホテルに泊る。
>
> （前掲『朝海浩一郎日記』）

岸が滞在していた奈良屋別館の温泉で、朝海は連日の会議とゴルフの疲れを癒やした。宴会は岸の事実上の別邸だった1号別館で開かれたのだろう。首相、外相、外務事務次官、そして駐米大使など五人の大使が奈良屋に集ったのである。

ホテルとは異なり、靴を脱いで上がる和風旅館の空間は、「うちくつろいでの宴会」を開くには都合がよかったはずだ。和辻哲郎が日本の「家」について、「『家』の中にあっては人々はおのれを護って他に対するという必要を感じない。それは言いかえればおのれと他との間に『へだて』がないことである」（『風土』、岩波文庫、一九七九年）と指摘した通りである。外国暮らしが長かった朝海ならば、和辻の指摘に膝を打っただろう。安保改定に関する話題も出たに違いない。

岸は五五年八月に重光葵とともに訪米したときから安保改定を構想していたが、その前にやるべきこととして警察官職務執行法（警職法）の改正を考えていた。四八年に制定された同法はGHQのもとで警察の弱体化政策が強行された占領期のもので、「個人の法益の保護だけが極端に主張され、警察の権限は極力縮小することが必要と考えられていた時代」（前掲『岸信介回顧録』）の産物と見なしていたからだ。

九月二十九日に臨時国会が召集されると、この改正案をめぐって与野党が激突した。社会党は憲法違反だとして法案に反対する姿勢を崩さなかった。会期内成立が困難と見た自民党が会期延長を強行すると、社会党はそれを無効と宣言するよう求めながら登院拒否を続けた。反対運動は世論の支持を集め、党内でも池田勇人や経済企画庁長官だった三木武夫ら反主流派を中心に慎重論が高まった。

結局、警職法改正案は審議未了、廃案となった。岸が言うように、「安保改定という大目的の前には、涙を飲まざるを得なかった」（同）のである。

しかし国民の関心は、政局とは別のところにあった。十一月二十七日、岸自身も出席した皇室会議で正田美智子が皇太子妃となることが決まると、祝賀ムードは一気に高まり、「ミッチーブーム」と呼ばれる現象が起こった。

対照的に政局は混迷の度を深めてゆく。十二月二十七日には、池田勇人、三木武夫、文部大臣の灘尾弘吉《なだおひろきち》の三閣僚が辞表を提出した。翌年に予定された自民党総裁選を控えての、反主流派による岸政権への揺さぶりであった。

ちょうどこのころ、熱海市若林に建設していた岸の別邸が完成した（98ページ図9参照）。自由民主党の衆院議員として岸の首相擁立に尽力しながら、刑事事件を起こして五八年五月の総選挙で落選した実業之世界《じつぎょうのせかい》社会長、帝都日日新聞社社長の野依秀市《のよりひでいち》が、完成間もない別邸を訪れている。

入口に自動車の車庫がある。玄関のベルを押したら、書生が出て来た。〔中略〕玄関の右側の書生部屋は六畳、左の八畳が洋式の応接間で椅子などまずまずという品。吊してあった松林桂月先生の名画は貰ったものにちがいないが、小型であるけれどもいいものであった。
応接間の入口からまっすぐ行った突き当りが十畳の寝室、その手前の左側に便所がある。右側に四畳ぐらいな台所がある。台所と書生部屋の間は空地である。
便所の次が八畳の部屋、その次が十畳、総建坪が八十二坪でしかない。〔中略〕敷地の全体は、千坪ぐらいあるという話。それも玄関と座敷に向いた平面の土地は三百坪くらいのものと推定された。あとは、平面の庭から下がった傾斜になっているところだ。

（野依秀市「問題の岸別荘その他《熱海行》」、『実業の世界』第五六巻第三号、一九五九年所収。読点を補った）

この記事は、『朝日新聞』五九年一月二十五日付の「天声人語」が岸の別邸を「豪華な別荘」と批判したことに対する反論として書かれた。そのせいか、「総建坪が八十二坪でしかない」ことや、「敷地の全体は、千坪ぐらいある」としても「平面の土地は三百坪くらい」しかなく、あとは「傾斜になっている」ことを強調している。しかし『読売新聞』同年一月四日でも、「わざわざ国道から別荘に至る約二百メートルの舗装道路まで付けられている豪勢さ」が指摘されていた。

野依が落選してからも、岸との関係は保たれていたことがわかろう。野依が会長や社長として関わった『実業之世界』と『帝国日日新聞』は、後の六〇年安保闘争でも岸内閣支持を貫くことになる（佐藤卓己《たくみ》『負け組のメディア史　天下無敵　野依秀市伝』、岩波現代文庫、二〇二一年）。

なお現在、岸の別邸はなく、跡地にはニトリホールディングスの保養所「ニトリ銀山」が建っている。ニトリ銀山は本邸と別邸からなるが、どちらも門が固く閉じられており、中の様子をうかがうことはできない。

岸が初めて熱海の別邸を使ったのは、五九年一月二日。年始参りの伊勢神宮からの帰途、名古屋から東海道本線の上り列車に乗り、熱海で降りたときだった。翌三日は朝から終日ゴルフに出かけた（『読売新聞』同年一月四日）。四日には党幹事長の川島正次郎が、五日には党総務会長の河野一郎が別邸を訪れた。

五日朝、岸は熱海に近い伊東の別荘にいたもう一人の領袖に電話し、熱海に来るよう促した。その領袖とは、党副総裁の大野伴睦だった。大野はこう回想する。

熱海・ニトリ銀山。岸信介別邸があったところ

岸君は熱海の別荘にいた。その別荘開きをするから来てくれというのだ。行ってみると河野一郎君もいた。

その席上、岸君は、

「どうか岸内閣を助けていただきたい。私は太く短く生きるつもりです。いつまでも政権に恋々としていようとは思わない。しかし今退陣したのでは、岸内閣は何ひとつしなかったといわれ、世間から笑われます。私は岸政権の歴史に残るただひとつの仕事として安保条約の改定をしたい。安保改定さえ終れば、私は直ちに退陣します。後継者としては、大野さん、あなたが一番良いと思う。私はあなたを必ず後継総理に推すつもりです……」

と、切々とした言葉で頼むのであった。

（前掲『大野伴睦回想録』）

三人が会ったのは、野依の言う八畳の「洋式の応接間」だったのだろう。それにしても、なぜ岸はこんな芝居を打ったのか。

前年の暮、三閣僚辞任の直後ごろだったと思う。河野氏が佐藤のところに来て、「どうも大野の動きがおかしい。池田と松村〔謙三〕が画策して大野を引き込もうとしている。しかし大野はどうしてもこちらに引き止めておかなければならないから、総理から大野に『あとは君に譲る』とひとこと言ってもらえば具合いがいいのだが」と言ってきた。私は佐藤からこの話を聞いて「そんなことはできないよ」と答えたら「先のことはどうでもいいのだ、とにかくここは、ひとことそう言ってくれればいい、と河野は言っている」と言うので、「それでは会うと伝えてくれ」と返事をした。

（前掲『岸信介回顧録』）

大野は主流派だったが、実際に「副総裁の地位を辞任して身を引こうとひそかに決意」していた（前掲『大野伴睦回想録』）。そうなったら、二十四日に予定された総裁選での岸の当選は危うくなり、岸政権そのものが瓦解する。河野一郎と佐藤栄作は未然に危機を察知し、岸に熱海で一芝居打つよう強く求めたのである。

芝居はねらい通り当たり、大野は党内収拾に乗り出した。「川島幹事長、河野総務会長の二人を退陣させて、福田《ふくだ》〔赳夫《たけお》〕幹事長、益谷《ますたに》〔秀次《しゅうじ》〕総務会長、中村《なかむら》〔梅吉《うめきち》〕政調会長の新執行部を作り、三閣僚を補充入閣〔中略〕させることで、当面の破局を回避させた」（同）。二十四日の総裁選では、反主流派が擁立した松村謙三を破り、岸は総裁に再選された。所期の目的が達成されたわけだ。

しかし問題はこれで解決したわけではなかった。岸の別邸は、インドネシアの戦後賠償問題で便宜を受けたとされる政商、岸本吉左衛門から贈られたのではないかという疑惑が浮上したからだ（前掲『巨魁』）。

別邸の土地を所有していた不動産会社（岸本不動産）は、航空自衛隊が次期戦闘機に選定した米国の航空機メーカー、グラマン社製の戦闘機の購入に絡む商社、伊藤忠商事と深い関係にあった。防衛庁としては同じ米国の航空機メーカー、ロッキード社から購入すべきとする意見が大勢であったのに、急転直下グラマン社に内定したことから、巨額の金が動いたのではないかとささやかれた。岸の別邸は、「グラマン別荘」と陰口をたたかれた。

吉田さんの大磯邸は豪華なものだし、鳩山さんも軽井沢に古くから別荘をもっている。岸さんはこんどが初めての別荘持ちだ。

首相には夏冬の別荘を公邸として国費で建ててあげたいくらいだ。首相がそこで週末を静かに清らかに大きな構想をねるなら、国民はケチなことはいわない。が、岸さんの熱海別荘の場合、グラマン機輸入商社、伊藤忠の一族といっしょくたの土地だけに、世間の口の端にものぼる。

（『朝日新聞』一九五九年二月十五日）

これもまた「天声人語」の一節だ。野依の批判にもかかわらず、一月二十五日に続いて岸の別邸を取り上げたことになる。当時の『朝日新聞』朝刊には長谷川町子《はせがわまちこ》原作の「サザエさん」が連載されていたが、二月二十三日にはこのネタをもとに、「貫一お宮」を歌う浪曲師が、「熱海の海岸散歩する」と歌うべきところを「熱海の別荘散歩する」と歌ってしまい、聞いていた岸自身が「ごきげんをそんじて」帰ってしまう漫画が掲載された。岸＝金権政治家というイメージが広がりつつあった。

岸の熱海別邸は、財界でも問題とされた。二月七日には、経団連副会長の植村甲午郎《うえむらこうごろう》が南平台の岸の本邸で会談し、この問題に言及した。

植村氏は熱海に新築した首相の別荘が汚職につながると世間からとやかくいわれるのは首相の立場からいってまずいことであり、もし静養する場所が必要なら既設の別荘を一時借りるなどの方法を講じるべきだったと述べた。これに対し岸首相は「まずいやり方だった」との意向を述べたといわれる。

（『日本経済新聞』一九五九年二月七日夕刊）

岸自身が「まずいやり方だった」と認めたことの意味は大きかった。日本社会党が追及を強めたのは言うまでもない。三月五日の衆院予算委員会では、「〔別荘に関する〕財産目録の提出を要求する」という社会党の矢嶋《やじま》三義《みよし》の要求に応じ、財産目録を提出している（『読売新聞』一九五九年三月六日）。

この結果、汚職の疑惑自体は否定されたとはいえ、熱海の別邸に通いづらくなったことは確かだった。岸はこれまで通り、週末を宮ノ下の奈良屋で過ごす習慣を続ける一方、熱海の別邸にはごくたまにしか行かなくなった。

⑸ 吉田、岸、堤が箱根で後継の総理を決める

一九五九（昭和三十四）年四月十日には、前年十一月に婚約した皇太子明仁と正田美智子が正式に結婚した。

この二人は昭和天皇と香淳皇后がしばしば夏に滞在した那須御用邸よりも、テニスの試合で出会った軽井沢のほうを好み、皇室専用の千ヶ滝《せんがたき》プリンスホテル（現在は閉業）に滞在することが多くなる。同ホテルは鳩山一郎や近衛文麿の別邸があった旧軽井沢地区とは異なり、軽井沢駅の一駅先に当たる中軽井沢駅の北側に位置する千ヶ滝地区にあった。

皇太子夫妻は六〇年代から七〇年代にかけて全国各地を回りつつ、宿泊する温泉旅館や温泉ホテルを政治空間として積極的に活用することになる。その政治空間がいかなるものだったかについては、終章で改めて触れることにしたい。

六月六日、外相の藤山愛一郎と、一日に帰国した駐米大使の朝海浩一郎が、別々に自動車で箱根宮ノ下の富士屋ホテルに向かった。朝海の日記から引こう。

途中廿分程大磯に立寄り吉田〔茂〕前総理に敬意を表した。箱根は雨。フジヤ・ホテルに投宿。藤山外相始め幹部の連中と食堂で会食。「山吹の間」に泊る。

（前掲『朝海浩一郎日記』）

六月六日だと、吉田はまだ小涌谷には行っていなかったので大磯に立ち寄ったのだろう。「山吹」は花御殿のデラックス・ツインルームだった。藤山をはじめとする外務省幹部も箱根の富士屋ホテルで宿泊した様子が伝わってくる。

翌七日の午前六時半、岸が東京・南平台の本邸から自動車で宮ノ下に向かった（『毎日新聞』一九五九年六月七日夕刊）。再び内閣改造の構想を練るためだったが、この日の午前には藤山や朝海らがホテルで会議を開いている。会議が終わるや、宮ノ下に着いた岸と合流し、またゴルフに出かけた。

十一時半ホテルを引揃《ひきはら》い大箱根カントリークラブで首相、外相、山田《やまだ》〔久就《ひさなり》〕君の四人とゴルフ。大変は〔な〕霧でドライヴを打っても丸が見へず余りエンジョイできなかった。夕方卓を囲み総理を中心としてスキヤキに舌鼓をうつ。
（前掲『朝海浩一郎日記』）

山田久就は外務事務次官だった。前年の七月に続いて、首相、外相、外務事務次官、駐米大使が奈良屋に集ったのだ。すき焼きは奈良屋の1号別館で食べたのだろう。前回と同様の光景が目に浮かぶようだ。

内閣改造をめぐる話題が出たのかどうかについて、朝海は日記に何も記していない。岸自身はこう回想する。

今度の内閣改造、党役員人事に臨むに当たり、私が主眼としたところは、いかにして改定安保条約の批准を円滑に実現するかであった。そのためには党内の結束が絶対の条件であった。社会党とはどんなに話し合っても了解を得ることは不可能であった。安保改定は自民党だけで行わなければならなかったのである。
（前掲『岸信介回顧録』）

「党内の結束」を目的とする内閣改造の焦点は、先の熱海会談を仕掛けた河野一郎と閣外に去った池田勇人の処遇をどうするかであった。岸は河野を閣僚にしようとしたが、幹事長のポストを求めていた河野はこれを拒否し、岸内閣に協力しない姿勢を鮮明にした。主流派から反主流派へと立場を変えたのである。

河野が幹事長のポストに固執したのは、安保改定後に大野伴睦を後継総理に推すとした岸の別邸での誓約を実行する担保を確保しておきたいためだった。河野の姿勢に反発した岸は、この誓約を反故にすることになる。

岸の後継総理をねらっていた池田も、当初は閣内に復帰することを拒否した。岸は協力が得られなければ岸内閣は瓦解し、大野伴睦が後継総理になることをちらつかせ、「君が〃大野内閣〃でもいいというのならそうする」と述べた。この策略は当たり、池田は入閣を承諾した（前掲『岸信介回顧録』）。六月十八日の内閣改造では、池田が通産相、福田赳夫が農林相、益谷秀次が副総理となった。蔵相の佐藤栄作は留任した。

岸は七月十一日からヨーロッパ、中南米十一カ国を訪問した。帰途に立ち寄ったハワイのホノルルでは、河野一郎と十五分ばかり会談した。「河野氏から首相の留守中の党内情勢について河野氏自身の考え方を説明するとともに首相に対し、帰国後はしばらく箱根で休養し、この間に十分党内情勢を見きわめたうえで構想を練り九月に入ってから自分の思う通りにやったらよかろうと進言した」（『朝日新聞』一九五九年八月十一日）。反主流派に転じた河野がわざわざ岸に会いに行った意図ははっきりしないが、「帰国後はしばらく箱根で休養」するようにとの進言を岸は受け入れる。

しかしその前に行くべき場所があった。岸は八月十一日に帰国すると、十三日午前に上野発の急行列車に乗り、黒磯で降りて那須御用邸に向かった。首相として那須を訪れるのは初めてだった。謁見所で昭和天皇に会い、一時間あまりにわたって外遊の成果を報告した（前掲『昭和天皇実録』第十二）。この日は那須に泊まり、十四日夕方に帰京した（『読売新聞』一九五九年八月十五日）。

岸は八月十五日から宮ノ下の奈良屋に滞在し、さっそくゴルフに興じた。「吉田元首相の夏の静養を特徴づけたのは、政府や党要人の、〝箱根参り〟であり、鳩山元首相の場合は昼寝と散歩であった。今度の岸首相の静養にそれを求めるなら、いい古されたことではあるが、やはりゴルフというほかはなさそうだ。日誌を〔め〕くってみると、十五日に箱根に登って以来、十七、十八、二十、二十二、二十四日というぐあいに、ひどい雨の日か、よほどのことがない限り必ずゴルフに出かけている」（『朝日新聞』一九五九年八月二十五日夕刊）。岸の体調は温泉とゴルフによって維持されていた。

このころ小涌谷には、従来の旅館を改造したホテルができていた。四月に開業した箱根ホテル小涌園である。吉村順三《よしむらじゅんぞう》が設計した鉄筋コンクリート造八階建てのこのホテルは、まだ旧三井財閥の別荘が点在していた時代の面影が残っていた小涌谷の景観を一変させた。

宮ノ下―元箱根間の山の中に、戦前は、大富豪の別荘部落として有名であっても、温泉旅館は古い家が二軒ほどあったきりで、紅葉とツツジの名所だった閑寂な世界――夜は、人通りも少い小涌谷界隈であったが、その国道沿いのすぐ下に、真昼のような明るい照明を浴びて、プールの水が、ギラギラ光ってる。女の裸体も、果物のように光ってる。周囲には、ハデな色のビーチ・パラソルとデッキ・チェアーがならび、アロハを着た楽手が、たいへん眠くなる音楽を、フワリフワリやってると、プールの上で、赤い水着の女と、黒い水泳パンツの男が、ステップを踏んでる。

そして、その背景に、戦艦大和のような、巨大なホテルが、全館の窓に灯を盛ってる。星空に黒い箱根外輪山に、象眼細工が入ったような景観である。

（獅子文六『箱根山』、ちくま文庫、二〇一七年）

有名な獅子《しし》文六《ぶんろく》の小説『箱根山』（六一年三月から十月まで『朝日新聞』に連載）の一節である。小説で「常春苑《とこはるえん》」として描かれるこのホテルこそ、二〇二三年七月にリニューアルした箱根ホテル小涌園にほかならない。

岸が箱根の奈良屋に滞在していたとき、副総裁の大野伴睦は小涌園に、吉田茂はそこから近い三井別邸にいた。ハワイから帰った河野一郎は五九年八月十九日午前、ハワイを思わせる小涌園に大野を訪ね、岸・河野会談の結果を報告するとともに、安保改定に対してどういう姿勢で臨むかなどを話し合った（『朝日新聞』同年八月十九日夕刊）。

一方、岸は吉田に会おうとしたが、那須を訪れたあとに小涌谷を訪れた重光葵のように、直接吉田を訪ねることはしなかった。大野と河野が小涌園で会った翌日の八月二十日、岸と吉田はそれぞれ奈良屋と三井別邸を発ち、自動車で湯の花ホテル（現・箱根湯の花プリンスホテル）に向かった。

このホテルもまた前述した箱根芦ノ湖畔にある龍宮殿と同じく西武系で、国道1号の芦之湯から分かれた道を進んだところにあった。標高は約九三五メートルと、箱根の温泉地で最も高かった。温泉は駒ヶ岳東斜面の湯ノ花沢から引いていて、泉質は硫黄泉だった。ホテルに隣接して、箱根湯の花ゴルフ場が広がっていた。

ホテルの玄関では、堤康次郎が二人の到着を待っていた。ネール首相が芦ノ湖を訪れたときに続いて、堤の登場と相成ったのだ。前掲「堤康次郎関係文書」に収められた「箱根三者会談」から引用しよう。

まず吉田元首相が到着、玄関には前衆議院議長堤康次郎氏夫妻が出迎えました。
やがて岸首相も姿を見せました。
会談は和やかなふん囲気の中、日本の将来の発展と、日本、アメリカ両国の親善を深めるための話合いが真剣に行なわれたのです。

その話合いは夕闇のたちこめる頃まで続けられました。
帰路につく吉田元首相と岸首相は、会談の成果に満足の色を浮かべています。
（前掲「堤康次郎関係文書」）

この会談は夕刻五時から始まり、約三時間半にわたった（『読売新聞』同年八月二十一日）。岸は二日後の八月二十二日に奈良屋を訪れた政治評論家の木舎幾三郎を相手に、会談の中身について語った。

木舎　吉田さんと一昨日、洋行の話をされたそうですが、どうですか吉田さんは。
岸　吉田さんは、自分がまわってきたことの経験があるし、各国の事情を説明したら、興味をもってきいておられたが「日本がそういうふうに国際的地位があがることは結構なことだ」――そして先生の説によると、「君をヒイキしてるからいうわけじゃないが、国のために君以外やる人はいないからしっかりやれ」といって、激励されたよ。
木舎　つよい政治をやってくれという意味でしょうね。
岸　そういうことだ。先生も反共的な――最近の国内のいろいろな動きや、共産党とその背後に中共やソ連の働きかけがあるもんだから、これにたいして、つよく行かなければいけないという考えなんですね。

（「箱根宮の下対談　この眼でみてきた世界の情勢」、『政界往来』一九五九年十月号所収）

「箱根三者会談」と「箱根宮の下対談」の内容は一見食い違っているが、共産党やソ連や中国に対して「つよく行かなければいけない」からには「日本、アメリカ両国の親善を深める」必要があり、そのためには日米安保条約を改定する必要があるという認識で岸と吉田の認識は一致したととらえれば、矛盾はしていない。

そうだとしても、三時間半は長すぎる。湯の花ホテルでの岸、吉田、堤会談については、気になる別の証言がある。

会談は、貴賓室に吉田、岸、堤の三人が入って行われた。清原氏は貴賓室に通じる廊下手前の和室で、岸秘書官の中村長芳と共に控えていたという。二人が待機していた部屋からは、会談の内容は聞こえなかった。そして時間がだいぶ経過し、中村秘書官は時間を気にし始めた。「そろそろ終わった頃だろうし、総理をお迎えしたい」と中村秘書官が言い、清原氏と二人で貴賓室と隣接する「次の間」に入っていった。しかしまだ会談は続いており、「次の間」に会話が漏れ聞こえてきた。その生々しい会話を、清原氏は今も覚えているという。

漏れ聞こえてきた会話では、堤が岸の後継に佐藤栄作を推していたという。堤は佐藤派であり、当然、派閥の領袖であった佐藤を後継総理に推したのだろう。それに対して、吉田はこう切り返したという。

「姓は違うが、佐藤君が岸さんと兄弟なのは周知の事実。少し間をあけないと、ここは池田勇人でいこう」

押し黙るように、岸は同意したという。安保改定の過程で吉田の協力を得た岸は、もはやその意向に従わざるを得なかったのかもしれない。

（前掲『吉田茂と岸信介』）

文中の「清原氏」とは、堤康次郎の秘書、清原淳平《きよはらじゅんぺい》のことだ。「清原氏はこの会談当時二八歳」（同）とあるが、「二八歳」が満年齢だとしたらこの会談は一九六〇年三月以降に開かれたことになる。しかし新聞報道を見る限り、湯の花ホテルで岸、吉田、堤の会談が開かれたのは、この五九年八月二十日だけだ。三時間半におよぶ会談の最後になって、後継総理の話題が出たと解釈するべきではなかろうか。

前述のように、岸は熱海の別邸で大野伴睦と会談したときから、安保改定を成し遂げたあとの退陣について言及していた。後継総理に佐藤栄作を推した堤の言葉は、岸の本音でもあっただろう。だが吉田はそれを否定し、池田勇人を推したわけだ。それは安保改定で吉田の協力を得たことに対する代償だった。岸は決して「会談の成果に満足の色を浮かべて」いたわけではなかったと思われる。

(6) 安保改定をめぐり箱根で「反岸」の気勢をあげる

一九六〇(昭和三十五)年一月十六日、岸首相、藤山愛一郎外相、石井光次郎自民党総務会長らからなる日米相互協力及び安全保障条約(新安保条約)調印全権団が羽田を出発した。岸はワシントンでアイゼンハワー大統領と会談し、十九日に同条約に調印した。二十四日に帰国するが、最大の関門がこのあとに待っていた。国会による条約の承認をとりつけなければならなかったからだ。野党の日本社会党や日本共産党のほか、労働組合、新左翼、知識人、一般市民を巻き込む闘争(六〇年安保闘争)がしだいに高まっていった。

こうしたなか、三月二十五日にはドイツ連邦共和国(西独)のアデナウアー首相やブレンターノ外相らが国賓として来日した。

アデナウアー西独首相は三十日大磯の吉田元首相邸を訪問した後、吉田氏とともに箱根に行き、午後四時から同地の龍宮殿ホテルで岸首相とおちあい、約二十分間歓談した。これにはブレンターノ西独外相、ハース駐日大使、武内駐西独大使らが同席し、ア首相ら一行の日本訪問印象談などを中心に、なごやかな一ときを過ごした。

(『朝日新聞』一九六〇年三月三十一日)

龍宮殿の玄関では、再び堤康次郎が出迎えた。会談が終わると、アデナウアーの一行は箱根園から伊豆箱根鉄道の「十国丸」に乗り、芦ノ湖を遊覧した（「アデナウアー西独首相箱根来訪について」、前掲「堤康次郎関係文書」所収）。ネール首相の一行が箱根を訪れたときとそっくりな光景が再現されたわけだ。

安保改定に関して、岸は吉田の協力をとりつけていたが、池田〔勇人〕、三木〔武夫〕、松村〔謙三〕、石井〔光次郎〕、石橋〔湛山〕の自民党反主流四派の活動は盛んだった。岸が奈良屋から帰京した四月十一日には、五九年の総裁選で岸に敗れた松村謙三が、まるで入れ替わるようにして「箱根塔の沢の旅館K楼」（『読売新聞』一九六〇年四月十一日）に反主流四派の代議士三〇人を集め、「反岸」の気勢をあげた。

「K楼」とは、明治の元勲・伊藤博文がしばしば逗留した環翠楼（現・元湯環翠楼）のことだろう。塔ノ沢は宮ノ下と同様、箱根七湯の一つで国道1号沿いにあったが、宮ノ下よりも標高が低く、東京からより近かった。

こうした動きに岸は神経をとがらせていた。なんとしても国会の会期内に新安保条約の批准を終えなければならないと考えていたからだ。

いつまでもこのようなゆさぶりに付き合っているわけにはいかなかった。国会の会期は五月二十六日までであり、一月《ひとつき》の自然成立の期間を見込むと、いつまでに衆議院を通過させなければならないかは、単純な算術の問題であった。（前掲『岸信介回顧録』）

言うまでもなく予算と条約については、衆議院で議決されれば参議院で議決されなくても議案が自動的に成立した。四月二十六日までに新安保条約を衆議院で通過させることができれば、国会の会期中に成立させることは可能だった。

だが実際には、四月二十六日までに通過させることはできなかった。岸は会期を五十日間延長したうえで、自民党単独ででも衆議院本会議で可決させようとした。一方、松村や三木らは、慎重に審議を行うべきであり、強行採決は避けるべきだと考えていた（『朝日新聞』一九六〇年五月十四日夕刊）。

三木武夫の妻、睦子《むつこ》は、毎日新聞編集委員の岩見隆夫《いわみたかお》によるインタビューで、三木が岸を追いかけて奈良屋まで行ったと回想している。

三木は抗議の文書を書いて、箱根の奈良屋に行ってらした岸さんを追っかけていったんです。議会政治家でありながら議会を無視し、議論を無視したのがいけないんだ、ということをるる書きましてね。

「なぜ書くのですか」

と聞きましたら
「口で話しただけでは証拠が残らないから、証拠のためにこれを書いて持っていく」
と言ってました。
(『毎日新聞』一九九二年二月十六日)

三木睦子は、三木武夫がいつ行ったのかについては述べていない。文脈から判断すれば、三木が奈良屋を訪れたのは強行採決のあとだったように見える。

しかし、岸が首相として最後に奈良屋を訪れたのは五月八日から九日にかけてであり(『読売新聞』一九六〇年五月八日夕刊)、そのあとは辞めるまで訪れた形跡がない。睦子の回想が事実だとすれば、三木は五月八日に奈良屋に行き、岸に強行採決をやめるよう直談判したと解釈するのが妥当だろう。

三木は、安保改定自体には賛成していた。三木が批判しようとしたのは強行採決という方法に対してであって、どれほど政局が混迷の度を深めようが奈良屋に通い続けたスタイルに対してではなかった。安保改定に反対する知識人や学生も同様で、国会を無視する岸の政治姿勢を批判しても、官邸を不在にして自動車を箱根に走らせ、奈良屋の温泉に浸かるスタイルを変えないことを批判しようとはしなかった。熱海の別邸は問題になっても、奈良屋は問題にならなかったのだ。

哲学者の久野《くの》収《おさむ》は、安保闘争の指導者の一人だった社会学者の清水幾太郎《しみずいくたろう》につき、「岸信介首相のいる官邸に抗議活動を行い、逃げまわる岸を追って、しぶとく食い下がった主役の一人です」と回想する（「市民として哲学者として」、『久野収集』V、岩波書店、一九九八年所収）。清水は五一年、箱根の強羅に別荘を購入して以来、毎年夏に箱根に滞在する生活を続けていたが（「箱根の家」、『清水幾太郎著作集』15、講談社、一九九三年所収）、その清水ですら「逃げまわる岸を追って」渋谷区南平台の岸の本邸を訪れることはあっても、別荘に近い宮ノ下の奈良屋まで追いかけたことはなかったようだ。

安保反対の声が高まる六〇年五月まで岸が奈良屋に滞在できたのは、妻の良子《よしこ》の働きかけがあったからだった。女将の安藤伸子はこう回想している。

安保反対のときも朝早く奥様が帳場におみえになり暫く別館を使わせて欲しいとお〔っ〕しゃいました。門のあたりに赤尾敏さんが車を停めて太鼓を叩いたりして騒いでいましたから、

「大丈夫ですか」と伺ったんですが心配ないとおっしゃって朝六時ごろお出ましになりました。（前掲『「座観山臥聴水」館』）

補足しておくと、赤尾敏は大日本愛国党総裁として知られる民間右翼で、四月二十六日には国会前で安保反対を叫ぶデモ隊に殴り込みを仕掛け、逮捕されていた（『読売新聞』一九六〇年

四月二十七日)。奈良屋の前で「太鼓を叩いたりして騒いで」いたのは安保改定に反対する人々ではなく、岸を支持する親米派の右翼だったのだ。

五月十九日の強行採決については、以下の引用文が簡潔にまとめている。

> 五月一九日、衆議院議院運営委員会理事会は、五〇日間の「会期延長」を自民党の単独採決によって決定する。他方、安保特別委員会は、自民党委員(椎熊三郎)提出の「質疑打ち切り」動議を、続いて三案(新条約、新協定、関係法令)を怒号と混乱のうちに可決する。これら「会期延長」と三案が衆議院本会議でそのまま自民党単独で可決されたのは、五月一九日から二〇日にかけての深夜であった〔以下略〕。
>
> (原彬久『岸信介』、岩波新書、一九九五年)

この衆議院本会議では、三木や松村のほか石橋湛山、河野一郎ら反主流派が欠席ないし棄権した。新安保条約は一カ月後の六月十九日、自然成立した。六月二十三日、日米批准書交換に伴う新安保条約発効とともに、岸は辞任を表明した。

宮ノ下で岸とニアミスした三島由紀夫は、『毎日新聞』一九六〇年六月二十五日に寄稿した「一つの政治的意見」と題する岸信介論で、「私見によれば、氏は元戦犯だから悪いのではない。また、権謀術数の人だから悪いのではない。向米一辺倒だから悪いのではない。悪いのは、氏が『小さな小さなニヒリスト』だからである」と書いた。

岸信介が滞在した宮ノ下の奈良屋別館は、三島が泊まった富士屋ホテルの花御殿のすぐ近くにありながら、見える風景が全く異なっていた。とりわけ10号別館は、箱根の自然と一体になるよう設計されていた。

夏から秋にかけてしか小涌谷の三井別邸に滞在しなかった吉田とは異なり、岸は冬や春にも宮ノ下に滞在した。三島の言う「自分の政治的信条を素朴に信じることのできない」岸のニヒリズムは、一年を通して奈良屋に滞在し、移ろいゆく自然の風景に接することで形成されたのかもしれない。富士屋ホテルはいまもあるが、奈良屋は本館も別館もなくなり、往時の姿をしのぶことはできない。

湯の花ホテルで吉田が岸に話した筋書きの通り、七月十四日の自民党総裁選挙で池田勇人が総裁に選出された。同日、岸は池田新総裁祝賀会場から出てきたところを暴漢に襲われ、重傷を負った。誓約を反故にされたことを恨んだ大野伴睦の差し金だったといわれている。その翌日、岸内閣は首相が入院したまま総辞職した。

岸は七月二十六日に退院し、奈良屋で静養した。ただし八月三日には那須御用邸を訪れて昭和天皇に会っている（前掲『昭和天皇実録』第十三）。負傷した際に天皇と皇后から果物を贈られたことに対する答礼だったのだろう。八月二十七日には小涌谷の三井別邸に滞在していた吉田が奈良屋に宛てて書翰を送った。

拝啓、其後御不沙汰ニ相過候、今朝御尋致度と存候処御留守との事、書面を以て申上候、明日ハ貴台の全快祝賀と共ニ池田〔勇人〕新総理就任祝を兼午餐会相催候、何卒令夫人と御いつしよニ御出いたゞき度、此段御案内迄得貴意候《きいをえそうろう》、敬具

（前掲『吉田茂書翰』）

吉田は直接岸に会おうとして奈良屋に行こうとしたところ留守だと聞き、書面で全快祝賀会の案内状を出したと記している。

八月二十八日、箱根小涌谷の三井別邸で岸の全快祝賀会が開かれた。岸は首相在任中、一度も訪れたことがなかった三井別邸をついに訪れた。三井別邸には、吉田茂、岸信介、池田勇人、佐藤栄作らが勢ぞろいした。

ごく内輪なパーティーだったが、それでも三井別邸の木戸前には小田原署の警官が警備に立つやらパトカーがゆき来するなどちょっとした〝厳戒態勢〟だった。中では岸前首相の巣鴨時代の思い出や遭難経験談などに話がはずんだという。

（『読売新聞』一九六〇年八月二十九日）

辞職と引き換えに安保改定という目的を達成した岸が初めて小涌谷に向かったのは、早くか

ら協力の姿勢を示した吉田に対する御礼のためだったのかもしれない。元首相、前首相、現首相、そして次期首相が一堂に会した三井別邸は、まさに重光葵の言う「国家の元老」が鎮座する「奥の院」として再び浮上した。そしてその存在感は、吉田自身が推した池田が首相になることで、いっそう高まることになる。

第四章

池田勇人と箱根・仙石原温泉

(1) 箱根・仙石原で所得倍増計画の原案を練る

一九四七(昭和二十二)年二月、第一次吉田茂内閣のもとで、大蔵省主税局長だった池田勇人は大蔵次官となった。四九年一月の衆院選では、初めて民主自由党の候補として出身地の広島二区から立候補し、当選した。そして二月に成立した第三次吉田内閣で、当選一回でありながら大蔵大臣に抜擢された。

異例ともいえる池田の出世は、有力政治家の多くが公職追放処分を受けていた占領期の特殊事情によるが、運輸省出身の佐藤栄作と並んで官僚出身の池田に目をかけた吉田茂の力によるところも大きかった。

そのころから、池田は箱根の仙石原に別荘を借りて通っていた。池田の秘書官となる大平正芳《おおひらまさよし》は、こう述べている。

池田さんは、吉田内閣の蔵相時代から、いっこうに躊躇することなく、終始、週末静養を続けられた。これは一週間の緊張とそれに伴う疲労を解きほぐすためには、当然のことであると割り切っておられるようであった。池田さんが蔵相として吉田内閣に入閣したのは昭和二十四〔一九四九〕年の一月〔二月〕であった。そのころ池田さんの五高の先輩で井上重喜というお医者さんが、中野で開業されていた。その人が箱根の仙石原にちょっとした別荘をもっておられ、池田さんはその別荘をそれから数年間、おそらくは無料で、借りられておったようだ。

（「春風秋雨」、『大平正芳全著作集』2、講談社、二〇一〇年所収）

熊本の第五高等学校時代の先輩という井上重喜は、日本医科大学の教授だった人物である。大平は述べていないが、一九四九年という年は吉田が七月から十月にかけて、御殿場の樺山愛輔別邸に断続的に滞在した年でもあった。池田も吉田のスタイルにならい、仙石原に通い始めたのかもしれない。

ただし御殿場と異なり、仙石原には温泉が湧いていた。また「終始、週末静養を続けられた」ということは、寒い時期を避けた吉田と異なり、季節を問わず仙石原の井上別荘に通ったことを意味する。池田の自宅は東京の信濃町にあり、吉田と同様に自動車で国道1号を経由して通ったようである。

仙石原温泉の泉質は、カルシウム−硫化塩泉やアルカリ性単純泉が多かった。井上別荘の泉質は不明だが、「池田さんは、朝起きると朝風呂につかられるのを常とした。しかるのち庭に出てかしわ手を打って、天地神明に祈りを捧げることを忘れた日はなかった」（同）という。仙石原でもこの習慣を続けたのは想像に難くない。池田にとって温泉とは、「一週間の緊張とそれに伴う疲労を解きほぐす」とともに、世俗にまみれたわが身を清めるためのものだったのではないか。

箱根に通った吉田との違いについて、大平はさらに重要な指摘をしている。

吉田茂氏（元総理）は「わしは怠け者だから池田君のようにたくさん書類を抱えて箱根の山に上るようなことはしないのだ」とよくいわれたものだ。事実、池田さんは、外交や経済に関する資料を、この別荘に持ち込むことを忘れなかったし、持ち込むばかりでなくよくそれを読まれたのである。〔中略〕吉田さんのように、静養中は俗界と完全に絶縁するという横着さを持合せていなかったようだ。（同）

確かに後に見るように、池田は経済や外交の勉強をするためしばしば箱根に通った。この文章を読む限り、池田にとって仙石原で過ごす時間は、信濃町の本邸で過ごす時間と地続きだったように見えなくもない。だが必ずしもそうではなかったことは、大平自身が記した次の文章からもうかがえよう。

箱根の空気は清澄で、山々の色彩も濃く、晴れた日には、ちょうど御殿場に通ずる乙女峠の真上に、富士がその艶麗な上半身を見せる。周囲は深林に包まれ、西方に拡がる樹海の彼方には、芦ノ湖の幽すいな湖面が横たわっておる。そのような景観がたちまち濃密に閉ざされ、ひょうひょうたる風が遠慮なく吹きまくるかと思えば、暫くすると全く忘れたようなもとの静けさに還る。井上別荘の客間には、井上さんと別懇であった故岩村通世《いわむらみちよ》氏（元法相）の筆になる「空山不見人　但聞人語響　返景人深林　復照青苔上」という王維の詩を掲げておった。池田さんは、この詩に示されておるような深林に包まれた静寂な別荘をこよなく愛しておられた。（同）

東京から行く場合、仙石原は同じ箱根でも宮ノ下や小涌谷より遠くて標高が高く、別荘地として開発されたのも昭和になってからだった（前掲『箱根の開発と渋沢栄一』）。大平は、「当時〔池田が通い始めた頃〕の仙石原はまだ淋しいところで、別荘と名のつくものはそう多くはなかった」と回想する（前掲「春風秋雨」）。

しかし仙石原の別荘地からは、宮ノ下や小涌谷から見えない富士山や芦ノ湖が望まれた。池田が「曲りくねっておる上に石ころの多いひどい山道」（同）をものともせず仙石原に通い続けたのは、温泉に浸かり、ここにしかない四季折々の風景を愛でる時間を必要としたからだろう。

問題はこの別荘が持ち家ではなく、無料で借りていたことだった。五六年に井上重喜が死去したのを機に、池田はこの別荘を引き払う。と言っても仙石原から撤退するわけではなく、すぐ近くの別荘に移っただけだった。

井上博士は、昭和三十一年に物故されたので、いつまでも甘えて借用に及ぶわけにもいかなくなった。そこで池田さんは、そのすぐ隣りの近藤別荘に移られた（持主の近藤荒樹《こんどうあらき》氏の長男荒一郎《こういちろう》君には池田さんの長女直子さんが嫁いでおられるのは周知のことである）。池田さんは、この別荘を自分のもののように愛玩され、大小様々の木や石を運びこまれたり、付近の山々を跋渉して持ちかえった木や苔を植えていった。（同）

近藤商事社長の近藤荒樹は、当時の日本で有数の資産家として知られていた。荒樹の長男で、池田の蔵相時代に個人秘書をしていた荒一郎と池田の長女の直子が結婚したのは、五八年一月であった。

要するに池田は、井上家の別荘から長女が嫁いだ近藤家の別荘に移っただけで、持ち家として別荘を所有することはなかったのだ。この点に関しては、軽井沢に別荘をもった鳩山一郎や熱海に別荘をもった岸信介よりも、別荘を所有せずに小涌谷の三井別邸を借り続けた吉田茂に似ていた。

新たな池田別邸となる近藤別荘は、同心円状の通りによって細かく区画された仙石原温泉荘分譲地の、姥子《うばこ》通り、二番通り、三番通りに囲まれた一角にあった。近くには一九三九（昭和十四）年に建てられ、敗戦とともに四十日間こもった民俗学者、折口信夫《おりくちしのぶ》の別荘「叢隠居《そういんきょ》」

図16　仙石原温泉荘分譲地地図

(現・國學院大學厚生寮「叢隠寮」)もあったが(『折口信夫全集』36、中央公論新社、二〇〇一年)、軽井沢のように政治家の別邸が集まっていたわけではなかった(図16参照)。

現在、この近藤別荘は博報堂の保養施設「博仙荘」と一体になっていて、建物自体もつながっている。博仙荘と元の近藤別荘の間には高低差があり、博仙荘から元の近藤別荘に行くには新たにつくられた階段を降りる必要がある。

近藤別荘には正式な門がなく、池田が好んだ部屋も狭く質素だった。御厨貴は、「そもそも池田の信濃町の家は戦時の借家を戦後買い取ったもので、この点は福田赳夫と同じだ。家にはまったく凝らない。これは箱根仙石原の別邸にも共通している」と指摘している(前掲『権力の館を歩く』)。

池田が気に入ったのは別荘自体よりも、別荘の南斜面に広がる庭のほうだったようだ。いまでも庭には、池田自身が故郷の広島県から運んできたという石でできた巨大な石灯籠が残っている。仙石原に滞在中には、趣味の庭いじりに精を出す池田の姿がしばしば新聞に報道された。

前章で触れたように、池田は六〇年七月十四日の自民党総裁選挙で石井光次郎、藤山愛一郎を破り、総裁に選出された。湯の花ホテルで吉田が岸に語った通りのシナリオになったわけだ。同日、大平は池田に「第一にゴルフを慎まれること、第二にお茶屋への出入りを自粛されること」を約束させた（前掲「春風秋雨」）。

仙石原・旧近藤別荘

鳩山一郎や岸信介とは異なり、池田が箱根に滞在してもゴルフ場に行かなかったのは、大平との約束を守ったからだった。池田のブレーンの一人だった宮澤喜一は、「ゴルフもあまりしなかった。箱根の別荘に古い球を持っていって、誰もいない山のほうに向かって打っていましたけれど」と回想している（御厨貴・中村隆英編『聞き書　宮澤喜一回顧録』、岩波書店、二〇〇五年）。

七月十六日、池田は自動車で信濃町を出て国道1号を経由し、仙石原に向かった。その途上、大磯の吉田邸に立ち寄り、一時間あまり会談した。その主な目的は、幹事長を誰にするかを相談することにあった。「箱根の山の人事構想で一番問題になったのは、幹事長の人選である。池田は箱根に行く前に、大磯に寄って吉田元首相に総裁就任のあいさつをし、この時、吉田から内務官僚出身の山崎巌《やまざきいわお》を幹事長に推薦されたものらしい」（『大平正芳回想録』、鹿島出版会、一九八三年）。

箱根観光ホテルのパンフレット

池田は仙石原に着くと、まず箱根観光ホテル（現在は閉業）を訪れ、内閣官房長官となる大平正芳と協議した。同ホテルは、六〇年の七月に開業したばかりだった（『日本経済新聞』二〇一二年十月十四日）。開業に合わせて作成されたと見られる同ホテルのパンフレットには、次のような宣伝文がある。

全室、浴室、シヤワー、ラジオを備へた１１６（内和室８）の客室、広々としたロビー、会議室及食堂よりは富士の麗姿、神秘の芦ノ湖、雄大な箱根連山等を一望のもとに見渡せます。〔中略〕

四六時中湧き出ている温泉風呂にお疲れを癒し、春の新緑、夏の冷風、プールサイドでの楽しい想い出、湖上での鱒、ブラックバス釣、秋の紅葉、冬の屋外スケート〔中略〕日本一を誇るロープウェイ、大涌谷の噴煙等々一大パノラマの様に大箱根の中に包まれ、皆様の御来遊をお待ちいたして居ります。
（「箱根観光ホテルパンフレット」）

これだけだと、前章で触れた小涌谷の箱根ホテル小涌園と変わらないリゾートホテルのようにも見えるが、そうではなかった。「一口にリゾートホテルというとどこでも膨大な娯楽設備をもち、ダンスホール、ボーリング場、バー、娯楽室、遊戯場のあるところが多いが、箱根観光ホテルはそうした設備を持たない。保養を本来の目的とした、いわばハイ・ソサイティのためのホテルである」（「企業をになう人々——箱根観光ホテル」、『月刊ホテル旅館』第三巻第八号、一九六六年所収）。箱根ホテル小涌園と同じくプールはあっても、小涌園のような大衆娯楽的な雰囲気はなかったということだ。

池田と大平は、「富士の麗姿、神秘の芦ノ湖、雄大な箱根連山等を一望のもとに見渡せ」る会議室で協議したのだろう。実際には霧や雲がかかることが多く、富士山がいつも見えるわけではなかったが、池田と大平はその後も箱根観光ホテルを政治空間としてしばしば利用し、会議室を最大限活用することになる。

なお同ホテルは一九九二年に「パレスホテル箱根」と改称したが、老朽化のため二〇一八年に閉業した。現在は土台だけを残して解体され、敷地内への立ち入りは禁じられている。往時の栄華をしのぶことはもはやできなくなっている。

近藤別荘は箱根観光ホテルの近くにあり、歩いて行くこともできた（216ページ図16参照）。池田はいったん別荘に帰り、翌十七日には家族と朝食をともにしてから再び同ホテルに向かった。「この日はゴルフもやめ、午前十時には近くの観光ホテルの一室に閉じこもり、前夜にひきつづき大平正芳代議士としばらく会談したあとは一人じっと組閣や党人事およびこんごの政策問題の構想を練った」（『読売新聞』一九六〇年七月十七日夕刊）。

東京ではなく箱根で内閣や党三役の人事を構想したこと自体は前首相の岸信介に似ていた。けれども有力政治家が何度となく東京と箱根の間を行ったり来たりした岸の組閣とは異なり、池田は大平と会ったあと、「一人じっと組閣や党人事およびこんごの政策問題の構想を練った」。この点についても、大平が興味深い回想をしている。

〔池田さんは〕静養中は秘書官以外の人とは原則として会わないという鉄則を在官中貫かれたのである。例外として静養中の池田さんと清談を試みられたのは、小田原に隠棲中の松永安左衛門翁と京都の大徳寺の和尚さんくらいのように思われる。私なども官房長官や外務大臣在任中、用務は原則として電話ですまし（たとえ私自身がその別荘と目と鼻の先にある観光ホテルに投宿中であっても）、別荘に出向いて面接することは避けたものである。

（前掲「春風秋雨」）

文中の「松永安左衛門」は「電力の鬼」と呼ばれた事業家の松永安左ェ門《やすざえもん》を、「京都の大徳寺の和尚さん」は臨済宗の禅僧、立花大亀《たちばなだいき》を指している。

第一章で触れたように、池田は第三次吉田内閣の大蔵大臣だったとき、サンフランシスコ講和会議の直前に仙石原に滞在し、大蔵次官ら幹部を井上別荘に集めたことがあった。しかし首相になってからは、仙石原に滞在中、大平らと会ったり、公式の会談や会議を行ったりする場合には同じ仙石原の箱根観光ホテルを使い、近藤別荘ではなるべく一人でいるよう心掛けたというのだ。近藤別荘が会談を行うには狭すぎるという事情もあっただろう。ただし後に見るように、吉田茂も「例外」の一人だった。

七月十七日、池田が仙石原から帰京すると、吉田が推した幹事長の人選に対して池田派内から強い反対の声が上がった。池田は山崎巌の代わりに益谷秀次を幹事長にせざるを得なかった。十八日には首班指名が行われ、十九日に正式に首相となった。

池田の「吉田詣で」はなおも続いた。七月二十三日には、仙石原の近藤別荘にいったん入ってから、妻の満枝《みつえ》とともに小涌谷の三井別邸を訪れ、吉田に「組閣事情を説明して約一時間にわたり懇談」した（『読売新聞』一九六〇年七月二十四日）。宮ノ下に滞在しながら首相を辞めるまで一度も小涌谷を訪れなかった岸信介とは対照的だった。池田政権になってから、かえって吉田の存在感が増したのである。

それを象徴するのが、八月二十八日に三井別邸で開かれた岸の全快祝賀会である。前章で触れたように、吉田、岸、池田、佐藤らが一堂に会したこの会で、池田は吉田に「私の低姿勢はいかがですか」とお伺いを立てたところ、吉田は「きみに低姿勢は似合わないが、結構なことだ。記者団とはよく会った方がヨロシイ」と訓示したという（同、同年八月二十九日）。「低姿勢」は「寛容と忍耐」とともに、池田がスローガンとして掲げた政治姿勢だった。だが吉田は十一月一日に池田に宛てた書翰で「低姿勢ハ国民をして内閣弱体なるか故と思ハしめ却而《かえって》人気ニ障《さ》ハり内閣之将来ニ影響せしむへく、寧《むし》ろ飽迄《あくまで》も政策本位、国家本位ニて勇往邁進相成度」（前掲『吉田茂書翰』）と述べるなど、あまり低姿勢になりすぎて国民に媚びることのないよう忠告している。

同じころ、三井別邸に近い小涌園では、ここを定宿とする大野伴睦が滞在していた。先の総裁選で大野や石井光次郎を擁立しようとして敗れた河野一郎は、自民党から分かれて保守新党を結成しようと考えていた。八月十四日には、河野が小涌園を訪れ、盟友関係にある大野に同調するよう求めた。

だが大野は「河野君の言うことも一応もっともな点はある。しかし現在の政治情勢を考え、また総選挙前に脱党するのは適当でない。保守合同をやった自分としても党を割るのはしのび難い」と話して河野に再考を促した（『読売新聞』一九六〇年八月十四日夕刊）。八月十六日には大野派の幹部が小涌園に集まり、同派としては新党に参加も協力もしないことで意見の一致を見た（同、同年八月十六日夕刊）。

これらの『読売新聞』の記事は、当時政治部の記者で大野伴睦に付いていた渡邉恒雄《わたなべつねお》が書いたものと思われる。渡邉はこう回想しているからだ。

河野も〔新党結成を〕諦めるんだけれど、一度振り上げた拳の落としどころがなくて困っていた。そこで大野伴睦の登場だ。大野伴睦に慰撫されてやめたという形が必要になったんだよ。

場所は箱根の小涌園。僕も大野伴睦に言われて、同行したんだ。「河野君のための儀式があるから渡邉君もこないか」とか言われてね。

大野伴睦はそこで、「河野君がやってきたら新党を断念したという証拠にする」と言って、色紙にそれらしきことを書くんですよ。「忍々百忍自無憂」とね。自ら書いて「ちょっとしつこいな、もう一枚」とか言ってね。

結局「百忍自無憂」というのを河野に渡す。

（御厨貴監修『渡邉恒雄回顧録』、中公文庫、二〇〇七年）

大野が色紙に書いた「百忍自無憂」は、書き下せば「百忍おのずから憂《うれ》い無し」となり、何度も辛抱すれば自然と憂いはなくなるという意味ととれる。河野へ向けての、党を割ることを自重するようにとのメッセージだったわけだ。

八月二十八日には、池田が三井別邸を訪れてから小涌園を訪れ、総裁選以来初めて大野に会った。「二人とも上きげんで公選のシコリを一時に洗いおとしたようす」（『読売新聞』一九六〇年八月二十九日）。大野が河野とともに党を割る心配がなくなったことで、池田は大野に会っておく必要があると判断したのだろう。だが会う順番は、あくまでも吉田が先であって、大野は吉田のあとだった。

この間、池田は週末ごとに仙石原に通いつつ、箱根観光ホテルに経済学者の下村治《しもむらおさむ》や田村敏雄《たむらとしお》ら政策ブレーンを集め、池田政権の目玉となる所得倍増計画の原案を練らせた。日本経済新聞記者の水木楊《みずきよう》（市岡揚一郎）はこう述べる。

池田はその夏、箱根の別荘にこもった。近くに箱根観光ホテルがある。ここにブレーンたちが集合して池田政権の政策メニューを詰めた。池田の体中から精気が発散している。池田はカレーライスが好きで朝昼となく勉強会に顔を出してはカレーを平らげた。いきおいブレーンたちもカレー、カレーで日夜を過ごす。

（水木楊『思い邪《よこしま》なし　下村治と激動の昭和経済』、講談社、一九九二年）

勉強会は真新しいホテルの会議室が使われたのだろう。池田は近藤別荘に滞在しつつ、歩いてでも行けるホテルに通ったのではないか。

九月五日、池田は来る衆院選に向けた新政策を発表した。「その目玉は、61年度以降3年間は毎年、国民総生産を対前年比で9％成長とし、10年後の70年度には国民所得水準を2倍以上にするという〝池田版倍増計画〟だった」（『読売新聞』二〇一一年十月八日）。仙石原で練られた原案が日の目を見たわけだ。

池田は十月二十四日に衆議院を解散し、十一月二十日に総選挙が行われた。この結果、自民党は解散前より一三議席多い二九六議席を獲得し、追加公認を合わせると三〇〇議席の大台に乗った。安保闘争の余波に加え、十月十二日には日本社会党委員長の浅沼稲次郎が十七歳の少年に刺殺されたことで社会党への同情票が集まるという予測もあったが、池田は安保から経済に争点を振り替えることに成功したのである。

自民党大勝に安心したのか、池田は十一月二十二日の夜に東京を発ち、また仙石原に向かった。近藤別荘に着いたときには日付が変わり、二十三日の午前零時十五分になっていた（同、一九六〇年十一月二十三日）。朝は氷点下になることもあるこの時期になると、もう小涌谷に吉田の姿はなかった。二十四日、池田は仙石原を発ち、途中の大磯で吉田邸に立ち寄り、二時間ほど懇談してから帰京した（同、同年十一月二十五日）。仙石原で考えた内閣改造について相談したのだろう。

十二月八日には第二次池田内閣が成立した。第一次内閣は池田〔勇人〕、岸〔信介〕、佐藤〔栄作〕、大野〔伴睦〕、石井〔光次郎〕の五派連合政権だったが、第二次内閣では第一次内閣で

熱海・野村塵外荘

入閣しなかった派閥を取り込もうとした。「そういう事情から、第二次池田内閣は、河野〔一郎〕、三木〔武夫〕両派からも閣僚を迎えることになり、中村梅吉建設大臣、古井《ふるい》喜実《よしみ》厚生大臣が誕生した」（前掲「春風秋雨」）。

六一年の元日、池田は仙石原でなく、熱海の伊豆山に隣接する海光町にある野村證券の奥村綱雄《おくむらつなお》会長の別邸「塵外《じんがい》荘」に向かった（98ページ図9参照）。

塵外荘は三九年に同證券創業者、野村徳七《のむらとくしち》の別邸として建てられた鉄筋コンクリート造の洋館だった。地階付きの三階建てで、一階にホールと大食堂が、二階に書斎と寝室が、三階に和室がある。五六年の十二月に石橋湛山が滞在した同じ海光町の樋口旅館と同様、相模湾に面していて、いまでも建物が保存されている。熱海駅の近くにありながらＧＨＱが敷設したと伝えられる石畳の道が残り、駅前の喧騒とは無縁の静謐な雰囲気が保たれている。門には「野村塵外荘」の文字が刻まれている。

一月三日、池田は仙石原の近藤別荘では開いたことがなかった正月の茶会を、この野村別邸で開催した。

池田首相は好天気の新春三日午後、財界大物十三人を招いてお茶の会を催した。静養先が野村証券の奥村会長の別邸、招かれたのは電力界の長老、松永安左ェ門、元開銀総裁小《こ》林《ばやし》中《あたる》、富士製鉄社長永《なが》野《の》重《しげ》雄《お》、日清紡社長の桜《さくら》田《だ》武《たけし》氏ら日ごろから池田首相の強力スポンサーたちばかりで政界から招かれたのは元蔵相で首相の大先輩たる賀屋興宣氏ただ一人。〔中略〕話題はもっぱら経済成長の見通しで、首相のお得意の数字をペラペラ並べたててごきげんの様子だった。

（『読売新聞』一九六一年一月四日）

この茶会をリードしたのは、自ら茶人であり、池田と親交のあった松永安左ェ門だったようだ。松永は奥村綱雄や小林中、桜田武ら池田を支持する財界人を集め、「火曜会」と呼ばれる会合を定期的に開いた。八月には避暑も兼ねて、仙石原の近藤別荘に近い旅館で開かれることもあった（『朝日新聞』同年八月二十日）。

新春の陽光を浴びて輝く相模湾を望む洋館の和室に、権力をぎらつかせた政治家ではなく、日本を代表する財界人が集まっている。お点前の最中に聞こえてきたのは、抹茶を点てる音だけだったろう。それはあたかも、日本を二分する闘争が収束したあとに訪れた静寂のようだったのではないか。

そもそも集まっているメンバーからして、「政治の季節」から「経済の季節」への変化を物語っていた。半年前まで岸が滞在していた宮ノ下の奈良屋別館とは、見える景色が全く変わっていたのがわかる。

この記事によると、石橋湛山、岸信介、そして日本社会党元委員長の鈴木茂三郎も熱海にいた（同）。石橋は定宿にしていた大野屋に、岸は別邸にいたのだろう。十二月三十日から川奈ホテルに滞在していた佐藤栄作もまた元日に大野屋に移り、川奈に戻る四日まで滞在した。三日に妻の寛子《ひろこ》や寛子の妹の正子は岸に会いに行ったが、佐藤栄作は行かなかった（前掲『佐藤榮作日記』第一巻）。

（2）第一回「日米貿易経済合同委員会」を箱根で開催する

池田は一九六一（昭和三十六）年二月にも熱海の野村別邸に滞在するが、一月、二月と続けて熱海に滞在したのはこの年だけだった。前述のように、季節を問わず週末や休日に仙石原に通い続けたからだ。この年も三月からは、仙石原の近藤別荘での滞在を再開させた。

それだけではない。六月の訪米が決まると、池田は東京と箱根で数回にわたって打ち合わせ会を開いたが、五月の連休中には仙石原の近藤別荘に滞在しつつ、箱根観光ホテルをその会場にあてている。

池田首相は三日から五日までの三日間、箱根観光ホテルで六月の首相訪米の準備打ち合わせ会を開き、対米折衝の議題について協議する。この会合には小坂《こさか》〔善太郎《ぜんたろう》〕外相、大平官房長官、宮沢喜一参院議員（自民）、武内《たけうち》〔竜次《りゅうじ》〕外務事務次官、島《しま》〔重信《しげのぶ》〕外務審議官らこれまでの打ち合わせ会のメンバーのほか、新たに国連大使となった岡崎勝男氏も出席する予定である。

（『朝日新聞』一九六一年五月二日）

この打ち合わせ会もまた、富士山や芦ノ湖を見渡せる箱根観光ホテルの会議室で開かれたのだろう。池田は再び、近藤別荘とホテルの間を行ったり来たりした。「公」と「私」を空間的に使い分けたのだ。

池田が近藤別荘に滞在した五月二十七日から二十八日にかけても、箱根観光ホテルで「訪米議題箱根会議」が開かれた。会議に合わせて二十八日の早朝に米国から帰国した駐米大使の朝海浩一郎が、羽田から藤沢の自宅を経てホテルに向かった。朝海の日記から引こう。

新緑の箱根、仲々美し。仙石原の箱根観光ホテルに首相及外相その他が集って会議をするというのである。着いて匆々《そうそう》二十分ばかり記者会見してから十時から会議。首相、外相の外官房長官の外、岡崎〔勝男〕、大野〔勝巳〕、自分といった顔ぶれ。午後は二時から五時まで訪米議題について検討。主として中国問題が一番時間がかゝった。夜は一寸《ちょっと》武内君等とブリッヂをしたり、一同とホテルの屋上でスキ焼を喰べたりして交歓。霧が出て来たし風の吹き荒れるホテルを七時半頃出發。（前掲『朝海浩一郎日記』）

朝海のほか、池田首相、小坂外相、大平官房長官、武内外務事務次官、岡崎国連大使らが再び仙石原で顔を合わせたことがわかる。しかし岸政権のときとは異なり、朝海は武内らとブリッジはしてもゴルフはしなかった。朝海は仙石原で一泊もせず、天候の悪くなる箱根を夜に発って藤沢の実家に帰っている（同）。

これだけの準備を箱根で重ねたうえで、六月十九日に池田や小坂外相らの一行が羽田を出発し、訪米の旅に出た。池田は一月に大統領に就任したジョン・F・ケネディと会談する一方、小坂は国務長官のディーン・ラスクと会談した。その結果、「日米貿易経済合同委員会」の設置が正式に決まった。内閣官房長官の大平正芳がこの委員会について簡潔に説明した文章を引用しておこう。

日米貿易経済合同委員会は昭和三十六〔一九六一〕年六月、池田総理訪米の際、小坂外務大臣とラスク国務長官との間で公文の交換が行なわれ、日米両国の経済閣僚が直接話し合うことにより、両国経済関係の緊密化に資する目的をもって設置された。そして日本側から外務、大蔵、農林、通産、労働、経済企画の各大臣、米国側からこれに相応する国務、財務、農務、商務、内務、労働の各長官および経済企画委員長がそれぞれそのメンバーにあてられることになった。また、その議長には国務長官と外務大臣が交互に当ることが取決められた。

（前掲「春風秋雨」）

同委員会は、原則として日米両国で交互に毎年一度開催されることになった。その第一回会議は東京ではなく、なんと池田が通い慣れた箱根観光ホテルで開催されることになるのだが、これについては後で触れたい。

池田や小坂らの一行は、米国のほかカナダにも訪れ、六月三十日に帰国した。池田は羽田に着くや、その足でまた仙石原に向かった。温泉で長旅の疲れを癒やしつつ、次なる課題である内閣改造の構想を練るためだった。

七月十六日の各紙朝刊には、「首相、箱根で構想仕上げ」（『朝日新聞』）、「首相、箱根で『改造』構想　実力者との会談終わる」（『毎日新聞』）、「首相、箱根で仕上げ構想　七月人事・実力者折衝終わる」（『読売新聞』）など、どの新聞の一面にも大きく「首相」「箱根」「構想」の入った見出しが掲げられた。

池田首相は十五日午前河野一郎、午後大野伴睦の両氏と首相官邸で会い、ついで東京・赤坂のホテル・ニュージャパンで岸前首相と〝七月人事〟について会談した。首相はそのあと静養のため箱根に向かったが、途中大磯に立ち寄り吉田元首相と約一時間会談した。これで首相は三日間にわたり、実力者との会談を通じて党内工作は終わり、十七日夜帰京するまで箱根で静養し、〃七月人事〃について最終的な構想をまとめるが、十八日中にも党役員および内閣改造など人事問題一切をかたづける意向である。

（『朝日新聞』一九六一年七月十六日）

「ホテル・ニュージャパン」は赤坂見附にあり、八二年二月の火災で廃業したホテルのことだ。政府要人との会談は東京などで行うが、誰をどのポストに就けるかを決めるときには一人で仙石原の近藤別荘にこもる。池田はこの原則を今回も貫いたのだ。

六一年七月十八日、第二次池田第一次改造内閣が成立した。それまで野にあった佐藤栄作を通産大臣に、河野一郎を農林大臣にしたほか、三木武夫を科学技術庁長官に、川島正次郎を六四年に開催される第二十回オリンピック東京大会担当国務大臣に、藤山愛一郎を経済企画庁長官にするなど、党の実力者を取り込んだ。党役員人事でも大野伴睦を副総裁、前尾繁三郎《まえおしげさぶろう》を幹事長、田中角栄を政調会長とし、派閥の領袖や実力者をすべて閣内や党三役に配置することで党と政府の一体化を図った。

七月下旬から小涌谷の三井別邸に滞在していた吉田茂は、池田の訪米や内閣改造をどう見ていたか。『朝日新聞』に三回にわたり連載された「箱根放談」と題する記事で、三井別邸を訪れた記者の問いに対し、吉田はこう答えている。

「いいんじゃないかねえ。池田君もだんだん熟練工になりつつある」

柔和な笑顔。渋い茶の和服に鉄色のハカマそして白タビ。ゆったりとイスに体をゆだねてときどき広々とした庭に目をやる。

――組閣の手際は？

「池田君は感じからいうと、アメリカから帰ってきて、非常に自信がついたと思う。いままでは外交とはいやなものだ、自分は外交は知らない、というたてまえできた。それがアメリカへ行ってケネディ大統領に会ったりして、外交といっても大したことではない、というううぬぼれが出て来た。いまがいちばんあぶないときだね（笑う）。しかし自信があるということは総理としては必須です。外交も財政もひとにぎりにしているという気持ち、これは総理としては大切な心構えだと思う。自分は経験がないとか、変なけんそんをしているときではない。みずから国をせおって、自信のある政治をして、国民をひきいて難局に立つ、そういう態度が大切なのだ」

（『朝日新聞』一九六一年八月一日）

小涌谷の三井別邸も仙石原の近藤別荘も箱根にあり、政治家自身の別荘ではなかった点は共通していた。しかし吉田にとって、周辺に似たような別荘がなく、広大な敷地面積を占め、箱根の外輪山が一望できる三井別邸は、首相を辞めてもなお「国家の元老」として超然と権力を行使すべき空間だった。

池田にとっての仙石原はそうではなかった。別荘地のなかにあり、三井別邸よりもはるかに敷地面積の狭い近藤別荘は東京から離れてオフの時間を過ごすための空間であり、いわば私的な空間だった。一方、別荘地から少し離れたところに建つ箱根観光ホテルは、経済や外交の専門家を呼び、一緒に勉強するための公的な空間だった。

いずれにせよ三井別邸のような、超然と自らの権力を行使する空間ではなかったのだ。吉田はそうした池田の「低姿勢」を批判し、これからは「仙石原」も「小涌谷」のようにならなければならないと言っているように見える。

この「箱根放談」が掲載された八月一日、池田は小涌谷の三井別邸に立ち寄り、吉田と懇談してから仙石原に向かった（同、同年八月二日）。懇談では「箱根放談」の話題も出たに違いない。連載三回目に当たる八月三日付の「箱根放談」では、吉田が池田の「低姿勢」に言及している。

——ゆかたがけの気分で、そのもののズバリの人物評を……。池田総理については話が出ましたが、低姿勢はどうです。

「低姿勢よりも、自信のあるワンマンの方がいい。（大いに笑う）池田君はもともと低姿勢に適した男ではない。〝看板にいつわりあり〟ですね。〝貧乏人は麦を食え〟これは低姿勢ではいえないですよ。いまに地金が出てくるかも知れませんよ。（笑う）」

（同、一九六一年八月三日）

〝貧乏人は麦を食え〟は、第三次吉田第一次改造内閣で池田が蔵相だった一九五〇年十二月七日、参院予算委員会で「所得の少ない方は麦、所得の多い方はコメを食うというような経済原則に沿ったほうへ持っていきたい」と答弁したのが「貧乏人は麦を食え」と伝えられ、国民の反発を買ったことを意味する。

標高で言えば、小涌谷よりも仙石原のほうが高かった。それを踏まえると、「池田君はもともと低姿勢に適した男ではない」「いまに地金が出てくるかも知れませんよ」という吉田の言葉は意味深長である。

実際に池田は、おそらく吉田が予想もしなかった仕方で仙石原を世界が注目する政治空間に変貌させた。十一月二日から四日まで、米国の主要閣僚と日本の主要閣僚を箱根観光ホテルに集め、第一回の日米貿易経済合同委員会を開催したのである。戦後日本で初めて開かれた本格的な国際会議の会場が仙石原だったのだ。

主な出席者は、日本側が小坂外相、佐藤通産相、河野農林相、水田《みずた》三喜男《みきお》蔵相、藤山愛一郎経済企画庁長官、福永健司労相、大平官房長官、米国側がラスク国務長官、ユードル内務長官、フリーマン農務長官、ホッジス商務長官、ゴールドバーグ労働長官、ファウラー財務次官、ヘラー大統領府経済諮問委員会委員長だった。

池田自身はこの会議に出席しなかったが、近藤別荘に滞在して会議の模様を見守った。米国の半数近くもの閣僚がワシントンを留守にして箱根に集まったこと自体、ケネディ政権が対日関係をいかに重視しているかを知らしめる「外交的演出」となった（藤井信幸『池田勇人――所得倍増でいくんだ――』、ミネルヴァ書房、二〇一二年）。

会議に合わせて、駐米大使の朝海浩一郎が再び帰国した。十一月二日から四日まで記された朝海の日記は、現場の空気を生き生きと伝えている。二日、三日、四日の日記から一部を抜粋して掲げてみよう。

十一月二日

ホテルの我々の部屋の前面の湖水に陽が映へる。朝食は食堂で日米交歓しつゝすませる。十時からホテルで開会。先方七閣僚（ヘラーは閣僚並み）、我方七閣僚（官房長官を含め）とテーブルをへだてゝ相対し背後に外務省と国務省以外は一人づゝの補佐官がつく。正午カウンターパートのランチあり。総理がラスク長官と会談したので小坂さんは相手を失ったので我々と食堂でたべる。午後も引きつゞき会議。日米の片貿易はバイラテラルの見地から見るべきものと米側は主張。それに加へてファウラーが米側は資本を流入して居るから日本側は大した赤字とならぬと大蔵省的見解を述べたところから議論が白熱し、日本側佐藤、河野の両氏が相当激しい語調で發言。一寸面白い場面があった。七時ホテルを出て富士屋ホテルで外相が日米をブラック・タイのディナに招《よ》んだのに出席。

十一月三日

会議は九時から始まり昨日に引きつゞいての論議。正午は小坂さんがカウンターパートのラスクさんをつかまへて嬉し相。〔中略〕今日は一日小雨と霧で山はほとんど見えない程。夜は米側がスタグで小涌園ホテルで日本側を招待。米側が響の部屋に日本食で招待。余興も飛び出したり、和気あいあいであった。

十一月四日

午前中会議終了。〔中略〕昼は強羅の環翠楼（旧岩崎別邸）で総理主催のスタグの送別会あり。天ぷらとスキ焼。この席からラスクは京城《けいじょう》行で匆々に辞去。三時頃一同散会。此処《ここ》に行事を終へる。今回の会議〔の意義〕は忙しい米の主要閣僚を二、三日間日本問題のみで罐詰めとしイヤという程日本の主張を聞かせた点にあらう。

（前掲『朝海浩一郎日記』）

念のため注釈しておくと、「カウンターパート」は「対応相手」（日本の農林相と米国の農務長官など）、「バイラテラル」は「日米二国間の」、「スタグ」は「男性のみ」（配偶者を含まない）、

「京城」は「ソウル」を意味する。

十一月二日に「総理がラスク長官と会談した」のはホテルではなく、近藤別荘だった。このときは珍しく公私の区別を破り、米国の要人を招いたのである。ほかにも宮ノ下の富士屋ホテル、小涌谷の箱根ホテル小涌園、強羅の強羅環翠楼といった箱根のホテルや旅館が夕食会や送別会の会場として使われたことがわかる。会議自体には出なかった池田は、最終日に会場を強羅環翠楼に移して送別会を開催している。

朝海は米国の主要閣僚を箱根に缶詰にし、「イヤという程日本の主張を聞かせた点」に会議の意義を見いだしている。大平もまた会議の意義をこう述べている。

もともとこの合同委員会は、具体的な問題を交渉したり取決めたりする場ではない。双方の自由な意見の交換を通して日米間の友好の絆を強化し、両国の経済関係の緊密化に寄与しようとしたものである。従って、お互いに言いたいことをいい、相互の立場に対する理解を深めておくことは、具体的な問題が生起した場合に、的確且つ迅速な判断と措置ができるようものである。(前掲「春風秋雨」)

前章で触れたように、岸がネールを富士屋ホテルに招いたときにも、東京とは異なる箱根の環境が「お互いにかみしもをぬいだ話し合い」をすることを可能にした(前掲『岸信介回顧録』）。池田はより大規模に、日米の主要閣僚が集まり、「お互いに言いたいことをいい、相互の立場に対する理解を深めておく」ための空間にするべく、箱根のホテルや旅館を変えようとしたのである。

だが野党の反応は冷ややかだった。「箱根会談後、社会党は『政府は、国民にむかっては繁栄だ繁栄だと吹聴し、アメリカへは貧乏だ貧乏だと訴える。これは二枚舌だ』といった意味の批判声明をした。そしてこれはエピソードだが、アメリカ側もまた、『日本は貧乏だというが、ずいぶん立派なホテルじゃないか』といった言葉を放っている」（「箱根会談が教えたもの――日米貿易経済合同委員会――」、『朝日ジャーナル』一四一号、一九六一年所収）。米国側から見ても、箱根観光ホテルは「立派なホテル」に見えたわけだ。

（3）ケネディ暗殺の場面を箱根で見る

実はこの国際会議では、「第一回日米貿易経済合同委員会共同声明」では記されず、新聞でも報道されなかった問題が論議されていた。英国人記者のジョン・ミッチェルは、「沖縄、核兵器、そして『日本の特別な心理的問題』」と題する後年の記事で、公開された会議の記録に依拠しつつこう述べている。

たぎる硫黄泉と黒いマグマの岩肌。東京よりも100キロ西に位置する箱根の温泉地が、1961年、日米の核に関する秘密会談にうってつけの黙示録的な風景を用意した。これは、ジョン・F・ケネディ大統領の国務長官ディーン・ラスクと、日本の小坂善太郎外相が出席した会談で、その当時まもなく沖縄に配備されることになる米空軍ミサイル班に影響を及ぼした。また広島・長崎への原爆投下からわずか16年後に行われる米国の核兵器配備をめぐる東京の姿勢を不穏なかたちで垣間見せるものとなった。

核兵器を搭載した米国のメース・ミサイルの問題は、11月4日箱根観光ホテルでラスクと会ったとき、最初に小坂が切り出した。アメリカは沖縄本島のボロ・ポイントに最初のメースを設置する最終仕上げの段階にあった、その事実を知らなかったのは明らかなようだが、日本の外相はラスクに、沖縄にミサイルがあることは可能なかぎり秘密にするよう頼んだ。

「配備を発表すれば日本で激しい反発を生み、政府は国会質問で答弁を余儀なくされる」と、会談の公式記録にある。（『ジャパン・タイムズ』二〇一二年七月八日。阿部小涼訳）

文中の「メース・ミサイル」は米軍の戦術地対地巡航ミサイルを、「ボロ・ポイント」は沖縄本島西海岸の読谷村《よみたんそん》にあった米軍の飛行場を意味する。

ミッチェルが閲覧した米国の公式記録によれば、小坂とラスクの会談では、核兵器を搭載した米国のミサイルが沖縄に配備されることが話し合われたというのだ。この前日、池田は近藤別荘を訪れたラスクに、「日本が自国の核兵器を保有するほうが良いのではないか」と大声で問うたという（同）。

戦争放棄を定めた憲法も、唯一の被爆国として「核」に反発する国民感情も顧みず、まさに「言いたいこと」が話し合われていたことになる。もし東京で話し合われていたら、ここまであけすけの話し合いが可能だったかと思わずにはいられない。ソ連政府の日刊紙『イズベスチア』東京特派員のデ・ペトロフは、「静かな山のなかで、後暗い計画がつくられつつある。すでに発表されているように箱根に集まった五〇〇人以上の新聞記者は、情報に期待をかけていない。会談が秘密をもってすすめられるからである」（「箱根の山の密談」、『世界政治資料』一三六号、一九六一年所収）と述べたが、この見方はあながち間違っていなかったと言えるわけだ。

後述するように池田は六二年十一月に訪欧するが、ロンドンでマクミラン首相と会談したあとにも、秘書官の伊藤昌哉《いとうまさや》に「日本に軍事力があったらなあ、俺の発言権はおそらくきょうのそれに一〇倍したろう」と慨嘆したという（伊藤昌哉『池田勇人――その生と死』、至誠堂、一九六六年）。軍事力の後ろ盾を欠く外交の弱さを痛感したのだ（前掲藤井『池田勇人』）。核兵器の保有は、池田の偽らざる本音だったのかもしれない。

しかしそれは、軽武装にこだわった吉田茂の路線とは相いれないものだった。六二年六月には、吉田がわざわざ近藤別荘を訪れた。「吉田茂元首相は十日午前十一時箱根仙石原の別邸で静養中の池田首相をたずね、内外情勢について昼食をともにしながら約二時間懇談した」（『読売新聞』一九六二年六月十一日）。吉田もまた松永安左エ門らとともに「木戸ご免」を許された例外だったのだ（同、同年七月十六日）。もし吉田が前年十一月に同じ場所で池田が発した言葉を知ったら、何と言っただろうか。

池田は吉田を除く政治家を近藤別荘に入れないという原則を守った。ほかの政治家が仙石原までやって来ても、門前払いされる場合があった。

〔七月〕五日の箱根路は「七月政局」の前途を思わせるように暗雲がかぶさり、小雨にぬれていたが、この日午前「派閥解体」をかかえた自民党風刷新懇話会の福田赳夫、倉石忠《くらいしただ》雄《お》両代表が仙石原の別邸で池田首相に〝玄関ばらい〟をくわされるという一幕があった。実は事前に大平官房長官を通じて、箱根の首相に会見を申し入れ断わられていたのだが、それにはお構いなく強引に自動車をとばして出かけたもの。ところがテイよく会見を拒否され、福田氏らはお茶ぐらい出してもーと、首相の〝肩すかし〟にぶぜんたる面持ちだった。（『読売新聞』一九六二年七月六日）

六二年一月に結成された党風刷新懇話会には、福田赳夫を中心とする反池田派が集まっていた（前掲藤井『池田勇人』）。池田が福田らを門前払いにしたのは、仙石原に東京の政治を持ち込みたくなかったからだろう。

ほかに候補者がいなかったため、七月十四日の党大会で総裁に再選された池田は、また仙石原にこもり、内閣改造と党人事の構想を練った。ちょうど一年前と同様の光景が現れたのである。そして第二次池田第一次改造内閣が成立したちょうど一年後の七月十八日、第二次池田第二次改造内閣が成立した。「池田勇人首相は内閣改造をする際『末広がりの八』から下1桁が8の日を好んだ」(『日本経済新聞』二〇二〇年一月十日夕刊)。

この内閣では、佐藤栄作、藤山愛一郎ら反池田派の領袖が閣外に去る一方、河野一郎が農林相から建設相へと、大平正芳が内閣官房長官から外相へとそれぞれ横すべりした。また田中角栄が蔵相になったほか、宮澤喜一が初入閣を果たし、経済企画庁長官となった。これ以降、河野一郎を中心とする親池田の「党人派」と、佐藤栄作を中心とする反池田の「官僚派」の対立が激しくなってゆく。

同じころ、吉田茂は小涌谷の三井別邸に、副総裁に留任することになる大野伴睦は小涌園にいた(『読売新聞』一九六二年七月十六日)。吉田と大野は、ともに党内の対立を抱えた池田政権を支える大黒柱というべき政治家であり、この二人が小涌谷にいることが池田の仙石原通いを促したようにに見えなくもない。

十一月四日から二十四日にかけて、池田は満枝夫人や大平外相らとともに西ドイツ、フランス、英国、オランダなど欧州七カ国を訪れた。二十五日に帰国するや、大磯の吉田邸に立ち寄って帰国の挨拶をし、その足で仙石原に向かった。「ヨーロッパ訪問中でも早く箱根の別邸に行きたいといっていた首相は、箱根ではもうモミジが散ってしまったのにちょっとがっかりしたようだ。それでも二十六日は新雪の消え残っている冬げしきを見ながら一日中部屋にこもって、夫人と二人きりで静かに日本の味をかみしめていた」（同、同年十一月二十七日）。

十二月二日には、吉田が仙石原の近藤別荘を訪れた（同、同年十二月三日）。名目は二十五日に池田が大磯の吉田邸で帰国の挨拶をしたことに対する答礼だったが、寒がりの吉田が冬の箱根に足を踏み入れるのはきわめて珍しかった。このときは小涌谷ではなく、大磯から日帰りで行ったのだろう。池田の「低姿勢」を批判してきた吉田が、池田に会いに行くため雪が降り始めた箱根の山をわざわざ登ること自体、吉田の池田に対する評価が高くなったことを暗示していた。

池田が七月に仙石原の別荘に一人こもり、内閣改造の構想を練るのは定例の習慣となりつつあった。六三年七月にも、同じ光景が再現されたからだ。

第二次池田第二次改造内閣が成立したちょうど一年後の六三年七月十八日、第二次池田第三次改造内閣が成立した。大平正芳、河野一郎、田中角栄、宮澤喜一らが同じポストに残留する一方、佐藤栄作が国務相（北海道開発庁長官兼科学技術庁長官、原子力委員長、オリンピック担当）として再入閣した。

八月十日には吉田がまた仙石原を訪れ、まず近藤別荘に立ち寄って池田に会ってから箱根観光ホテルに移り、夕食をともにしながら懇談した（『朝日新聞』一九六三年八月十一日）。度重なる懇談を通して、池田は吉田に政界からの引退を勧めたのだろうか。十月十四日に吉田は次期総選挙への不出馬を表明している。

その九日後の十月二十三日、池田は衆議院を解散した。投票日は日曜日ではなく、十一月二十一日の木曜日だった。二十一日から二十二日にかけて開票が行われ、自民党は三議席減の二八三議席、社会党は七議席増の一四四議席を獲得し、経済重視の池田政権が信任された形となった。佐藤の思惑に反して、長期政権になるという観測が出てきたのもこのころだった。

開票結果を見届けた池田は、同日の午後十一時十五分に仙石原の近藤別荘に入った（『読売新聞』一九六三年十一月二十三日）。秘書官の伊藤昌哉はこう述べている。

選挙はやっと終わって、投票となり、ほとんど選挙前と変わらぬ議席に落ち着いた。自民党二八三、社会党一四四、民社党二三、共産党五、無所属一二である。開票日十一月二十二日の夜、池田も私もやっと解放されて一息ついた。池田は箱根で静養し、私は久し振りに帰宅した。

その〔翌〕日の明け方四時すぎに、ケネディが暴漢に襲われた、という第一報をうけ、三〇分ほどして死亡した、という確報に接した。私は箱根に池田と同行した黒田〔瑞生〕秘書官（現国連大使）に電話して、その後の対応策をたのんだ。

土師二三生（『人間池田勇人』）によれば、池田は翌日の午前七時、箱根でテレビニュースを見ていた。

（『日本宰相列伝21　池田勇人』、時事通信社、一九八五年）

ＮＨＫは、十一月二十三日の午前五時過ぎから、モニターテレビで初めての日米宇宙中継を放送していた。史上初めて太平洋を越えてきた映像が鮮やかにとらえたのは、ケネディ大統領暗殺の場面だった。「明け方の熟睡中を起こされて「なんだ」と不機嫌な池田が、これはまた興奮し切った黒田から、米大統領急死の委細を聞いたのは、午前六時半ごろであったろう」（土師二三生『人間　池田勇人』、講談社、一九六七年）。ワシントンでケネディと会談した池田は、まさにその人物が狙撃される瞬間の映像を、近藤別荘のテレビで午前七時からまじまじと見たのである。

しかし池田の動きは鈍かった。当初は大平外相のほか、皇族（皇太子明仁ないし弟の義宮《よしのみや》正《まさ》仁《ひと》）や皇族に随伴する吉田を訪米させるつもりでいたからだ。

宮内庁長官の宇佐美《うさみ》毅《たけし》から難色を示された池田は、ついに万策尽き、自ら訪米する覚悟を固め、仙石原を発って「午後十時五十五分」（『読売新聞』一九六三年十一月二十四日）に帰京した。翌二十四日朝、池田は大平を連れてワシントンに飛んだ。

総選挙から二週間あまりが経った十二月九日、第三次池田内閣が成立した。前回の内閣改造からまだ日が浅かったため、解散前の内閣閣僚が全員再任された。佐藤栄作もまた国務相として留任した。

(4) 熱海・伊豆山でミカン畑を手入れした池田

翌一九六四(昭和三十九)年になると、七月の総裁選を控え、池田の最大のライバルと目されていた佐藤栄作の動きが活発になる。

岸や池田とは異なり、佐藤は箱根には通わなかった。六三年五月の連休に一度だけ仙石原の近藤別荘に近いホテルに泊まったことがあったが、このときも池田に電話をかけるだけで会わなかった(『読売新聞』一九六三年五月五日)。

佐藤は、正月に川奈ホテルに泊まってゴルフをする以外、五月から毎週ではないにせよ週末に軽井沢の別邸に滞在した。夏には千ヶ滝プリンスホテルに滞在していた皇太子夫妻にも会った。軽井沢に滞在しなかった池田とは、東京を除いて会わなかった。

佐藤にとっての最大の課題は、池田と緊密な関係を結んでいた吉田茂をどう味方につけるかであっただろう。六三年六月に金沢で開かれた自民党参院議員会長の林屋亀次郎《はやしやかめじろう》の喜寿の祝いに出席するため吉田や佐藤らが泊まった山中《やまなか》温泉の旅館「よしのや依緑園《いろく》別荘」で、吉田が池田の後継者として佐藤を指名したという逸話がある。その逸話の舞台とされる洋間はいまなお保存されている(『北國新聞』二〇一六年十一月二十三日)。

山中温泉は、奈良時代に行基が発見したという伝説の残る石川県の温泉である。吉田が温泉場で次の首相を指名するというのは、前章で触れた湯の花ホテルで吉田が岸の後継者として池田を指名したことを彷彿とさせる。しかし確証はない。
間違いなく言えるのは、佐藤が六四年二月から足しげく大磯の吉田邸に通うようになったことだ。前掲『佐藤榮作日記』第二巻から引こう。

夕方、吉田家を訪問。時余に亙《わた》り最近の政情など話合ふ。七月の三選の困難を告げ、善処方を話合ふ。（六四年二月二日）
大磯に出かける。〔中略〕交替の時期来れりと云はれるので、尚オリムピック迄続け度き様浜口〔巌根《いわね》〕をして申し来った話をして、更に党大会を延期すれば兎に角持ち得るがその事も至難の事故、七月はやまで、党の事情で総才の更《かわ》る事が最も望ましいと云ふ。（同年四月二十六日）
大磯に吉田先生を訪ふ。〔中略〕最初は気むづかしい様子だったが、小生の話を聞いて愁眉を開かれ破顔される。要は、河野のついた池田は倒すべしとの御托宣。大いに激励されて帰る。（同年七月二日）
（前掲『佐藤榮作日記』第二巻）

こうしたやりとりから吉田の支援を得られると踏んだ佐藤は、六月二十七日に国務相を辞任して自民党総裁選挙に備えた。だが七月十日に行われた選挙では、池田が勝利して三選を果たした。同日の日記に、佐藤は「勝算ありと確信をもって居たが、予想に反し、第一回で池田二四二、小生一六〇、藤山〔愛一郎〕七二〔過半数二三八〕で敗れる。誠に残念至極、長蛇を逸した感」〔同〕と記している。

池田は七月十一日、大磯の吉田邸と小田原の松永安左ェ門邸に立ち寄ってから仙石原の近藤別荘に向かった〔『日本経済新聞』一九六四年七月十二日〕。党役員人事と内閣改造につき構想を練るためだった。六〇年七月から四年続けて、同じ時期に同じ場所で同じような光景が展開されたことになる。

佐藤栄作もまた十二日には大磯を訪れた。「約一時間、吉田氏を見舞ふ。一寸《ちょっと》先生も手のつかぬ様子」〔前掲『佐藤榮作日記』第二巻〕。佐藤の日記を見る限り、吉田もまた佐藤の勝利を予測していたようだ。佐藤は十三日に軽井沢に向かい、人事を静観する構えをとった。十八日には第三次池田改造内閣が成立したが、佐藤は前日の日記に「椎名《しいな》〔悦三郎《えつさぶろう》〕君の外相には驚く。その他にも高橋《たかはしひとし》等の法相、徳安《とくやす》〔実蔵《じつぞう》〕郵政大臣等、意外の感の人事もあったが、田中角栄、愛知《あいち》〔揆一《きいち》〕君、吉武〔恵市〕等入閣、当方はまづ無難か」〔同〕と記した。

七月十九日、佐藤は珍しく御殿場に向かい、吉田に会った。吉田は久しぶりに樺山愛輔別邸に滞在していたのだ。「七時半出発、吉田先生を訪ねる。所要時間二時間四十分。御殿場は軽井沢より近い。勝又〔春一〕市長を先づ訪ね、然る後、先生に面接。大変御元気の様子なので慶祝をのべ、昼食を共にして後、松岡伯母様を訪問して帰京」（同）。「松岡伯母様」とは、松岡洋右の妹で佐藤栄作の妻、寛子の母でもあった佐藤藤枝のことだろう。栄作は従妹の寛子を娶り、佐藤家本家の婿養子になったのだ。御殿場には松岡洋右の別邸があり（39ページ図5参照）、樺山別邸を訪れたあとに立ち寄ったものと見られる。

ちなみに岸信介の別邸（現・東山旧岸邸）は松岡別邸のすぐ近くに建てられることになるが、このときはまだできていない。

岸信介は首相在任中だけでなく、辞任後も那須御用邸を訪れて昭和天皇に会ったのに対して、池田は全く那須御用邸を訪れなかった。せいぜい箱根からの帰途、葉山御用邸に一度立ち寄っただけだった。吉田が御殿場に滞在していたときも、池田が佐藤と同じ行動をとった形跡はない。首相としての池田の日常は、冬に数回熱海の野村別邸に滞在したのを除けば、ほぼ東京と箱根と大磯で完結していた。

池田の長女の近藤直子は、「父と母にとって、余人をまじえないで二人で過ごす週末の箱根別邸行きがどんなに楽しかったことでしょう」（「父池田勇人夫妻の愛のかたち」、『婦人公論』一九六五年一月号所収）と回想する。しかし池田が仙石原の近藤別荘を訪れたのは、六四年九月五日から六日にかけてが最後となった。

秘書官の伊藤昌哉が池田の体調に異変を感じたのは、七月の総裁選挙を終えた頃だった。「持ち前のガラガラ声がひどくなり始めたのである」（前掲伊藤『池田勇人』）。箱根から戻り、九月七日から東京で開かれたＩＭＦ（国際通貨基金）総会で演説した二日後の九月九日、池田は国立がんセンターに入院した。真の病気は咽喉ガンだったが、慢性喉頭炎と公表され、池田本人にもそう伝えられた。

病院側の配慮で十月十日の東京オリンピック開会式には出席できたものの、直後に医師から退陣を勧められた。閉会式翌日の十月二十五日、池田は入院したまま辞意を表明した。池田自身の裁断によって後継首相は佐藤栄作に決まり、十一月九日には佐藤内閣が成立する（前掲「春風秋雨」）。

池田は十二月五日に国立がんセンターを退院し、翌六日から熱海市伊豆山稲村《いなむら》の近藤別邸に移り、静養に専念した。この近藤別邸については詳細が不明だが、仙石原の近藤別荘と同じく、資産家の近藤荒樹が所有していたのだろう。

伊豆山稲村・旧近藤別邸

池田前首相は去る六日から熱海市伊豆山稲村の近藤別邸に静養している。同別邸は海に面したミカン畑に包まれた静かな住い。前首相は週三日間、東京住いのほかは同別邸で過し、読書や好きな画集の鑑賞をしたり、午後は散歩やミカン畑の手入れなどをして静かな毎日を送っているが、「暖かいのでとても住みよく、こちらに来て四キロも目方がふえた」ととても元気そうだ。

（『朝日新聞』一九六四年十二月二十二日）

『ゼンリンの住宅地図　熱海市1971』（東海善隣出版社、一九七〇年）には、伊豆山稲村に「元池田首相別荘　近藤」と記された区画がある。それによると近藤別邸は、首相在任中に滞在した海光町の野村別邸よりも湯河原寄りの相模湾沿いに位置し、国道135号の稲村バス停から海に向かう道を進んだところにあった（98ページ図9参照）。ここも仙石原の近藤別荘と同様、周辺によく似た区画の別荘が建っていた。海岸沿いに敷かれた有料道路の熱海ビーチラインはまだできておらず、眺望をさえぎるものはなかった。

ちなみに現在も、国道から海に向かって下る細い坂道が延び、道沿いに別荘とおぼしき住宅がいくつも建っている。現存する野村別邸のある海光町に比べると、同じ別荘地でもひなびた印象は否めない。

地元の住民に道を教えられて近藤別邸に行ってみたところ、木製の門扉は完全に閉じられ、庭の草木は生い茂り、使われなくなってから相当の年月が経っているように思われた。二〇二二年の住宅地図、前掲『ゼンリン住宅地図　熱海市』によれば、所有者はかわっているようだった。

だがここは、三島由紀夫の長編小説『豊饒の海』の第二部『奔馬』の舞台でもある。先に引用した『朝日新聞』の記事は、『奔馬』に引用された「政界財界大物の年末年始」と題する架空の記事を思い起こさせる。その記事は以下の通りだ。

蔵原武介氏の年末年始は、ゴルフをするでもない、簡素そのもので、毎年御用納めのとたんに熱海伊豆山稲村の別荘にもぐり込み、自慢の蜜柑畑の手入れをして暮すのが何よりのたのしみ。隣近所の蜜柑山は、大てい年内に採果するが、蔵原家だけは、松の内まで、枝もたわわな蜜柑をそのままにして鑑賞し、その後採った蜜柑は、知人に配るほか、施療院や孤児院へ悉く寄附される。

（『奔馬――豊饒の海・第二巻――』、新潮文庫、二〇〇二年）

蔵原武介というのは架空の人物ながら近藤荒樹と同様の資産家で、昭和初期の財界の黒幕とされている。確かに池田は別荘の所有者ではなかったが、伊豆山稲村のバス停に近い海沿いのミカン畑に囲まれた一角に資産家が別荘をもっているという設定や、十二月という時期自体は似ていることがわかる。「ミカン畑の手入れ」「蜜柑畑の手入れ」という言い回しに至っては、全く同じである。

『奔馬』が文芸誌『新潮』に連載されたのは六七年二月号から六八年八月号までだったが、その前に創作ノートを残している。そこには「稲村は海への斜面を悉く蔵原の別荘で占む」とあり、近藤別邸より広い土地を占めていることになっている（「『奔馬』創作ノート」、『決定版 三島由紀夫全集』14、新潮社、二〇〇二年所収）。先に引用した『朝日新聞』の記事に対する言及もない。単なる偶然の一致だった可能性も捨てきれない。

しかしながら、『豊饒の海』の第一部『春の雪』には佐藤栄作が六五年から別邸として借りていた旧前田侯爵家別邸（現・鎌倉文学館）が舞台として出てくる。首相が滞在する別邸に三島が無関心でなかったということは言えるだろう。

伊豆山稲村の近藤別邸での滞在は、短期的には池田の体調を維持するうえで効果を上げたようだ。伊藤昌哉は、「体重は四キロも増え、ときどき上京して診察をうけた。〔六五年〕四月には大磯の吉田邸と〔財界人の集まりである〕末広会が全快祝いをしてくれるほどであったが、その頃から医師団は再発を心配しはじめた」（前掲『日本宰相列伝21 池田勇人』）と述べている。たとえ短期的には効果を上げても、それはあくまでも一時的な延命にすぎないことを医師団はわかっていた。

世代は着実に交代しつつあった。大正生まれの田中角栄、宮澤喜一、中曽根康弘といった政治家が台頭する一方、池田を支えてきた大野伴睦は六四年五月に、河野一郎は六五年七月に相次いで死去した。だが例外もあった。かつて重光葵が「国家の元老」と評した吉田茂は、相変わらず健在だったからだ。

自らの名義でない箱根の別荘を活用した点で、池田は吉田に似ていた。吉田や松永安左ェ門ら政財界の大物がわざわざ訪れたという点では、近藤別荘も「奥の院」と呼べるかもしれない。しかしその広さは、小涌谷の三井別邸とは比べるべくもなかった。池田は、どれほど仙石原での週末静養を重ねようが、小涌谷の三井別邸で世俗にまみれた体を洗い落としつつ、下界に向かって権力を行使すべきときには泰然と行使する吉田の境地にまで達することはできなかったように思われる。

ケネディ暗殺のときに象徴されるように、激動する国際政治の荒波は瞬時にして仙石原にも届き、池田の静養の時間を奪うようになった。また脳溢血で倒れた鳩山一郎を反面教師にして体調管理に気をつかった吉田とは異なり、池田には佐藤栄作というライバルはいても、反面教師とすべきライバルがいなかった。こうしたことが、池田の身体を徐々にむしばんだ要因だったのではないか。

六五年八月十三日、池田は咽頭ガンのため東大附属病院で死去した。鳩山一郎が熱海の桃山に移り住んだ四六年十一月から始まり、箱根や伊豆を舞台として保守政治家たちが繰り広げてきた「温泉政治」の時代は、ここに幕をおろしたのである。

終章

ポスト「温泉政治」の時代

(1) 戦後保守政治の二大巨頭がつくりあげた「温泉政治」

第一章から第四章までの記述を通して、敗戦直後の一九四〇年代後半から高度経済成長期に当たる一九六〇年代前半にかけての日本の保守政治の舞台として、これまで知られてきた東京や神奈川県の大磯、あるいは長野県の軽井沢のほかに、神奈川県の箱根や静岡県の熱海を含む伊豆の温泉地に建てられた別荘・別邸や旅館、ホテルが、それらに劣らぬ重要な役割を果たしていたことが明らかになった。

言うまでもなくこの時期は、GHQによる占領統治を経て日本が独立を回復し、経済的に復興してゆく時期に相当する。真っ先に東京から温泉地に移ったのは、音羽の本邸が空襲で被災したうえ、公職追放の処分を受けた鳩山一郎だった。政界から追放されたことで、東京にいなければならない必然性がなくなったのだ。五四年に首相になるまで東京や軽井沢にも滞在しつつ、熱海、伊豆韮山、芦ノ湖畔の温泉地を転々とした鳩山の足跡は、五一年に音羽で脳溢血を起こしてからは療養を兼ねていたとはいえ、戦後政治における温泉と政治の深いつながりを暗示してあまりある。

ではなぜ鳩山は、戦中期のように軽井沢の別邸に引きこもることなく、伊豆や箱根を転々としたのか。そもそも軽井沢の別邸に温泉はなかった。しかも東京から行く場合、軽井沢は伊豆や箱根より遠く、鉄道のダイヤは不便だった。道路事情もまだよくなかった。冬は寒く、長期滞在できる期間は限られた。

一方、伊豆や箱根は相対的に近く、最重要幹線だった東海道本線のダイヤは充実していた。箱根を通る国道1号もいち早く整備された。だからいざとなればすぐ上京できたし、逆に東京から日帰りでも話し合う時間を確保できた。伊豆はもちろん、箱根も軽井沢に比べれば寒くはなく、年中を通しての滞在も可能だった。

鳩山にとって、公職追放された時期の東京は、敗戦と占領という現実を日々目のあたりにせざるを得ないものに満ちていただろう。見渡す限り焦土と化した都心の街並み。日比谷に威容を誇るGHQ本部。駅前の闇市に群がる人々。米軍兵士と連れ立って歩く日本人女性……。どれもこれも東京にいる限り否応なしに目に入ってくる光景だった。

伊豆や箱根に、そうした戦争の傷跡はほぼなかった。確かに宮ノ下の富士屋ホテル、強羅の強羅ホテル、熱海の山王ホテル、伊東の川奈ホテルなどのようにGHQに接収されたホテルもあったが、相変わらず温泉が湧き、戦前と変わらぬ海や山の風景に囲まれていた。熱海の桃山からは水平線まで見渡せる相模湾が眺められ、伊豆の韮山や箱根の芦ノ湖畔からは富士山の秀峰が望まれた。

新しい日本の見取り図を思い描くには、しばし東京を離れて温泉に浸かり、雄大な自然を眺め、英気を養うことが必要だったのだ。現在のワーケーションに通じるライフスタイルを、鳩山はいち早く実践したといえる。

この点は、公職追放を免れた結果、鳩山の代わりに首相となり、長期政権を築いた吉田茂にとっても同じだった。

永田町の自宅が空襲で被災してから大磯に移り住んだのは、東京から距離を置きたかったからだろう。首相在任中、箱根の温泉地にしばしば通うようになったのも、同じ東海道沿いにあって大磯から近いという地理的な条件もさることながら、長期政権に伴う激務から心身ともに解放される空間と時間が必要だったからだろう。夏には小涌谷の三井別邸から明星ヶ岳の大文字焼きを眺めつつ、自らの権力のはかなさを実感することがあったかもしれない。一九五一年にライバルの鳩山が脳溢血で倒れてからは、体調の管理に一層気をつかうようになったことも確かだ。

大磯が伊藤博文や山県有朋《やまがたありとも》、大隈重信、西園寺公望ら多くの政治家の本邸や別荘地になったように、箱根の温泉地もまた木戸孝允や伊藤博文、大隈重信、孫文ら内外の多くの政治家とゆかりがあった。東京と大磯や箱根の間を往復する吉田のスタイルは、明治や大正の有力政治家を意識していたようにも見える。

それだけではない。温泉は吉田の体調を維持させるのに貢献した。五四年に首相を辞めてからも小涌谷通いはずっと続き、ライバルや弟子に当たる鳩山一郎や池田勇人が死去してもなお吉田は生き延びた。佐藤栄作は吉田に会うたびに、吉田の身体が一向に衰えないことを、驚きをこめて日記に書き留めている。

戦後保守政治の二つの流れをつくった吉田茂と鳩山一郎がともに箱根や伊豆の温泉に長らく滞在したことが、後に首相となる石橋湛山、岸信介、池田勇人、佐藤栄作、三木武夫、大平正芳、宮澤喜一らばかりか、芦田均、重光葵、三木武吉、大野伴睦、河野一郎、緒方竹虎といった首相経験者や有力政治家を箱根や伊豆に引き寄せ、たとえ一時的にせよ軽井沢をしのぐ政治空間が形成されたことは否定できない。

吉田が死去したのは、佐藤政権期に当たる一九六七（昭和四十二）年十月二十日だった。享年九十（満八十九歳）。大宅壮一は「吉田が死んで戦後は終わった」と題する文章のなかで、こう述べた。

吉田は大磯に豪壮な邸宅をかまえ、三万平方メートル余りのバラ園を持って、富士山をながめながら死んでいったというが、これほどデラックスな生涯を送ったものは、日本人にはちょっと見当たらない。政界を退いてからも、その私生活に、月額最低百万円を要したろうといわれている。幼少時代から死にいたるまで、彼ほど苦労や貧乏の勤労の体験を持たぬものも少ない。極端ないい方をすれば、生涯を通じて勤労らしいものをしたことがなく、それでいて日本人として最大限に豪華な生活をエンジョイしたという点で、最高記録をつくったともいえ〔い〕えよう。

（『大宅壮一全集』第八巻、蒼洋社、一九八〇年）

大宅が指摘する通り、大磯に住み、箱根に通い続け、戦後十数年にわたって小涌谷の三井別邸を事実上の別荘とした吉田茂のライフスタイルは「デラックス」そのものであり、「日本人として最大限に豪華な生活をエンジョイした」というのもあながち外れてはいない。吉田ほど長生きはしなかったにしても、大宅の言葉は東京の音羽に「音羽御殿」と呼ばれる広大な屋敷を構え、脳溢血で倒れる前から軽井沢の別荘のほか、伊豆や箱根の資産家別邸や高級ホテルを転々とした鳩山一郎にも当てはまるだろう。

吉田も鳩山も、箱根や伊豆の温泉地に滞在する期間が長く、夏季には東京や大磯に戻らないことがあった。これに伴い、政治家ばかりか官僚や新聞記者もまた国道1号という「参道」を経由し、「奥の院」に「参詣」した。東京という「本堂」ないし「本殿」を離れることで、かえって本音を交えた話し合いが可能になったのだ。

箱根や伊豆の温泉地にこもったのは、鳩山のあとに首相となる石橋湛山、岸信介、池田勇人もまた同様だった。温泉地での一回当たりの滞在期間はしだいに短くなったが、それでも岸の時代までは閣議を休んでこもることもあった。堤康次郎の斡旋により、ネールやアデナウアーのような外国の首脳を箱根に招いたのも岸であった。六〇年安保闘争でどれほど政治手法が批判されても岸は宮ノ下の奈良屋旅館にこもるスタイルをやめず、そのスタイルが槍玉にあげられることもなかった。

当時の新聞は、首相が箱根で静養すると必ずそれを記事にした。つまり新聞に目を通していれば、首相がどこにいるかを容易に把握できたのだ。それでも反対派が奈良屋まで詰めかけることはなかった。岸が首相在任中、熱海に別邸を建てたときには資金の疑惑が報じられたが、政治家がオフに休養することの必要性自体については、ある程度国民のコンセンサスが得られていたのではないか。

岸を継いだ池田勇人もまた、首相になる前から仙石原の近藤別荘で静養する習慣を続けた。近藤別荘は会議を開催できる箱根観光ホテルに近く、池田は空間的に公私を使い分けた。だが池田の仙石原滞在は基本的に週末や休日に限っていて、夏季でも長期滞在はしなかった。平日はずっと東京にいて、閣議を休まなくなったのだ。東京を離れて温泉で静養することの意味が薄れつつあった。

時代は高度経済成長期に入り、東京からは戦争の痕跡が消えていった。それに比例して箱根や伊豆にも、開発の波が押し寄せるようになった。藤田観光の創業者である小川栄一は、小涌谷の三井北家別邸を買収するなど、小涌園を拡張して小涌谷一帯を大衆化していった。池田が竣工したばかりの箱根観光ホテルで日米の本格的な会議を開くことができたのも、こうした時代の変化のおかげだった。

箱根や伊豆に押し寄せたのは、一般の観光客だけではなかった。修学旅行、林間学校の小中学生も増えたからだ。

箱根の旅館は六日夜から避暑客でほぼ満員で一万五千人。一方快晴の芦ノ湖畔、箱根園キャンプ場をはじめ全山六か所のキャンプ場や小中学校修学旅行受け入れ旅館などには若いキャンパーと林間学校の都会の子どもたち二万人が朝を迎えボート、遊覧船、ロープウェーなどで涼味を満喫〔以下略〕。

（『読売新聞』一九六〇年八月七日夕刊）

秋色にはいった箱根芦ノ湖畔は十六日四万五千人の観光客で埋まった。観光遊覧船には修学旅行の団体も多かった。湯河原、箱根五百数十軒の旅館、ホテル、寮は十一月中旬まで予約客でいっぱいになった。

熱海地方も十六日朝から絶好の晴天で、人出は前夜の泊まり客約三万六千人をいれてざっと十二、三万人（熱海市観光課調べ）

（同、一九六二年九月十六日夕刊）

当時は箱根でも伊豆でも、西武系の伊豆箱根鉄道と東急・小田急系の箱根登山鉄道や伊豆急行が客の争奪戦を繰り広げつつ、開発を進めていた。また小涌園を発展させた小川栄一は、ホテルの五階建ての制限を廃して八階建てにするよう主張し、神奈川県知事の内山岩太郎《うちやまいわたろう》に認めさせた（『あわてなさんな――小川栄一・不平不満集――』、文藝春秋、一九七四年）。それとともに人出が増え、大衆化が進み、騒がしくなっていった。

もちろん開発が進んだのは、軽井沢も同様だった。「〔昭和〕三十三年に約二千軒だった別荘は、三十九年に三千軒を超し、四十三年に四千軒を突破する」（前掲『軽井沢物語』）。それでも軽井沢では、一九七二（昭和四十七）年に施行された「軽井沢自然保護対策要綱」により、建物は保養地域や居住地域などで高さ一〇メートル以下かつ二階建て以下、商業地域で高さ一三メートル以下かつ三階建て以下とされたため、箱根や伊豆のような巨大ホテルは建てられなかった。

しかも一九六三年までは信越本線の横川―軽井沢間にアプト式が残り、それがなくなった六三年以降も横川駅で機関車を増結しなければ碓氷峠を越えられなかった。軽井沢を通る上信越自動車道は、九三（平成五）年まで開通しなかった。このため箱根や伊豆ほど景観が一変しなかった。

六四年十一月に首相となった佐藤栄作は、鳩山一郎と同じく、軽井沢の旧軽井沢地区に別邸を構えた。伊豆や熱海を転々とした鳩山とは異なり、佐藤は首相になる前から毎年夏に軽井沢に通う生活を続けた。もちろん吉田に会うため木賀や小涌谷を訪れることもあったが、池田勇人のように箱根に滞在することはなかった。

軽井沢に通う習慣は、首相になっても変わらなかった。日記には、その印象を次のように書き留めている。

昨夜三時間余で軽井沢に来る。静かにして、しかも気温殊にいゝ。（六四年五月三十一日）
三時出発して軽井沢へ向ふ。暑さ厳しい都内を離れ、ほんとに休養が出来る。（六六年八月十二日）
軽井沢の夜は涼しい。静養が出来た。（六七年八月十二日）
我家に帰へってほんとに休息がとれた。十一時から朝六時迄ぐっすりねた。そして軽井沢は何と云っても涼しい処で、冷房の御世話にならないでいゝ。（六九年八月八日）
（前掲『佐藤榮作日記』第二巻、第三巻）

東京から隔絶された軽井沢の環境に、佐藤がいかに癒やされていたかがわかる記述である。佐藤は首相在任中も正月に川奈ホテル、夏に軽井沢の別邸に通い、どちらもゴルフに熱中した。「鳩山から十年を経た佐藤は、さすがに夏中行きっぱなしは不可能で、あくまでも週末に限られていた」（前掲『権力の館を歩く』）。

川奈ホテルも軽井沢の佐藤別邸も温泉が出なかった。佐藤の体調はもっぱらゴルフによって維持されていた。

佐藤別邸は、旧軽井沢ロータリーと三笠ホテルを結び、落葉松並木の続く三笠通り沿いにあった。その周辺には、田中角栄、三木武夫、大平正芳、中曽根康弘、宮澤喜一ら、後に首相となる自民党の領袖の別荘が集まっていた（図17参照）。三木や大平や宮澤のように、箱根にしばしば通った政治家すら、別荘を建てたのは軽井沢だったのだ。

それらは小涌谷の三井別邸や仙石原の近藤別荘などとは異なり、政治家自身が建てた別荘という意味で、まさしく「権力の館」にほかならなかった。確かに仙石原の近藤別荘も別荘地にあったが、箱根に政治家の別荘は少なかった。

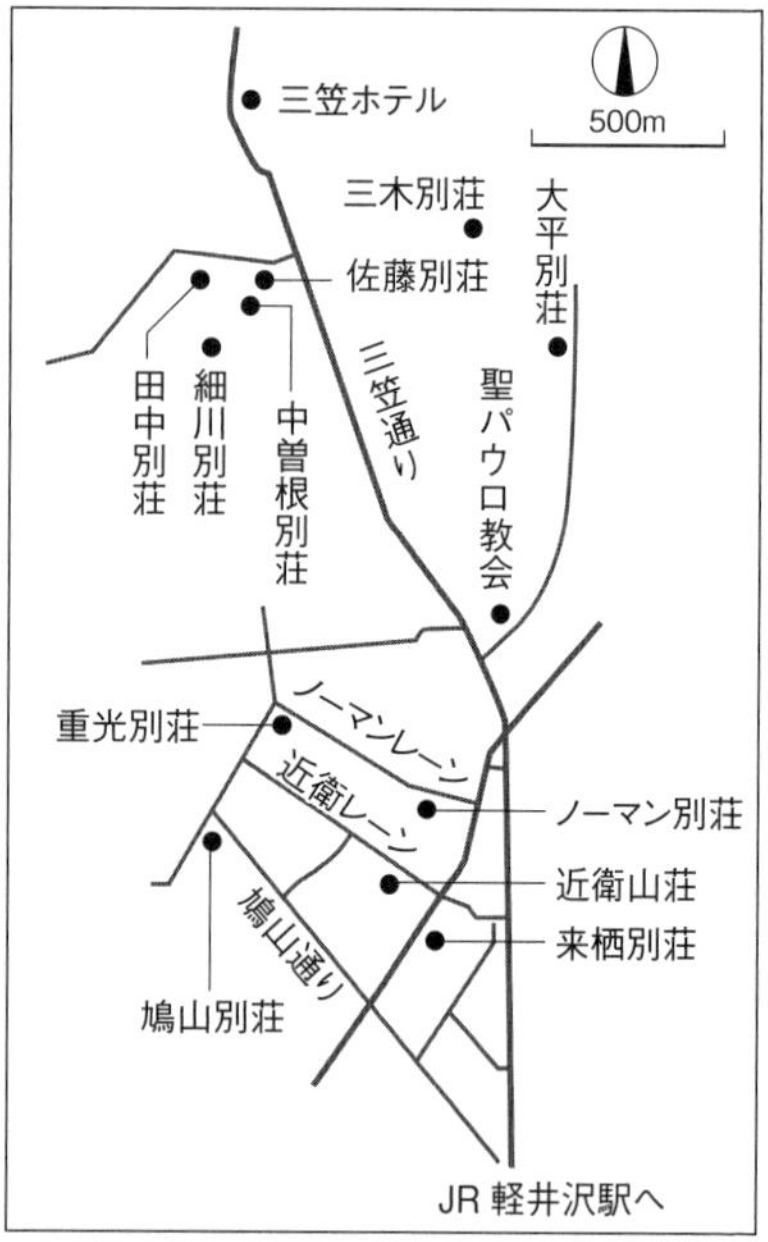

図17　軽井沢周辺図
出典：御厨貴『権力の館を歩く』

大磯に住む吉田が六三年に政界を引退し、小涌谷に通わなくなり、六七年に死去したことで、大磯や箱根が政治空間としての意味を大きく失った。それとは対照的に、自民党を担う次の世代の「権力の館」が集まる軽井沢の重要性が再び浮上したのである。六六年十月から上野―軽井沢―長野ないし直江津間に特急「あさま」が、また六八年から東京―中軽井沢間に特急「そよかぜ」が走り始め、上野―軽井沢間を二時間弱で結ぶなど、軽井沢へのアクセスが大幅に改善されたことも大きかった。

佐藤栄作が軽井沢の別邸に滞在している間、多くの政治家が訪れた。栄作の孫の栄治は、

「別荘の川の向こうに、中曽根〔康弘〕さんの別荘があって。お忍びっていう感じでもないですが」「中曽根さんがちょこちょこいらしていたと聞きました。政治的な相談もあったのだと思います」と回想している（「佐藤栄作総理の夏休み」、『KARUIZAWA VIGNETTE』一三三号、二〇一三年所収）。同じ軽井沢に「権力の館」をもつ政治家どうしの交流も盛んだったのだ。

軽井沢・旧佐藤栄作別邸。ポリスボックスが残っている

　この点もまた、池田勇人が少数の例外を除いて面会を謝絶した仙石原の近藤別荘とは対照的といえた。現在は佐藤家の所有ではなくなったが、建物はそのまま残り、ポリスボックスもまだ設置されている。

(2) 皇室と温泉

　昭和天皇は、毎年夏に香淳皇后とともに温泉が引かれた那須御用邸に長期滞在する習慣を、戦後もずっと続けた。池田勇人が一度も那須に行かなかったのに対して、佐藤栄作は首相在任中にしばしば那須を訪れ、天皇に内奏した。「拝謁」「感激一入《ひとしお》」「御言葉」「恐懼《きょうく》」といった戦前を思わせる日記の言葉の数々が、佐藤の天皇観をよく表していた。東京と那須の間を鉄道で往復することもあれば、那須から軽井沢へ、あるいは軽井沢から那須へ自動車で移動することもあった。

天皇と温泉の関わりは古い。『日本書紀』には、飛鳥時代に舒明《じょめい》天皇と孝徳天皇が有馬温泉を訪れたほか、舒明天皇や斉明天皇らが現在の道後温泉を、斉明天皇が現在の南紀白浜温泉を訪れたと記されている。平安遷都以降の天皇は南北朝時代を除いてほぼ京都にとどまったが、明治になると一八七三（明治六）年に明治天皇と昭憲皇太后が箱根宮ノ下の奈良屋に滞在したように、温泉との関係が復活する。それでも明治天皇が温泉地に逗留したのは、このときが唯一であった。

一方、昭和天皇は温泉好きで、大正最後の年に完成した温泉付きの那須御用邸を好んだ。一九五三（昭和二十八）年三月二十六日には、宮内庁長官の田島道治に対し、温泉のない静岡県の沼津御用邸に代わる御用邸として、温泉の湧く伊豆を望んだこともあった。

沼津は実は全部御止め願ひましてどこかへ……と申上げし処、（又語気を御加えの上）いや、あの暖い温泉のある処と代へるとい丶よとの仰せ。ハイ、熱海の様な繁華に過ぎますより、温泉量の豊富なや丶僻遠でも構ひませぬ土地……と申上げし処、〔伊豆〕白浜当りがい丶よ。那須は夏の温泉、海岸は葉山、そして冬は白浜当り。沼津の代りは暖い土地で温泉のある事が条件で、海岸に近く採集出来る処はなほい丶といふ旨の御話あり。

（前掲『昭和天皇拝謁記』4）

田島は沼津御用邸を廃止し、それに代わる御用邸を建てるべきだとしたのに対して、天皇は冬に行ける「暖い温泉のある処」を望んだ。那須の冬は寒いので、東京より南にある温暖な伊豆の温泉地をリクエストしたのだ。

田島が述べたように、熱海はすでに「繁華に過ぎ」ていた。天皇が言及したのは、伊豆半島の南端に近い白浜海岸だった。結果として天皇の希望はほぼ受け入れられ、沼津御用邸が廃止された翌々年に当たる七一年十月、白浜よりやや南寄りの海岸に当たる須崎に温泉の引かれた須崎御用邸が建てられた。

それだけではない。戦後の昭和天皇は、一九四六年から五四年にかけて沖縄県を除く全都道府県を回ったほか、しばしば香淳皇后を伴い、国民体育大会や全国植樹祭が開催された地方を訪れた。その際には、地元の由緒ある温泉旅館や温泉ホテルに宿泊することが恒例となった。前述した強羅の強羅環翠楼や宮ノ下の富士屋ホテル、伊豆長岡の三養荘などは、あくまでも一部にすぎない。もちろん天皇と皇后は、部屋に風呂のついた貴賓室に泊まることが多く、当日の旅館やホテルは貸し切り状態となった。

一方、皇太子明仁（現上皇）にとっての夏の避暑地は軽井沢だった。一九五〇年からは毎年夏、政治家の別荘が集まる旧軽井沢地区から離れた千ヶ滝地区のプリンス・ホテル（元の朝香宮別邸。後の千ヶ滝プリンスホテル。現在は閉業）に滞在するようになる。その習慣は五九年に結婚してからも変わらず、皇太子妃美智子や浩宮徳仁《ひろのみやなるひと》（現天皇）、礼宮文仁《あやのみやふみひと》（現・秋篠宮）らとともに滞在した。昭和天皇や香淳皇后が滞在する期間の御用邸は避けたから、那須には行かなかった。

佐藤栄作は軽井沢の別邸に滞在する間、皇太子一家に会いに行っている。その様子を日記から引用しよう。

プリンスホテルに皇太子殿下、同妃殿下を御機嫌奉伺に参上。浩の宮、礼の宮とも御めにかゝり、御昼をいたゞいて下る。最近の外交並に政情の一端を奏上。（一九六六年八月十四日）

九時皇太子殿下を御見舞に参上。浩宮〔徳仁親王〕様や礼宮〔文仁親王〕様も大変御元気。約一時間近況を御話申上げて退出。（一九六七年八月十二日）

五時半出発、皇太子様の処で夕食をいたゞく。浩ノ宮、礼ノ宮御成人に驚く。七時半帰宅。（一九六八年八月十七日）

（前掲『佐藤榮作日記』第二巻、第三巻）

天皇と皇太子では、佐藤の態度が全く違っていた。天皇に会うため那須御用邸を訪れるときには人里離れた那須岳の麓へと上ってゆくのに対して、皇太子に会うためプリンス・ホテルを訪れるときにはまるで近くの別荘に滞在する知り合いの家族に会いに行くような感覚で、夕食までもてなされている。

プリンス・ホテルのある千ヶ滝地区に温泉は湧いていたが、ホテルに温泉は引かれていなかった。では皇太子明仁は温泉に入らなかったのかといえば、そうではない。皇太子妃美智子とともに六一年から始めた地方視察では、昭和天皇や香淳皇后と同様、全国各地の温泉付きの旅館やホテルにしばしば泊まったからだ。

ただ違いもあった。旅館やホテルを関係者以外立ち入り禁止にするどころか、大広間などの一室を貸し切り、「懇談会」と呼ばれる会合を積極的に開催したからだ（原武史『平成の終焉』、岩波新書、二〇一九年）。

懇談会というのは、地元の有力者ではなく、無名の青年男女や辺地の勤務者たちを招いて部屋に着席させ、その地方ならではの課題をテーマに皇太子夫妻と一時間から二時間あまりにわたって話し合う試みを意味する。

皇太子夫妻が宮崎、鹿児島、熊本三県を訪れた一九六二（昭和三十七）年から青森県を訪れた七七年にかけて公共施設や宿泊施設で開かれたが、六六年から七六年にかけては夫妻が泊まった温泉旅館や温泉ホテルでも開かれている。

もちろん皇太子夫妻は皇室の一員であるから、政治家ではない。憲法で政治的発言を禁じられていた天皇と同様、政治的発言を控えなければならない立場にあったことも確かだ。しかし懇談会は、政治家が地域住民と非公式に直接会い、住民の生活に関わる問題について対等に話し合うために後に開かれる対話型集会「タウンミーティング」を先取りしていた。しかも政治家は男性が圧倒的多数を占め、歴代の首相が滞在した温泉地を訪れて会談した政治家も男性ばかりだったのに対して、懇談会には皇太子妃が出席し、若い女性が多く参加した（原武史「皇太子明仁・美智子夫妻による「懇談会」と戦後デモクラシー」、『政治思想研究』第二十二号、二〇二二年所収）。

戦後の首相が温泉を政治空間として活用しなくなった時期に、逆に皇太子夫妻が温泉を政治空間として積極的に活用していたことになる。しかもその活用の仕方は、歴代の首相とは全く異なるものだった。以下、懇談会が行われた年月日、温泉名、旅館、ホテル名を具体的に列挙しよう（温泉付きの旅館、ホテルに限る）。

一九六六年八月一日に青森県浅虫《あさむし》温泉の「東奥館」（現在は閉業）。同年八月二日に十和田《とわだ》湖畔温泉の「十和田観光ホテル」（同）。同年八月六日に岡山県湯郷《ゆのごう》温泉の「湯郷観光ホテル」（現・湯郷温泉かつらぎ）。同年八月十日に鳥取県皆生《かいけ》温泉の「東光園」。六九年九月六日に長崎県弓張《ゆみはり》温泉の「弓張観光ホテル」（現・弓張の丘ホテル）。七〇年一月二十四日に長野県浅間《あさま》温泉の「東山観光ホテル」（現在は閉業）。同年十月二十二日に岩手県厳美渓《げんびけい》温泉の「いつくし園」。七二年八月一日に山形県上山《かみのやま》温泉の「村尾旅館」（現在は閉業）。同年八月二日に瀬見《せみ》温泉の「観松館」。同年十月十九日に宮城県秋保《あきう》温泉の「秋保国際ホテル」（現・篝火の湯緑水亭）。

七三年八月二日に三重県榊原《さかきばら》温泉の「白雲荘」。七六年二月十四日に富山県立山山麓温泉の「立山国際ホテル」（前掲『平成の終焉』）。

これらの旅館やホテルで開かれた懇談会の模様は、地元の新聞でしばしば詳細に報道された。例えば「青年の余暇活動」と題して七二年八月一日に山形県の上山温泉「村尾旅館」で開かれた懇談会につき、『山形新聞』はこう報じている。

はじめに、青年代表が自己紹介し、それぞれの立場から、集団活動や余暇活動の問題点、抱負などを述べた。両殿下は、発言者の目をじっと見つめられながら熱心にお聞きになり、「技術交換の集会だと出席率がよく、一般教養の会だと集まらないのはどうしてですか」「出かせぎは今後も続きますか」「リーダーが犠牲になって働くことはありませんか」などとご質問された。

これに対して青年たちは「出かせぎはなくならないと思います」「団体活動が好きだからリーダーをやっているのです」など、ざっくばらんに答えた。はじめ堅くなっていたが、時がたつにつれてうちとけ、とうとう終了予定の九時を三十分近く超過した。

皇太子さまは最後に、情報化社会の青年の行動について「情報が多くなると、自分で判断し、考えて行動することが必要ですね」とおっしゃるとともに、「十年後にまたお会いしたとき、互いの青春に悔いがなかったといえるように努力しましょうね」と励まされた。

（『山形新聞』一九七二年八月二日。一部改変）

この懇談会では、男性四人、女性四人が二時間にわたって皇太子夫妻と懇談し、その内容が新聞に公表されたのだ。その意味で温泉旅館は「奥の院」ではなく、「公共圏」としての役割を果たしていた。いや、「時がたつにつれてうちとけ、とうとう終了予定の九時を三十分近く超過した」という点では、血縁や婚姻によらない「家族的」関係が築かれる「親密圏」が形成されたともいえた。

翌日に瀬見温泉「観松館」で開かれた懇談会でも、男性四人、女性三人が皇太子夫妻と二時間二十五分にわたって懇談したが、このときの座席の配置が『皇太子、同妃両殿下とへき地に働く人びととのご懇談』（山形県、一九七二年）に示されている。それによれば、五角形のテーブルの外側に椅子が二席ずつ置かれ、そこに座る皇太子夫妻と男女の間に上下の段差はなかった。皇太子夫妻と地元の男女が全く対等の立場で会話ができるよう、座席が配置されていたのがわかる。

このような温泉旅館の活用法は、戦後しばしば温泉旅館に泊まった昭和天皇はもちろん、箱根や伊豆の温泉旅館に泊まった歴代の首相も思いつかなかったに違いない。注目すべきは、農村や辺地で働く若い女性のような、最も地方政治に反映されにくい声を皇太子妃が拾い上げたことだった。

そもそも歴代首相が滞在した別荘や旅館に女性はいても、政治の主体にはならなかった。吉田茂の後妻、坂本喜代も、鳩山一郎の正妻、薫も、政治家に食事や茶などを提供するだけの脇役にすぎなかった。ところが懇談会では皇太子妃がしばしば皇太子以上に発言し、会話を主導した（前掲『平成の終焉』）。場慣れしていない若い女性が発言しやすい空気を、積極的につくろうとしたのである。

政治学者の齋藤純一《さいとうじゅんいち》が述べるように、「デモクラシーの原理は端的にいえば誰からもその発言権（voice）を奪わないことにある」（『思考のフロンティア　公共性』、岩波書店、二〇〇〇年）とするならば、あるいは「デモクラシーは、他者の意見を代理＝代表する立場には誰もいないという条件を真剣に受けとめ、意見と意見が現実に交換されることを求める」（『政治と複数性――民主的な公共性にむけて』、岩波書店、二〇〇八年）とするならば、皇太子夫妻が開催した「懇談会」こそ、まさにこうした意味でのデモクラシーの実践だった。皮肉にも選挙で選ばれず、憲法で政治への関与を禁じられた天皇の一族が、政治家以上にデモクラシーの原理をわかっていたことになる。

二〇一六年八月に発表されたビデオメッセージ「象徴としてのお務めについての天皇陛下のおことば」で現上皇は、「時として人々の傍らに立ち、その声に耳を傾け、思いに寄り添うことも大切なことと考えて来ました」「皇太子の時代も含め、これまで私が皇后と共に行って来たほぼ全国に及ぶ旅は、国内のどこにおいても、その地域を愛し、その共同体を地道に支える市井の人々のあることを私に認識させ」たと述べた。つまり懇談会のような、「市井の人々」の「声に耳を傾け、思いに寄り添う」ことを、「象徴としてのお務め」の一つに位置付けたのである（前掲『平成の終焉』）。

しかし、そもそも政治空間として設計されていない室内が政治空間に早変わりしたという点では、歴代首相が滞在した旅館と共通していた。和辻哲郎の言う「おのれと他との間に『へだて』がない」（前掲『風土』）空間を、歴代の首相の場合は政治家や官僚との密談や会談の場に変え、皇太子夫妻の場合は開かれた懇談会の会場に変えたわけだ。

皇太子明仁・美智子夫妻は七八年以降も全国各地を回り、温泉旅館にも宿泊したが、地元の青年男女との会合の形式は双方が立ったままの「懇談」に変わり、着席して長時間話し合う「懇談会」は開かれなくなった。平成の皇太子徳仁（現天皇）・雅子《まさこ》（現皇后）夫妻も、明仁・美智子夫妻が開催したような懇談会を開くことはなかった。

(3)「温泉政治」をどう継承すべきか

佐藤栄作以降の首相は、軽井沢の別荘で静養することはあっても、箱根や伊豆の温泉地に長期滞在することはなかった。そのなかで一九九四（平成六）年六月から九六年一月まで首相を務めた日本社会党（九六年一月から社会民主党）の村山富市《むらやまとみいち》は、伊豆長岡の三養荘を定宿とした。

九五年十二月二十九日には、新党さきがけの代表で大蔵大臣だった武村正義《たけむらまさよし》を三養荘に呼んで会談し、辞意を伝えている。

村山と親しかった元運輸相の伊藤茂《いとうしげる》は、こう回想している。

〔村山さんは〕武村さんと協議をして、やはり社民党とさきがけで社民リベラルの新党をつくろう。そのためにはもう辞める。退陣すると。〔中略〕12月29日、〔中略〕三養荘という和風旅館でそういう話をして退陣決意を固め、あるいは社民、さきがけの合同という確認もして、すがすがしく正月を迎え、〔中略〕5日に退陣を表明したというわけです。

（「回顧　私と日本社会党─伊藤茂氏に聞く（上）」、『大原社会問題研究所雑誌』六七三号、二〇一四年所収）

三養荘は皇太后節子（貞明皇后）や昭和天皇・香淳皇后、石橋湛山ら、天皇、皇族や政治家が滞在したことのある温泉旅館だったが、このときには村山が首相を辞める決断を下す現場となったわけだ。鳩山一郎や石橋湛山が滞在した水宝閣や南山荘大和館とは違って、三養荘はいまも営業を続けている。二〇二二年八月に岸田文雄首相も三日間滞在したことは、序章で触れた通りである。

岸信介の孫、安倍晋三《あべしんぞう》は、第三次安倍第二次改造内閣の時代に、自らの選挙区である山口県長門《ながと》市の温泉を外国の首脳との会談の場として活用したことがあった。二〇一六年十二月、長門湯本温泉の旅館「大谷山荘」にロシアのプーチン大統領を招いて日露首脳会談を開催したのがそれに当たる。

安倍自身は、「この機会を活かすためには、くつろいだ雰囲気にするのが重要だと思ったのです。だから、私の地元の温泉旅館で首脳会談をやろう、そしてできる限り長時間、一対一で話し合おうとしたのです」と回想している（『安倍晋三 回顧録』、中央公論新社、二〇二三年）。祖父の岸信介が、宮ノ下の富士屋ホテルにインドのネール首相を招いて首脳会談を行ったときと同様の意図をもっていたわけだ。

他方で一六年四月には、東京都知事の舛添要一《ますぞえよういち》が公用車を使い、ほぼ毎週末に湯河原の別荘に通っていたことが問題視された。同年六月の都議会で舛添は「危機管理意識が極めて甘かったという批判は当然。自分の行動を厳しく律したい」と述べたものの（『読売新聞』二〇一六年六月九日）、辞職に追い込まれた。政治家が東京を空けて温泉地に滞在することに対する世間の目が厳しくなっていた。

二〇二二年十二月三十日には、岸田首相の一族が永田町の首相公邸に集まり、「忘年会」を開いていたことが問題となった。この十二月三十日という日は、首相に選ばれた石橋湛山が一九五六年に箱根湯本の温泉旅館「松の茶屋」で政権運営の構想を練ったのと同じ日であり、村山富市が一九九五年に伊豆長岡の温泉旅館「三養荘」で首相を辞める決意を固めた日の翌日であった。年末に首相が温泉旅館に滞在していても全く問題にされなかった時代から、危機管理の名のもとに首相が年末であっても東京にいなければならなくなった時代への変化が、この問題の背景にある。

二〇二〇年から二二年にかけてのコロナ禍は、職場にテレワークを普及させ、地方での勤務を可能にした。二二年の参院選で、海外で政治活動を行うことを公約に掲げたガーシーこと東谷義和《ひがしたによしかず》が当選できたのは、政治家も常に東京にいる必要があるのかという疑問を、少なからぬ有権者が抱いていたからだったように見えなくもない。

戦後の歴代の首相が箱根や伊豆の温泉地に滞在しつつ、東京との間を行ったり来たりした時代よりも、通信機器の発達した現在のほうが、温泉地で公務を行う環境は整っている。東京に戻らなくても、閣議などをオンラインで開くことは可能だからだ。だが実際には、岸田首相が在任中に温泉地に滞在したことは、序章で触れた二二年八月の三日間を除いてない。二三年八月の夏休みに至っては、東京を離れることすらなかった。

ドイツの社会学者、マックス・ウェーバーは、『職業としての政治』（脇圭平訳、岩波文庫、一九八〇年）のなかで、指導者的政治家に必要な資質の一つとして「判断力」を挙げた。この判断力とは、「事物と人間に対して距離を置いてみること」を意味する。政治家には「距離への習熟」が求められるのだ。ウェーバーの言う「距離」は必ずしも物理的距離を意味しないが、東京という政治の中心から距離を置き、俗界から離れて一人温泉に浸かることは、この点からも重要なのである。

もちろんデモクラシーの観点から言えば、政治家自身の別荘とは異なり表札がなく、そこに誰がいるのか部外者にはわからないうえ、一部の関係者だけが立ち入りを許される「奥の院」が生まれることは望ましくない。吉田茂や鳩山一郎らが、一般庶民の生活水準からかけ離れた「デラックス」な政治家だったことや、男女の性別役割分業をいささかも疑っていない政治家だったことも確かだ。

しかし敗戦という未曽有《みぞう》の危機を、東京からしばし離れ、箱根や伊豆の各地に沸々と湧く温泉の力を借りながら乗り越えた戦後保守政権の歴史に、いまの政治から見失われたものがあるのではないか。コロナ禍を経てワーケーションという勤務形態が注目されている現在、これまではほぼ知られていなかった戦後日本の「温泉政治」をどう継承すべきかが問われているように思われる。

あとがき

同じ一国の首相でも、国会で衆人環視のなか代表質問に答えているときと、箱根や伊豆の温泉で一人湯船に浸かっているときでは、まるで違った表情をしているはずだ。けれども私たちは、テレビなどを通して背広服を着た前者の表情を知ることができても、素っ裸になっている後者の表情を知ることはできない。

東京を離れ、四季折々の自然に囲まれた温泉地で湯船に浸かるひとときは、俗世の諸々のしがらみから解放され、最もリラックスした時間に違いない。東京では決して味わえない、大地からのエネルギーをふんだんに浴びている時間といってもよいだろう。現在よりも医学が発達していなかったせいもあろうが、吉田茂も石橋湛山も岸信介も池田勇人も、また軽井沢に別邸をもっていた鳩山一郎すらも、体調維持のために温泉地での時間を大切にしたことは本文で触れた通りである。

彼らは温泉に浸かりながら、どういうことを考えていたのだろうか。明治初期に日本を旅行した英国人女性のイザベラ・バードは、「日本では、大衆の浴場は世論が形づくられるところだ、といわれる。ちょうど英国のクラブやパブ（酒場）の場合と同じである」と記した（『日本奥地紀行』、高梨健吉訳、平凡社ライブラリー、二〇〇〇年）。しかし彼らは大衆とともに浸かっていたわけではなく、ほとんどの場合、単独で浸かっていたに違いない。一人で沈思黙考していたはずだ。

戦後政治史の多くの研究は、主に永田町や大磯や軽井沢などの「権力の館」を舞台とする政治に焦点を合わせてきた。そうすると、温泉地で過ごす時間はただのオフでしかなくなり、そもそも政治学の研究の対象に値しないということになる。

本書ではこうした見方が間違っていることを示した。「権力の館」以外の空間でいかにして政治が成り立っているかを初めてありありと描き出した小説は、一九六〇（昭和三十五）年に発表された三島由紀夫の『宴のあと』ではなかったか。実際にあった東京都知事選を題材とし、プライヴァシー裁判にもなったこの小説では、主人公の女将、福沢かづが営業する料亭「雪後庵」が政治空間として描かれている。

雪後庵で保守党の政客たちが垣間《かいま》見せる様相は、かづの頭に見事な政治の概念を叩き込んでいた。それは厠《かわや》へ立つふりをして行方《ゆくえ》をくらましたり、炬燵《こたつ》に当って詰将棋のような相談事をしたり、怒っていながら笑ってみせたり、少しも怒っていないのに激昂《げっこう》してみせたり、永いこと黙って袂屑《たもとくず》をいじっていたり、……要するに芸者のやるようなことをすることだった。その大仰な秘密くささも情事に似ていて、政治と情事とは瓜《うり》二つだった。
（『宴のあと』、新潮文庫、一九六九年）

福沢かづが雪後庵で見た「保守党の政客たち」の振る舞いは、小涌谷の三井別邸での吉田茂の振る舞いに通じるものがある。なぜなら吉田もまた、サンフランシスコ講和会議の直前に三井別邸を訪れた自由党の党三役に向かって「激昂してみせたり」、衆議院を解散すると決めておきながら、避暑の「ふりをして行方をくらま」せ、三井別邸にこもったりしているからだ。単に温泉に浸かるだけではなく、「大仰な秘密くささ」を保つための空間として三井別邸を活用していたことがわかる。

吉田の振る舞いを一番間近でずっと見ていたのが、後妻の「こりん」こと坂本喜代であった。坂本はまさに新橋の芸者をしていたから、福沢かづと同様、政治を「芸者のやるようなことをすること」と思っていたのだろうか。しかし全く書き残したものがないので、実際にどう思っていたのかはわからない。

確実に言えるのは、坂本喜代は福沢かづとは異なり、選挙に際して夫の代わりに演説をするような振る舞いはしなかったということだ。女性が政治に関わらないという点では、吉田以外の歴代首相の妻たちも同様であった。吉田が三井別邸に招いた谷口直枝子をはじめとする女性たちも、もちろん政治には関わらなかった。こうした男女の役割分担の固定化が、現在の政治にも負の影響を及ぼしているのは否定できないだろう。

本書を書くに当たり、歴代の首相が滞在した箱根や伊豆の別邸や旅館、ホテル、そして歴代の首相の別荘が集まる軽井沢の旧軽井沢地区を現地取材した。これらのうち、箱根や伊豆への取材は担当編集者の中西恵子さんが同行してくださった。

その過程で、一つ大きな間違いをしていたことに後になって気づいた。吉田が滞在した小涌谷の新町三井家の別邸を三井松坂南家の別邸だと思い込み、現在旅館として松坂南家の別荘の本館を使っている「箱根・翠松園」を訪れてしまったのだ。

後日、間違いに気づいてから、新町三井家別邸の別館「雲錦荘」の跡地に建っている旅館「箱根小涌谷温泉　水の音」を単独で訪れた。本館があったところにはフジタ箱根山マンションが建っていて、関係者以外の立ち入りができなかったが、「水の音」の上層階から眺めるだけでも三井別邸がいかに広かったかを実感できた。

なぜ吉田がこの三井別邸を気に入っていたかという疑問も、実際に訪れてみると解けるような気がした。三井別邸は、曲がりくねった国道1号から折れた道をさらに上ったところにあった。政治学者の渡辺浩は、江戸城本丸の空間的特徴につき「曲折を繰り返しつつ奥へと進入し、上昇していくほど、人数は限られ、空間は一段と尊厳と権威の度を強めるのである」（『東アジアの王権と思想』、東京大学出版会、一九九七年）と述べたが、三井別邸についても同様の特徴が当てはまるように感じたのだ。この感覚は、同じく国道1号に沿いながら、海沿いにある大磯の本邸では味わうことができない。

もちろん高低差がなく、周辺に政治家の別邸が集まる軽井沢の鳩山別邸とも全く環境が異なる。こんなところにも、「ワンマン」と呼ばれた吉田と「民主政治」を自称した鳩山の違いが端的に表れている。とはいえ、どちらが滞在した別邸も一般市民には縁のない豪華なつくりをしていた点は共通している。

吉田が三井別邸で最も強く意識していたのは、ライバルと目された鳩山ではなく、同時期に那須御用邸に滞在していた昭和天皇ではなかったかと思う。天皇が夏に御用邸に滞在するスタイル自体は戦前から引き継がれていたが、実態としては天皇大権を失い、統治権の総攬者でもなくなった。その巨大な権力の空白を一時的に埋めたのがマッカーサーらGHQだったが、独立を回復してからはそれもなくなった。

再び生じた権力の空白を天皇に代わって埋めるのは自分しかいないという吉田の認識が、天皇には頼もしく映る半面、時には自信過剰にも映ったのではないか。宮内庁長官の田島道治が天皇とのやりとりを記録した前掲『昭和天皇拝謁記』には、天皇の吉田に対する相矛盾する感情がしばしば吐露されている。

鳩山一郎に関しては、ネット空間で不確かな情報が出回っていることにも気づいた。具体的な名称は控えるが、熱海のある温泉旅館は一九五〇年の熱海大火のあと、もともとそこにあった鳩山の別荘を譲り受けたという情報が拡散している。しかし少なくとも、鳩山の日記にそのような記述はない。当該旅館に電話して確認すると、女将らしき人が祖母から伝え聞いたと言われた。

保守合同の折に鳩山らが伊豆長岡の南山荘大和館に集まり、新党を自由民主党と名付けたという情報も拡散している。もちろんこれも事実ではない。伝聞にすぎない情報が、閉業した旅館も含めて、あたかも旅館の「箔」をつけるかのように出回っていることをあえて書き留めておきたい。

通信手段が発達しなければ、到底起こり得なかった現象である。いまや全国どこでも瞬時にしてオンラインでつながる時代になっているのに、政治の世界では通信手段が発達していなかった時代のほうがワーケーションを先取りするようなスタイルが築かれていて、いまのほうがかえって東京を離れられなくなっている。このこと自体、今日の政治の貧困を象徴しているようにに見えなくもない。

本書は、月刊『中央公論』編集部におられたときからずっと親しくお付き合いしてきた中西恵子さんに初めて作っていただいたものだ。構想を話した段階で強いご興味を示され、そこから前述の現地取材にも付き合っていただき、一気に原稿を仕上げることができた。また中公新書編集部の楊木文祥さん（当時）には、関連する新聞記事の印刷に御手を煩わせた。建築史家で東京藝術大学専任講師の長谷川香さんは、本書で取り上げたいくつかの別邸や旅館につき、有益な情報を提供してくださった。フリージャーナリストの魚住昭さんは、大野伴睦と小涌園に関する興味深い情報を提供してくださった。

現地取材でも、お世話になった方々は少なくない。ご本人の希望でお名前は控えるが、仙石原の博仙荘では突然の訪問にもかかわらず、元の近藤別荘を案内していただくことができた。宮ノ下駅前のNARAYA CAFEでは、岸信介が滞在した奈良屋旅館に関する貴重な資料を閲覧させていただいた。川奈ホテルのマーケティング戦略アシスタントの清水貴英さんは、同ホテルをくまなく案内してくださった。「箱根小涌谷温泉　水の音」支配人の田中丈士さんもまた同旅館を案内してくださり、三井別邸の本館と別館の境界を流れていた小川がいまもあることを教えてくださった。いずれも心より御礼を申し上げる。

本書の原稿は、ほぼすべて自宅ではなく、東京郊外の私鉄の駅前にある行きつけの喫茶店で書かれた。すっかり顔なじみになり、来店のたびに温かく見守ってくださっている店のスタッフの皆さんにも感謝したい。

ここまでお読みいただいた方々に対して、ひとつ報告すべきことがある。いろいろと思うところがあり、二〇二四年三月をもって放送大学を退職することにした。このため本書は、大学の常勤教員としては最後の単著になる。三月の退職を意識することで緊張感が高まり、これまでにないペースで原稿を書き進めていった。もしずっと大学に勤めるつもりでいたならば、本書の完成はもっと遅れたに違いない。

もともと科学研究費などの研究助成を自分で申請したことがなく、近年は御厨貴さんが主宰したサントリー文化財団の「「天皇の近代」研究会」を除いて共同研究にも加わったことがないので、大学を辞めても研究のスタイル自体は変わらないと思う。今後も体調が許す限り、在野の政治学者として、また「鉄学者」として著述業を続けられればと願っている。変わらぬご支援を賜れれば幸いである。

二〇二三年十一月

原 武史

1945（昭和20）年～1967（昭和42）年の主なできごと

1945（昭和20）	8月14日	ポツダム宣言受諾
	8月15日	昭和天皇、「終戦の詔書」を放送
	9月2日	降伏文書に調印
	11月9日	日本自由党結成
1946（昭和21）	1月4日	GHQが公職追放を指令
	5月22日	**第1次吉田茂内閣成立**
	11月3日	日本国憲法公布
1947（昭和22）	1月4日	公職追放令拡大
	5月3日	日本国憲法施行
	5月24日	**片山哲内閣成立**
1948（昭和23）	3月10日	**芦田均内閣成立**
	3月15日	民主自由党結成
	6月23日	昭和電工事件で逮捕者が出る
	10月15日	**第2次吉田内閣成立**
1949（昭和24）	3月7日	ドッジ公使、経済安定9原則実行を声明
1950（昭和25）	3月1日	自由党（吉田自由党）結成
	6月6日	マッカーサー、共産党幹部の追放を指令
	6月25日	朝鮮戦争勃発

1951（昭和26）	7月8日	マッカーサー、警察予備隊創設等を指令
	8月6日	鳩山一郎ら公職追放解除
	9月8日	サンフランシスコ講和条約・日米安全保障条約調印
	10月24日	社会党左右両派に分裂
1952（昭和27）	2月8日	改進党結成
	4月28日	講和条約・日米安保条約発効。日本の主権が回復する
	8月28日	衆議院解散（抜き打ち解散）
	9月29日	自由党、石橋湛山・河野一郎を除名
	10月15日	保安隊発足
1953（昭和28）	3月14日	衆議院本会議で吉田内閣不信任案可決。衆議院解散（バカヤロー解散）
	3月18日	分党派自由党（鳩山自由党）結成
1954（昭和29）	3月1日	第5福竜丸、ビキニの米水爆実験で被災
	6月9日	自衛隊発足
	11月24日	日本民主党結成
	12月10日	**鳩山一郎内閣成立**
1955（昭和30）	10月13日	社会党再統一
	11月15日	自由民主党結成（保守合同）
1956（昭和31）	7月17日	経済白書発表。「もはや『戦後』ではない」
	10月19日	日ソ国交回復共同宣言
	12月23日	**石橋湛山内閣成立**
1957（昭和32）	2月25日	**岸信介内閣成立**

1958（昭和33）	10月8日	政府、警察官職務執行法（警職法）改正案を国会に提出
1959（昭和34）	3月7日	鳩山一郎死去
	4月10日	皇太子明仁親王が正田美智子と結婚
1960（昭和35）	1月19日	新安保条約等、ワシントンで調印
	1月24日	民主社会党結成
	6月10日	米大統領秘書来日。反対派に包囲され米軍ヘリで脱出（ハガチー事件）
	6月15日	全学連主流派、国会へ突入し警官隊と衝突。東大生死亡
	6月23日	新安保条約批准書交換・発効。岸首相退陣表明
	7月19日	**池田勇人内閣成立**
	10月12日	浅沼稲次郎社会党委員長、日比谷公会堂で刺殺される
	12月27日	政府、所得倍増計画を決定
1961（昭和36）	11月2日～4日	第1回日米貿易経済合同委員会を箱根で開催
1962（昭和37）	10月	キューバ危機
1963（昭和38）	11月23日	ケネディ米大統領暗殺される
1964（昭和39）	11月9日	池田首相、後継に佐藤栄作を指名。**佐藤栄作内閣成立**
1967（昭和42）	10月20日	吉田茂死去

参考文献

■政治家の著作物・記録・談話・回想録

芦田均『芦田均日記』第五巻（岩波書店、一九八六年）
安倍晋三『安倍晋三 回顧録』（中央公論新社、二〇二三年）
石橋湛山『石橋湛山日記』上下（みすず書房、二〇〇一年）
伊藤茂「回顧 私と日本社会党―伊藤茂氏に聞く（上）」（『大原社会問題研究所雑誌』六七三号、二〇一四年所収）
内田信也『風雪五十年』（実業之日本社、一九五一年）
大野伴睦『大野伴睦回想録』（中公文庫、二〇二一年）
大平正芳『大平正芳回想録』（鹿島出版会、一九八三年）
『大平正芳全著作集』2（講談社、二〇一〇年）
岸信介『岸信介回顧録 保守合同と安保改定』（廣済堂出版、一九八三年）
岸信介・矢次一夫・伊藤隆『岸信介の回想』（文春学藝ライブラリー、二〇一四年）
岸信介・木舎幾三郎「箱根宮の下対談 この眼でみてきた世界の情勢」（『政界往来』一九五九年十月号所収）
佐藤栄作『佐藤榮作日記』第一巻・第二巻・第三巻（朝日新聞社、一九九八年）
重光葵『続 重光葵手記』（中央公論社、一九八八年）
袖井林二郎編訳『吉田茂＝マッカーサー往復書簡集』（講談社学術文庫、二〇一二年）

「第6回国会衆議院本会議第17号　昭和24年11月26日」
「箱根静養の鳩山さん――淡々として政局を語る――」（『再建』一九五二年九月号所収）
鳩山一郎『私の自叙伝』（改造社、一九五一年）
鳩山一郎『鳩山一郎回顧録』（文藝春秋新社、一九五七年）
鳩山一郎・石橋湛山「春を待つ…伊豆韮山の対談」（『新聞月鑑』一九五二年三月号所収）
鳩山一郎・木舎幾三郎「韮山對談」（『政界往来』一九五二年五月号所収）
鳩山一郎・鳩山薫『鳩山一郎・薫日記』上巻（中央公論新社、一九九九年）
鳩山一郎・鳩山薫『鳩山一郎・薫日記』下巻（中央公論新社、二〇〇五年）
御厨貴・中村隆英編『聞き書　宮澤喜一回顧録』（岩波書店、二〇〇五年）
宮澤喜一『東京―ワシントンの密談』（中公文庫、一九九九年）
吉田茂『大磯随想・世界と日本』（中公文庫、二〇一五年）
吉田茂『吉田茂書翰』（中央公論社、一九九四年）
吉田茂『吉田茂書翰　追補』（中央公論新社、二〇一一年）
吉田茂「樺山さんの思い出」（『樺山愛輔翁』、国際文化会館、一九五五年所収）

■関係者の著作物・回想録・証言

朝海浩一郎『朝海浩一郎日記』（千倉書房、二〇一九年）
麻生和子『父　吉田茂』（新潮文庫、二〇一二年）
安藤伸子『「座観山臥聴水」館――女将の独り語り――』（私家版、二〇〇一年）
入江相政『濠端随筆』（中公文庫、二〇〇五年）
E・ヴァイニング『皇太子の窓』（小泉一郎訳、文春学藝ライブラリー、二〇一五年）

大宅壮一「お光りさま昇天す」（『文藝春秋』一九五五年四月号所収）
『大宅壮一全集』第八巻（蒼洋社、一九八〇年）
小川栄一『あわてなさんな――小川栄一・不平不満集――』（文藝春秋、一九七四年）
『折口信夫全集』36（中央公論新社、二〇〇一年）
河井弥八『河井弥八日記』戦後篇3（信山社、二〇一八年）
「岸首相は何を知ったか〝箱根構想〟の出なかった事情」（『時事通信』第三六四七号、一九五七年所収）
『久野収集』V（岩波書店、一九九八年）
近藤直子「父池田勇人夫妻の愛のかたち」（『婦人公論』一九六五年一月号所収）
境光秀『郵一君物語』上（財経詳報社、一九九五年）
「佐藤栄作総理の夏休み」（『KARUIZAWA VIGNETTE』一三三号、二〇二三年所収）
『清水幾太郎著作集』15（講談社、一九九三年）
白洲正子『白洲正子自伝』（新潮文庫、一九九九年）
「政治評論」（『再建』一九五一年九月号所収）
辻井喬『父の肖像』（新潮社、二〇〇四年）
「東京編」（『日本外交文書　平和条約の締結に関する調書』第四冊、外務省、二〇〇二年所収）
野依秀市「問題の岸別荘その他《熱海行》」（『実業の世界』第五六巻第三号、一九五九年所収）
御厨貴監修『渡邉恒雄回顧録』（中公文庫、二〇〇七年）
三島由紀夫『戦後日記』（中公文庫、二〇一九年）
三島由紀夫「一つの政治的意見」（『毎日新聞』一九六〇年六月二十五日）
矢部貞治『矢部貞治日記　銀杏の巻』（読売新聞社、一九七四年）
吉田健一『父のこと』（中公文庫、二〇一七年）

■新聞・雑誌・その他一次史料

『朝日新聞』一九四九〜六四年
『日本経済新聞』同
『毎日新聞』同
『読売新聞』同
『北國新聞』二〇一六年十一月二十三日
『山形新聞』一九七二年八月二日
『アサヒグラフ』一九五〇年十月四日号
『週刊朝日』一九五三年九月六日号
「アデナウアー西独首相箱根来訪について」（早稲田大学歴史館所蔵「堤康次郎関係文書」所収）
「国賓ネール首相訪日　箱根・芦の湖周遊記念写真帖」（「堤康次郎関係文書」所収）
『皇太子、同妃両殿下とへき地に働く人びととのご懇談』（山形県、一九七二年）
『昭和天皇実録』第十一・第十二・第十三（東京書籍、二〇一七年）
古川隆久ほか編『昭和天皇拝謁記　初代宮内庁長官田島道治の記録』1（岩波書店、二〇二一年）
古川隆久ほか編『昭和天皇拝謁記　初代宮内庁長官田島道治の記録』2・3・4・6（岩波書店、二〇二二年）
古川隆久ほか編『昭和天皇拝謁記　初代宮内庁長官田島道治の記録』7（岩波書店、二〇二三年）
デ・ペトロフ「箱根の山の密談」（『世界政治資料』一三六号、一九六一年所収）
「箱根会談が教えたもの――日米貿易経済合同委員会――」（『朝日ジャーナル』一四一号、一九六一年所収）
「箱根三者会談」（「堤康次郎関係文書」所収）

『雍仁親王実紀』（吉川弘文館、一九七二年）

■箱根・伊豆・軽井沢・温泉に関する著作・地図・パンフレット・ホームページ

『熱海市史』下巻（熱海市、一九六八年）
「熱海市ホテル旅館協同組合連合会ホームページ　熱海ロマン紀行」
『伊豆長岡町史』下巻（伊豆長岡町教育委員会、二〇〇五年）
「奥湯河原温泉加満田ホームページ」
『三共百年史』（三共、二〇〇〇年）
獅子文六『箱根山』（ちくま文庫、二〇一七年）
『市制施行八〇周年記念　熱海温泉誌』（熱海市、二〇一七年）
「水宝閣パンフレット」
『ゼンリンの住宅地図　熱海市１９７１』（東海善隣出版社、一九七〇年）
『ゼンリン住宅地図　熱海市』（ゼンリン東海、二〇二二年）
『ゼンリン住宅地図　箱根町』（ゼンリン東海、二〇二〇年）
「南山荘大和館パンフレット」
「企業をになう人々——箱根観光ホテル」（『月刊ホテル旅館』第三巻第八号、一九六六年所収）
「箱根観光ホテルパンフレット」
「箱根ホテルホームページ」
『開けゆく別荘地　箱根』（箱根町立郷土資料館、一九九六年）
『藤田観光50年史』（藤田観光、二〇〇五年）
『富士屋ホテル八十年史』（富士屋ホテル、一九五八年）

松田拓『箱根小涌園物語　同心円の男たち――小川栄一と秋山昌弘』（私家版、二〇〇七年）
宮原安春『軽井沢物語』（講談社、一九九一年）
「名勝山水園　山口市湯田温泉ホームページ」
「山口湯田温泉　松田屋ホテルホームページ」
山口由美『クラシックホテルが語る昭和史』（新潮文庫、二〇一二年）
吉田初三郎『熱海温泉理想郷桃山案内』（観光社、一九二五年）

■建築関係資料

『神奈川県近代洋風建築調査報告書』（神奈川県教育庁社会教育部文化財保護課、一九八八年）
『神奈川県の近代和風建築　神奈川県近代和風建築調査報告書』（神奈川県教育委員会生涯学習部文化財課、二〇〇〇年）
『旧吉田茂邸建物概要』（大磯町郷土資料館、二〇一八年）
「新町三井家小涌谷御別邸全図」（三井文庫所蔵、一九六二年）
「函櫻荘平面圖　一階」（同）
中村昌生「『松の茶屋』の建築」（『館蔵　室町三井家の名品』、三井文庫三井記念美術館、二〇一〇年所収）

■研究書・論文

伊藤昌哉『池田勇人――その生と死』（至誠堂、一九六六年）
伊藤昌哉『日本宰相列伝21　池田勇人』（時事通信社、一九八五年）
猪木正道『評伝吉田茂4　山顚の巻』（読売新聞社、一九八一年）
岩川隆『巨魁――岸信介研究』（ダイヤモンド社、一九七七年）

齋藤純一『思考のフロンティア　公共性』（岩波書店、二〇〇〇年）
齋藤純一『政治と複数性――民主的な公共性にむけて』（岩波書店、二〇〇八年）
佐藤信『近代日本の統治と空間　私邸・別荘・庁舎』（東京大学出版会、二〇二〇年）
佐藤卓己『負け組のメディア史　天下無敵 野依秀市伝』（岩波現代文庫、二〇二一年）
鈴村裕輔『政治家石橋湛山――見識ある「アマチュア」の信念』（中公選書、二〇二三年）
武田尚子『箱根の開発と渋沢栄一』（吉川弘文館、二〇二三年）
田中秀征『日本リベラルと石橋湛山　いま政治が必要としていること』（講談社選書メチエ、二〇〇四年）
中北浩爾『自民党――「一強」の実像』（中公新書、二〇一七年）
土師二三生『人間　池田勇人』（講談社、一九六七年）
原彬久『岸信介』（岩波新書、一九九五年）
原武史『皇后考』（講談社学術文庫、二〇一七年）
原武史「皇太子明仁・美智子夫妻による「懇談会」と戦後デモクラシー」（『政治思想研究』第二二号、二〇二二年所収）
原武史『平成の終焉』（岩波新書、二〇一九年）
藤井信幸『池田勇人――所得倍増でいくんだ――』（ミネルヴァ書房、二〇一二年）
増田弘・中島政希監修『鳩山一郎とその時代』（平凡社、二〇二一年）
御厨貴『権力の館を歩く　建築空間の政治学』（ちくま文庫、二〇一三年）
御厨貴『権力の館を考える』（放送大学教育振興会、二〇一六年）
御厨貴・井上章一編『建築と権力のダイナミズム』（岩波書店、二〇一五年）
水木楊『思い邪なし　下村治と激動の昭和経済』（講談社、一九九二年）
ジョン・ミッチェル「沖縄、核兵器、そして『日本の特別な心理的問題』」（『ジャパン・タイムズ』二〇一

二年七月八日。阿部小涼訳）
安井浩一郎・NHKスペシャル取材班『吉田茂と岸信介――自民党・保守二大潮流の系譜』（岩波書店、二〇一六年）
『吉田茂――その生涯と大磯』（大磯町郷土資料館、二〇一七年）
渡辺浩『東アジアの王権と思想』（東京大学出版会、一九九七年）

■その他

マックス・ウェーバー『職業としての政治』（脇圭平訳、岩波文庫、一九八〇年）
イザベラ・バード『日本奥地紀行』（高梨健吉訳、平凡社ライブラリー、二〇〇〇年）
松本清張『蒼い描点』（新潮文庫、一九七二年）
三島由紀夫『奔馬――豊饒の海・第二巻――』（新潮文庫、二〇〇二年）
三島由紀夫『宴のあと』（新潮文庫、一九六九年）
『決定版　三島由紀夫全集』14（新潮社、二〇〇二年）
和辻哲郎『風土』（岩波文庫、一九七九年）

装幀　岩郷重力
カバー写真　共同通信社
地図　ケー・アイ・プランニング

原 武史（はら・たけし）

1962年生まれ。早稲田大学政治経済学部卒業、東京大学大学院博士課程中退。放送大学教授、明治学院大学名誉教授。専攻は日本政治思想史。98年『「民都」大阪対「帝都」東京――思想としての関西私鉄』（講談社選書メチエ）でサントリー学芸賞、2001年『大正天皇』（朝日選書）で毎日出版文化賞、08年『滝山コミューン一九七四』（講談社）で講談社ノンフィクション賞、『昭和天皇』（岩波新書）で司馬遼太郎賞を受賞。他の著書に『皇后考』（講談社学術文庫）、『平成の終焉』（岩波新書）などがある。

戦後政治《せんごせいじ》と温泉《おんせん》
――箱根《はこね》、伊豆《いず》に出現《しゅつげん》した濃密《のうみつ》な政治空間《せいじくうかん》

2024年1月10日　初版発行

著　者　原《はら》　武《たけ》　史《し》
発行者　安 部 順 一
発行所　中央公論新社
〒100-8152　東京都千代田区大手町1-7-1
電話　販売 03-5299-1730　編集 03-5299-1740
URL https://www.chuko.co.jp/

ＤＴＰ　市川真樹子
印　刷　図書印刷
製　本　大口製本印刷

Published by CHUOKORON-SHINSHA, INC.
Printed in Japan　ISBN978-4-12-005731-1　C0031